Wolfgang Herles

Die Gefallsüchtigen

Gegen Konformismus in den Medien
und Populismus in der Politik

Knaus

Verlagsgruppe Random House FSC® N001967
Das für dieses Buch verwendete FSC®-zertifizierte Papier
EOS liefert Salzer Papier, St. Pölten, Austria.

1. Auflage
Copyright © der Originalausgabe 2015
beim Albrecht Knaus Verlag, München,
in der Verlagsgruppe Random House GmbH
Satz: Uhl + Massopust, Aalen
Druck und Einband: Friedrich Pustet, Regensburg
Printed in Germany
ISBN 978-3-8135-0668-6

www.knaus-verlag.de

Conformism is the jailer of freedom and the enemy
of growth.
John F. Kennedy

Das Wesen der Welt ist Unordnung und Chaos, auch
wenn viele von uns alles tun, um dies zu verleugnen,
und sich dem gesellschaftlichen Konformismus, der
autorisierten Darstellung des Lebens unterordnen.
John Burnside

Immer, wenn man die Meinung der Mehrheit teilt,
ist es Zeit, sich zu besinnen.
Mark Twain

Die Gedankenlosigkeit ist zur Königin und Herrscherin
über das postmoderne Leben geworden, und die Politik
ist eins ihrer ersten Opfer.
Mario Vargas Llosa

Keine Institution hat sich die Demokratie so unter den
Nagel gerissen wie das Fernsehen.
Bodo Kirchhoff

INHALT

EINLEITUNG

Wie Quotenjunkies und Konformisten einander in Gefallsucht verbunden sind. Warum Medienkritik Gesellschaftskritik sein muss. Weshalb die Reform des öffentlich-rechtlichen Fernsehens notwendig ist.

Wer genau hinsieht, kann auf dem Gipfel des Lerchenbergs eine hohe Stange erkennen. Auf ihr steckt ein Hut. Der Quoten-Hut. Vor ihm hat jeder, der im ZDF arbeitet, das Haupt zu beugen. Alle opfern der Quote. Wir sind Marktführer![1] In diesem Stolz steckt zugleich das ganze Elend.

Dieses Buch widerspricht dem mit totalitärer Wucht herrschenden Dogma: Je größer die Zahl und der Anteil der Zuschauer, desto bedeutender, besser, erfolgreicher das Programm. Dieses Dogma ist falsch. Es zerstört Fernsehkultur. Es steht dem einzigen wirklichen Auftrag des öffentlichen Fernsehens entgegen, dem Auftrag, dem demokratischen Diskurs zu dienen. Auch wenn es nicht informiert und bildet, sondern unterhält, gilt dieser Auftrag.

Medienkritik ist Gesellschaftskritik

Nichts gegen gesunde Ambitionen. Gegen Marktführerschaft wäre nichts einzuwenden, müsste nicht ein zu hoher Preis dafür bezahlt werden. Ein Fernsehprogramm, das immer möglichst allen gefallen will, wird zwangsläufig beliebig. Wer sich anbiedert, ist schnell mutlos, vermeidet den besonderen Blick auf die Welt, kommt gern glatt und gefällig daher, erstarrt aus Angst vor Überforderung der Zuschauer. Wer auf das setzt, was erfahrungsgemäß ankommt, scheut Irritation und Provokation, bringt immer dasselbe und von dem zu viel. Es ist das, woran es seine Zuschauer gewöhnt hat: Krimis ohne Ende, Sportevents, Talk, Talk, Talk, Talk. Und selbst Nachrichten, Reportagen und Dokumentationen sind so, wie es die Marktforschung und die Zahlen befehlen.

Zwei Zahlen. Die absolute Zahl der Zuschauer ist die eine. Ihr wird weniger Bedeutung zugemessen als der anderen, der des Marktanteils, des Teils aller Zuschauer, die im Augenblick der Messung vor dem Gerät sitzen. Diese Zahl oder Quote zeigt, wie der Sender zu einer bestimmten Zeit gegen alle anderen Sender abschneidet. Über den Wert des Gesendeten verraten die Zahlen nichts.

Die Programme aber sollten am Auftrag der Sender gemessen werden, nicht am Wettbewerb mit anderen. Auftrag der Sender ist es, den demokratischen Diskurs zu beleben.

Die Leistungsfähigkeit einer Demokratie ist nicht zuletzt abhängig von der Qualität der Medien. Aller Medien. Was haben die Schwächen der Medien und die Schwächen der Politik miteinander zu tun? Das ist die Frage dieses Buchs. Seine These ist: Konformistische Medien und populistische Politiker sind einander in Gefallsucht verbunden. Die Gesellschaft ist konfliktscheu, gelähmt von moralisierender Selbstgefälligkeit und Fortschrittszweifeln. Medienkritik ist deshalb Gesellschaftskritik.

Dem Quotenwahn der Sender entsprechen Politiker, die auf Stimmungen setzen statt auf Überzeugungen. Ihre »Kundschaft« wirkt erschöpft und gelangweilt. Sie misstraut den Medien nicht weniger als der Politik.

Dazu kommt: Die Medienlandschaft steht im radikalen Umbruch. Der ökonomische Druck kommt überwiegend aus dem Netz. Das Netz aber ist nicht die Lösung, sondern Teil des Problems.

Gefallsucht und Konformismus

Was gefällt? Die Große Koalition entspricht dem Wunsch der Wählermehrheit. Obgleich mit einer Zweidrittelmehrheit im Parlament ausgestattet, ist sie nicht für die Lösung großer Probleme berühmt. Das hat mit der Harmonie zu tun, die sie bei allen Meinungsverschiedenheiten vermittelt. Die Harmonie kommt zustande, weil um die großen Fragen ein großer Bogen gemacht wird, jedenfalls solange nicht das Dach brennt.

Zu beklagen ist die Diskursschwäche, um nicht zu sagen Lethargie der Gesellschaft. Seltsam, befindet sich die Welt doch in einem rasenden Wandel, technologisch, ökonomisch, kulturell. Alle Länder, auch das verhältnismäßig gut situierte Deutschland, steuern auf gewaltige Herausforderungen zu, die wohl kaum allein mit Liebe zum Konsens bewältigt werden können.

Vielleicht könnte man es auch so sagen: »Was in Berlin Stillstand scheint, ist näher besehen doch ein Marschieren.« Alfred Polgars Bonmot ist nicht mehr ganz frisch, doch immer noch gültig. Vielleicht liegt es an der deutschen Mentalität, dass Gleichschritt für wichtiger gehalten wird als die Richtung, in die marschiert wird. Hauptsache, es tanzt niemand aus der Reihe.

Es ist ein merkwürdiges Paradox. Einerseits haben Familie, Religion, Bildung, Herkunft, ja sogar Alter und Geschlecht ihre prägende Kraft verloren. Der Einzelne kann heute sein Leben, soweit es die materiellen Umstände zulassen, weitgehend nach eigenen Vorstellungen gestalten. Doch seltsamerweise erzeugt diese Fragmentierung der Gesellschaft nicht mehr Meinungsvielfalt oder gar lebendigere Debatten.

Für diesen Widerspruch gibt es einige Gründe. Einer ist die Macht des Marktes. Sie erzeugt nicht nur Konsumtrends und Lebensstile, sondern auch Einstellungen und Wertvorstellungen. Wer ihnen offen widerspricht, ist draußen. Die Gefallsucht der Medien und der Politik folgt dem Markt der Meinungen und Stimmungen. Konformismus und Konsumismus sind also miteinander verwandt.

Ein anderer Grund: Offenbar kommt das Bedürfnis, sich dem Mainstream der Meinungen anzupassen, aus dem Verlust von Gewissheiten. Ängste wachsen, losgelöst von wirklichen Gefahren. Die Gesellschaft rückt emotional zusammen. Das fällt ihr leichter als früher, denn mit dem Ende der großen, die Welt teilenden ideologischen Konfrontation gibt es scheinbar keine politischen Lager mehr. Weltanschauung ist aus der Mode gekommen.

Ist das nicht ein wunderbarer Vorteil? Was soll schlecht daran sein, wenn sich eine Gesellschaft in größter Einmütigkeit über fast alle großen Fragen verständigt hat? Gegen Klimawandel, für Frieden auf der ganzen Welt, gegen Bankenmacht, für soziale Gerechtigkeit, gegen Massentierhaltung, für Europa, gegen Staatsverschuldung und so weiter. Ich halte dagegen: Die Welt will nicht kapieren und steckt fest in ihren Widersprüchen.

Konformistische Gesellschaften gehen Auseinandersetzungen aus dem Weg, ohne die Probleme zu lösen. Sie verengen den Diskurs. Die Begrenzungen sind ein »Kanon dessen, was an Betrachtungsweisen, Begriffen, Sprachformeln und Argumenten in Deutschland ›geht‹ oder eben nicht ›geht‹. Wer sich daran hält, darf am öffentlichen Diskurs teilnehmen. Wer sich gegen diesen Kanon vergeht, ist auszugrenzen«, so der Dresdener Politikwissenschaftler Werner J. Patzelt über die Hysterie, die Pegida ausgelöst hat.[2]

Konformismus ist die Degenerationserscheinung einer politikmüden, zugleich tief verunsicherten Gesellschaft. Es zählt, was sich gut anfühlt. Fühlen gilt überhaupt mehr als Wissen und Argumentieren. Wer wagt sich noch mit eigenen Gedanken und im eigenen Namen hervor, muckt auf gegen die stille Wucht der Mehrheit? Nur das anonyme Maulen im Internet ist nicht zu übersehen. Parteien und Politiker folgen messbaren Stimmungen. So geht Konformismus einher mit jenem Populismus, der nicht an den Rändern, sondern in der Mitte der Gesellschaft gedeiht.

Zum Buch

Im ersten Teil skizziere ich Wechselwirkungen zwischen Medien und Politik. Ausgangspunkt ist der berühmte Satz von Niklas Luhmann: »Was wir über unsere Gesellschaft, ja über die Welt, in der wir leben, wissen, wissen wir durch die Massenmedien.«[3] Dem tausendfach zitierten Satz folgt bei Luhmann wenige Zeilen später ein anderer, der meist unterschlagen wird: »Andererseits wissen wir so viel über die Massenmedien, dass wir diesen Quellen nicht trauen können.«

Wir wissen immer mehr. Das Wissen darum, wie Medien funktionieren, ist gewachsen. Aber eben auch die Gefallsucht der Medien. Nach allen öffentlich gewordenen und beklagten Fehlleistungen, Fälschungen und Regelverstößen ist das Geschrei groß. Aber es ändert sich nichts. Auch professionelle Medienkritik verpufft. Stefan Niggemeier, ein scharfer, unermüdlicher Kritiker, beschreibt »das zwischen Müdigkeit und Verzweiflung schwankende Gefühl«, weil »jeder Appell zur Zurückhaltung, zur Vorsicht, scheinbar wirkungslos verhallt«.[4]

Wie sind die Gefallsucht der Medien und der Populismus der Politik miteinander verbunden? Davon handelt der zweite Teil – Die Konformismusfalle. Er befasst sich mit der Entpolitisierung der Politik, also auch mit der erfolgreichen und deshalb stilbildenden Methode Merkel. Ursache dieser Ermüdung der gegenwärtigen Demokratie ist eine tiefe, nicht bloß soziale, sondern mehr noch kulturelle Spaltung der Gesellschaft. Geht man ihr auf den Grund, stößt man auf die Krise der Bildung. Eine Herausforderung, nicht zuletzt für die Medien.

Der dritte Teil – Die Seichtigkeitsspirale – beschreibt, weshalb die Medien dieser Entwicklung so wenig entgegenzusetzen haben. Die digitale Revolution hat tiefgreifende kulturelle Folgen. Der Substanzverlust ist besonders im Fernsehen zu beobachten.

Es geht in diesem Buch um Mängel, Schwächen und Versäumnisse der Medien wie der Politik. Aber es endet nicht im Negativen.

Weil der Markt Medien bedroht und auszehrt, bleibt nichts anderes übrig, als auf jene Medien zu setzen, die sich den Bedingungen dieses Marktes weitgehend entziehen können. Für diese Aufgabe braucht die Gesellschaft öffentlich-rechtlichen Rundfunk dringender als jemals zuvor. Nur nicht den, den sie hat. So, wie das System ist, könnte es abgeschafft werden. Es wird Zeit, den öffentlich-rechtlichen Rundfunk neu aufzustellen und sich vom gegenwärtigen Gebührenfernsehen zu verabschieden.

Das Gesetz der Quote

Natürlich schreibe und urteile ich aus der Erfahrung von mehr als 40 Jahren im öffentlich-rechtlichen Rundfunk. Wer aber mit Abrechnung rechnet, verrechnet sich. Ich fühle mich der Aufgabe nach wie vor verpflichtet und hoffe, zur Reformdebatte beizutragen.

Die jungen Leute, die 1971 mit mir an der Deutschen Journalistenschule in München ihr Handwerk lernten, wollten nicht Moderator oder Talkmaster werden. Sie träumten davon, sich als Kommentatoren des Zeitgeschehens in den Wettstreit der Meinungen zu stürzen. Die Mehrheit dieser angehenden Journalisten galt damals als »links«. Aber auch die anderen, zu denen ich zählte, wollten selbstverständlich die Welt erklären und verbessern. Was sonst? Journalisten sind Werkzeuge der Aufklärung. So ein Bekenntnis klingt inzwischen altmodisch. Richtig ist es doch.

Ehe sich Journalistenschüler von heute um den Zustand der Welt sorgen, müssen sie sich um sich selbst kümmern. Ich war mit 24 Jahren Korrespondent in Bonn. Heute ist es für Journalisten dieses Alters das höchste der Gefühle, irgendwie als freie Mitarbeiter über die Runden zu kommen. Der ökonomische und technische Wandel gefährdet den Berufsstand. Im Netz kann jeder schreiben. Wer braucht dazu noch Journalisten?

Ich habe dieses Buch nicht für Kolleginnen und Kollegen

geschrieben, auch nicht für Medienjournalisten. Der Adressat dieser Seiten ist das Publikum, für das ich immer gearbeitet habe.

Nicht wenige Zuschauer schalten nicht mehr an, fühlen sich über Gebühr gelangweilt. Brauchen wir noch öffentlich-rechtliches Fernsehen, wenn fast alles, was dort zählt, die Quote ist? Wie müsste öffentlich-rechtliches Fernsehen aussehen, was müsste es leisten, wäre es die »Demokratieabgabe« wert?

Gemessen an seiner Reichweite ist Fernsehen noch immer die wichtigste Quelle politischer Information. Es besteht kein Zweifel daran, dass die durchschnittlich gut dreieinhalb Stunden, die die Deutschen täglich vor dem Schirm verbringen, ihr Fühlen und Denken und ihre politischen Einstellungen stark beeinflussen.

Die Leistungen des öffentlich-rechtlichen Fernsehens kritisiere ich nicht pauschal. Wie könnte ich das? Ich habe an vielen, sehr unterschiedlichen Stellen mitgewirkt, im Radio und im Fernsehen, auf den Feldern der Politik, Wirtschaft und Kultur. Gewiss, in meine Bilanz mischt sich Enttäuschung über die Entwicklung des Mediums Fernsehen. Nicht zu übersehen ist aber, was ARD und ZDF leisten. Es ist besser als das, was das öffentliche Fernsehen der meisten anderen Länder zu bieten hat. Aber das darf nicht blind machen für den generellen Verfall der Fernsehkultur, nicht nur, aber auch in Deutschland. Hier ist zweifellos noch immer viel Licht, gelegentlich Glanz. ARD und ZDF unterhalten Orchester, finanzieren Spielfilme, betreiben Arte, 3sat, Phoenix, digitale Kanäle und ein großartiges Korrespondentennetz, aus dem sie zu wenig machen. Was ist diese Leistung wert? Kommt sie doch nicht wegen, sondern trotz des Quotendrucks zustande.

Wer Veränderungen wünscht, muss die Debatte in die öffentlich-rechtlichen Sender hineintragen. Ein beachtlicher Teil meiner Kolleginnen und Kollegen teilt meine Kritik. Die Debatte findet aber in den Kantinen statt, nicht in Redaktionskonferenzen oder auf Führungskräftetagungen. Dort geht es um Personalabbau und ökonomische Fragen, selten um den Programmauftrag. Das Gesetz der Quote aber ist tabu. Ich bin davon überzeugt: Besseres Fernsehen ist möglich, wenn es sich von Quotenwahn und Gefallsucht verabschiedet.

Ich beschäftige mich mit Fehlentwicklungen. Sie können nur mit konkreten Beispielen belegt werden. Es sind immer Einzelfälle, natürlich, allerdings alltägliche und symptomatische – und sie nehmen meiner Beobachtung nach zu. Nein, früher war nicht alles besser. Aber das, was aus den Medien und besonders dem Fernsehen geworden ist, ist nicht erfreulich.

Im Hut auf der Stange steckt eine weiße Feder. Als wär's eine weiße Fahne. Kampflos ergibt sich das ZDF der Diktatur der Quote. Es kapituliert ohne Not. Fernsehmacher, die glauben, sie erfüllten den Auftrag der Gesellschaft durch Marktführerschaft um fast jeden Preis, haben ihren Auftrag nicht verstanden. Sie verkaufen ihre Seele.

ERSTER TEIL

Zerrspiegel

EINS

Wie alles zu Unterhaltung wird, selbst Nachrichten. Von Quo-
tenjunkies und Hofberichterstattern. Vom Gewicht der Nach-
richt. Weshalb Gefühle lügen. Warum Komiker Könige sind.

Der morgendliche Anruf des Programmdirektors nach meiner
ersten *Aspekte*-Sendung im Januar 2000 beginnt so:
»Das war ja wohl ein Fehlstart.«
Ich warte auf eine Begründung.
Der Direktor schweigt.
»Was hat Ihnen nicht gefallen?«
»Kennen Sie denn nicht die Zahlen?«
Ich kenne sie noch nicht.
»Teletext, Seite 446«, knurrt er.
Dort werden jeden Morgen um halb neun die Zahlen des
Vorabends veröffentlicht. Zur Sendung selbst will dem Direk-
tor kein einziger Satz einfallen, obwohl er sie gesehen hat.

Quotenjunkies

Früher begann der Tag mit einer Schusswunde, heißt einer
der schönsten Gedichtbände von Wolf Wondratschek. Die Ge-
wohnheit, den Tag mit der Analyse der Quoten vom Vortag zu
beginnen, ist so überflüssig wie ein Loch im Kopf, nur weniger romantisch. Es durchlöchert den journalistischen Verstand.
Doch selbst in Nachrichtenredaktionen geschieht genau

dies. Als könnte das Weltgeschehen daran gemessen werden, wie viele Zuschauer es vor die Geräte lockt. Wer seinen Job als Journalist ernst nimmt, darf gar nicht erst anfangen, sich dieser verqueren Logik auszusetzen. Zynisch ist sie ohnehin. Denn je größer das Elend ist, über das zu berichten ist, desto zuverlässiger steigen die Quoten. Die Tragödie, die Krise, der Sturz: Sie steigern das Interesse an Nachrichten.

Nach schweren Katastrophen und Krisen ist es leicht, eine Nachrichtensendung zu planen. Sie plant sich gewissermaßen von selbst. In normalen Zeiten ist das anders. Dann werden Nachrichtensendungen wie die *Tagesthemen* und das *Heutejournal* so zusammengestellt, dass sie einen günstigen Quotenverlauf versprechen. Die Redaktionsleitung achtet also darauf, in welchem Moment auf Konkurrenzkanälen Sendungen zu Ende gehen. Dann ist die Gelegenheit günstig, Zuschauer »herüberzuziehen«. Stücke, die Gefühle ansprechen, werden zur Umschaltzeit als Köder platziert, unabhängig von ihrem nachrichtlichen Wert. Die federführenden Redakteure ziehen »Aufreger« komplizierteren, wenn auch wichtigeren Themen vor. Angst vor zappenden Zuschauern macht Fernsehen zur zappelnden Bildzeitung. Nachrichtensendungen werden wie Konsumartikel behandelt von Redakteuren, die wie Produktmanager denken und deren Leistung an den Quoten gemessen wird.

Das Quotendenken erleichtert die Arbeit, erspart es doch beim Entscheiden für oder gegen ein Thema tiefere und vor allem inhaltliche Überlegungen. »Das kommt besser an«, lautet ein beliebtes, intellektuell anspruchsloses, doch wirkungsvolles Argument. Gefallsucht ist nicht nur Resultat einer verhängnisvollen Geschäftsphilosophie, sondern auch sehr bequem. Lieber das zehnte Feature über Britanniens Royals als das erste über Britanniens Rolle in Europa. So werden Auslandskorrespondenten unter Wert beschäftigt.

Gute Quoten sind, wenn journalistische Überzeugungen fehlen, ein Stoff, eine Droge, die abhängig machen kann. TV-Leute, die bei allem, was sie tun und lassen, an die Quote denken, werden leicht zu Quotenjunkies.

Gedoppelte Gefallsucht

Ein kleines, bezeichnendes Beispiel. Der Bericht vom CDU-Parteitag im Dezember 2014 in den *Heute*-Nachrichten.[1] Kein ungewöhnliches Stück, dem Ereignis scheinbar vollkommen angemessen.

Angela Merkel wurde mit 96,7 Prozent als Vorsitzende wiedergewählt. Ihre Rede findet kaum enden wollenden Beifall der Delegierten. Der Bericht bringt drei kurze Sätze (*soundbites* genannt) begeisterter Delegierter und zwei Ausschnitte aus der Rede. Viele Emotionen, kaum Inhalt. Der routinierte Bericht entspricht der Parteitagsinszenierung.

Wäre da nicht diese winzige Unregelmäßigkeit. Für das Präsidium bewirbt sich tatsächlich ein Kandidat mehr, als Posten zu vergeben sind. Ein einziger. Man könnte sich als unparteiischer Beobachter fragen, wie das in einer großen, stolzen Volkspartei möglich ist. Der Bericht in den ZDF-Nachrichten erzählt jedoch nichts vom Mangel an innerparteilicher Demokratie. Stattdessen heißt es, der ohne Genehmigung von Angela Merkel angetretene Jens Spahn »sorgt für Unruhe bei der Präsidiumswahl«. Unruhe? Man könnte diesen Text für Ironie nach Art der Comedy-Sendung *Heute-show* halten.

Er ist aber keine Ironie. Ein anderer Kandidat, Gesundheitsminister Hermann Gröhe, Merkel treu ergeben, zieht seine Kandidatur auf Geheiß zurück. Nun aber berichtet der Reporter nicht mehr. Starr vor Bewunderung kommentiert er: »Die Partei erspart sich eine Blamage. Angela Merkel hat auch diesen Konflikt sanft entschärft.« Welchen Konflikt? Welche Blamage? Und was heißt: entschärft? Die Vorsitzende hat die Möglichkeit einer echten Wahl verhindert. Die demokratische Gesinnung der Partei ist blamiert.

So entpuppt sich der Beitrag als ein Stück Hofberichterstattung. Oder sagen wir es so neutral wie möglich: Er folgt dem parteiinternen Konformismus der CDU. Die kleinste Dissonanz im feierlichen C-Dur des Feldgottesdienstes zu Ehren der heiligen Angela interpretiert der ZDF-Reporter um, gibt einen Tusch auf deren Führungsstärke zum Besten. Mit keiner Silbe aber deutet er auch nur an, weshalb Jens Spahn die Kampfkandidatur gewagt hat. Stattdessen nimmt der Beobachter die Perspektive der Friedhofsverwalterin ein, die unbedingt Ruhe bewahren will. Diese Ruhe gilt dem Korrespondenten als Maß für den Erfolg der Vorsitzenden.

Das ist, gemessen an einem sauberen journalistischen Handwerk, alles andere als korrekt. Dieser Beobachter entpolitisiert das Geschehen, weil er dessen Hintergrund ausblendet, ja überblendet. Er verletzt damit seinen Auftrag, weil er ja nicht zum Parteitag geschickt worden ist, um die Vorsitzende zu bewundern, sondern um deren Absichten zu beschreiben. Er hätte erzählen müssen, warum in dieser Partei Konsens mehr zählt als Diskurs. Konflikte, und seien sie so harmlos wie eine Kandidatur, glauben die CDU-Manager, gefallen dem Publikum nicht. Vorsitzende sind zugleich die Harmoniebeauftragten ihrer Organisationen. Sie werden daran gemessen, wie ihnen das gelingt.

Der Korrespondentenbericht unterwirft sich also kritiklos, ja unterwürfig, einer politischen Absicht, statt diese mit der notwendigen Neutralität kenntlich zu machen und einzuordnen. Die Parteitagsregie ist aufgegangen. Der Journalist hat sich ihr zur Verfügung gestellt. Gefallsucht ist nicht bloß die Neigung, jedermann zu gefallen. Da ist auch noch die zweite Form dieser Sucht: jemandem ganz Bestimmten zu gefallen.

Dies ist, wie gesagt, nur ein winziges, alltägliches Beispiel. Aber da es sehr viele, kaum wahrgenommene Beispiele dieser Art gibt, steht es für eine große Schwäche unserer Demokratie und das Verhältnis der Medien zu ihr. Sie ist konfliktscheu. Sie sucht die Konformität. Ihre Protagonisten wollen lieber gefallen, statt sich auseinanderzusetzen. Politik und Medium arbeiten hier vollkommen Hand in Hand. Beide sind dadurch Zerrspiegel der Realität. Die Politik täuscht Harmonie vor, und das Medium lobt sie dafür.

Oft wäre es wichtiger zu erfahren, was eine Partei oder Regierung versäumt, als gesagt zu bekommen, was sie gesagt haben möchte. Unsere Nachrichtensendungen fallen systematisch auf das große Als-ob herein. Was Politiker von sich geben, ist zu hören, seltener das, was sie tatsächlich bewegt. Die Hintergründe ihres Handelns oder Nichthandelns bleiben oft im Dunkeln, mit der Folge, dass die Zuschauer Sachverhalte nicht besser begreifen als zuvor.

Die Mittel der Politik und der gefallsüchtigen Medien entsprechen einander. Versimpeln, Personifizieren, Emotionalisieren. Damit tragen sie die Verantwortung am Verdruss über die Politik wie am Verdruss über die Medien.

Verdichten, Verkürzen, Verfälschen

Journalisten sollen zusammenfassen, das Wesentliche herausarbeiten, allerdings so, dass die Leser und Zuschauer mitkommen und dabeibleiben. Deshalb spitzen sie zu und verkürzen. Die Frage, wann aus Zuspitzung Übertreibung, aus Verkürzung Verfälschung, aus Verdichtung Dichtung wird, müsste in den Redaktionen ständig gestellt werden. Dafür fehlt natürlich die Zeit. Aber auch das Bewusstsein. Das Nachrichtengeschäft gehorcht nun einmal den gewohnten Regeln. Es tendiert »zur Konzentration der Meldungen auf Einzelfälle – Vorfälle, Unfälle, Störfälle, Einfälle«.[2] Strukturen, Bedingungen, Ursachen rücken dabei häufig in den Hintergrund. Das war wohl prinzipiell schon immer so im Nachrichtenjournalismus, aber der Quotendruck nimmt zu – und damit die Notwendigkeit zu gefallen, um jeden Preis. Das Publikum zu unterrichten genügt nämlich im Zweifelsfall nicht, es muss zugleich gefesselt, bewegt oder sogar erregt werden.

Der Politikbetrieb produziert Stunde um Stunde Meldungen. Überwiegend sind es Reaktionen auf Reaktionen auf Reaktionen. Gespräche, in denen Dinge besprochen werden, über die bereits tausendfach gesprochen worden ist. Nachrichten provozieren Nachrichten. Das Verlautbarungsstakkato wird im Wettbewerb um Aufmerksamkeit immer schriller.

Was Zuschauer für Realität halten sollen, ist nur ein stark bearbeiteter Ausschnitt von Realität. Journalisten sind dennoch davon überzeugt, stets nur das zu berichten, was des Berichtens wirklich wert ist. Eine Selbsttäuschung. Auswahl, Platzierung, Gestaltung gehorchen den Kriterien der Verkäuflichkeit. Damit das Produkt besser ankommt, inszenieren und arrangieren Journalisten ihr Material ganz ähnlich, wie es zuvor auch schon die Pressestäbe und PR-Experten der Parteien, Ministerien oder NGOs getan haben. So kommt die Realität beim Empfänger meist doppelt bearbeitet an. Es wäre illusorisch zu hoffen, dass Journalisten die von den politischen Akteuren gelieferte Fassung der Wirklichkeit immer ordentlich entzerren. Sie sollten sich aber wenigstens darum bemühen.

Stattdessen kolorieren sie das Geschehen, fühlen sie sich doch weniger der Wahrheit verpflichtet als dem »Erfolg« ihrer Sendung – gemessen in Quote. Ein gewisses »Sendungsbewusstsein« ist ihnen nicht abzusprechen, wenn auch das falsche. Wer gefallen will, darf sich nicht allein auf die Fakten verlassen. Das ist die bittere Wahrheit der Quotenlogik.

Wie sähe das denn auch aus, würde ein Moderator oder Reporter mitteilen, sein Beitrag sei heute nicht wirklich wichtig, aus Brüssel gebe es nichts zu berichten außer das Übliche, die Verhältnisse seien nicht ganz so schlimm, der Sieg sei nicht ganz so triumphal, der Skandal überschau-, wenn nicht gar übersehbar? Nachrichtenmacher wollen immer die vollständige Aufmerksamkeit für sich, messen daran ihre Bedeutung. Vor nichts haben sie mehr Angst als davor, Zuschauer zu verlieren. »Die Ereignisse müssen als Ereignisse dramatisiert«[3] werden. Was Medien zu diesem Zweck tun, nennt Niklas Luhmann mit spitzer Feder »die Transformation von Unwahrscheinlichkeit in Wahrscheinlichkeit«.

Die Nachrichtengefäße werden jeden Tag aufs Neue gefüllt, es scheint immer gleich viel Berichtenswertes geschehen zu sein. In der Regel passt nicht alles in die Sendung, was wichtig ist. Zu kurz kommt häufig die Einordnung der Ereignisse. Nachrichtensendungen sollten ihre Zuschauer ertüchtigen, sich selbst ein Bild zu machen. *ARD-Aktuell*-Chef Kai

Gniffke gibt zu: »Bei der gebotenen Verdichtung der Information für einen kurzen Nachrichtenbeitrag können nicht in allen Beiträgen alle Hintergrundinformationen geliefert werden.«[4]

Nur dumm, wenn es entscheidende Informationen sind, die fehlen. Wie etwa die Tatsache, dass die in Paris zur Trauerkundgebung versammelten Staatsgäste abgeschirmt vom großen Protestzug marschierten. In den Nachrichtensendungen von ARD und ZDF sah es dagegen so aus, als führten sie den großen Demonstrationszug an.

Sofort hagelte es Proteste gegen diese »Inszenierung«. Den Sendern wurde Manipulation auf Druck der Politik unterstellt. Diesen Druck hat es gewiss nicht gegeben. Es handelte sich um ein vermeidbares handwerkliches Versäumnis. Leicht hätte eine einzige Einstellung, ein Schwenk, die Situation zeigen können, wie sie wirklich war.

Im Sturm der Gefühle

Die Kriterien der Auswahl der Ereignisse, die zu Nachrichten gemacht werden, gelten überall auf der Welt, wo es unabhängigen Journalismus gibt. Sie sind kein Geheimnis. Zuschauer und Leser kennen sie. Das Geschehen muss neu sein und am besten unerwartet. Es soll vom Gewohnten abweichen. Die Prominenz der Akteure ist von Bedeutung. Je negativer eine Nachricht, desto interessanter. Je sensationeller, desto besser. Das Neue ist allerdings bereits im Augenblick der Veröffentlichung nicht mehr neu. Der Neuigkeitszwang beschleunigt den Verwurstungsprozess. Zum gründlichen Verdauen bleibt wenig Zeit.

Von Bedeutung ist die »Größe« eines Ereignisses, etwa die Zahl der Opfer, der Euros oder die »Größe« der Persönlichkeit, um die es geht. Räumliche Distanz relativiert das Geschehen. Je näher das Geschehen am Ort des Zuschauers ist, als desto bedeutender erscheint es. Das eine deutsche Opfer unter den vielen getöteten Passagieren einer Flugzeugkatastrophe wird in allen deutschen Medien immer eigens erwähnt. Eine deutsche Maschine, die mit 150 mehrheitlich deutschen Opfern abstürzt, aber ist eine nationale Katastrophe.

Ein Flugzeugabsturz ist immer ein schlimmes Unglück. Auf einen Schlag kommen so viele Leute um wie auf den Straßen des Landes während vieler Tage. Die Straßenverkehrsopfer sind statistisches Material und verlieren sich in den Spalten der Regionalpresse. Nach einem Absturz wie dem der Germanwings-Maschine in Frankreich jedoch jagt sofort eine Spezialsendung die nächste, obwohl es noch gar nichts zu berichten oder gar aufzuklären gibt, allenfalls zu spekulieren. Betroffenheit, Mitgefühl, Entsetzen. Aber ist das nicht schon fast alles, was Fernsehen überhaupt zu bieten hat? In der Katastrophe ist das Medium ganz bei sich. Das mediale Lagerfeuer versammelt das Volk zum großen Trauer-Powwow.

Besser wäre es, das Medium würde bei aller Ergriffenheit auch den Hintergrund mit derselben Gründlichkeit beschreiben. Der Absturz der Germanwings-Maschine war ein Anschlag. Aber weil beim Attentäter anscheinend kein politisches Motiv vorlag, sondern eine narzisstische Kränkung, wurde in vielen Medien um das Schicksal des Täters geradezu ein Netz des Mitgefühls gezogen. Dennoch folgte der Berichterstattung eine Rekordflut von 430 Beschwerden beim Deutschen Presserat über die Nennung des Namens des Kopiloten und die unverpixelte Verwendung seines Fotos. Doch Vorsicht!

Es handelte sich hier nicht um die gewohnte Verwerflichkeit der Medien. Der Presserat zog die rote Linie genau dort, wo sie hingehört. Bilder und Namen von Opfern zu veröffentlichen gehört sich nicht. Den Namen des Massenmörders zu schützen wäre in diesem Fall absurd.

Weshalb dann aber so viele Klagen? Sie sind wohl eher ein Beleg für die Beziehungskrise zwischen Medien und Publikum. Aufgabe der Medien ist es, über die Hintergründe eines Ereignisses so zu informieren, dass auch das Unbegreifliche begreiflich wird. Dass sie dazu oft mehr Zeit brauchen, als sie sich auf der Jagd nach News nehmen, steht auf einem anderen Blatt.

Im Zentrum der Debatte hätte zwingend stehen müssen, dass der Anschlag zu verhindern gewesen wäre. Ausgerechnet ein Instrument der Terrorabwehr, die nicht zu öffnende Cockpittür, wurde 150 Menschen zum Verhängnis. Die Tür war ein Skandal. Warum ließen sich die europäischen Fluggesellschaften den Einbau dieser Gefahrenquelle von paranoiden amerikanischen Behörden aufzwingen? Aber die Sendezeit war von tagelanger Bestürzung schon fast aufgebraucht.

Ein anderes Beispiel: Betroffenheit zeigt das Gefühlsmedium Fernsehen immer besonders eindrucksvoll. Seit Langem war bekannt, dass das Bochumer Opel-Werk geschlossen wird. Als es dann so weit war, zeigten alle Nachrichtensendungen betrübte Arbeiter und Angestellte, die zum letzten Mal durchs Werkstor strömten. Die Berichte erinnerten an glorreiche Zeiten, an die stolzen Opel-Werke, eine »Ikone des Ruhrgebiets«. Einst malochten 20 000 Leute bei Opel, zuletzt waren es noch 3500. Wehmutsgefühle standen auf dem Programm.

Kein Beitrag informierte genauer über die Gründe des Niedergangs. Die Managementfehler in Deutschland, die Überproduktion bei Autos, die schweren Herausforderungen, die die Automobilindustrie zu meistern hat, der allgemeine Statusverlust des Automobils, der allmähliche Abschied vom Verbrennungsmotor, die Computerisierung, die Aufholjagd der chinesischen Autoindustrie auf dem letzten Wachstumsmarkt sind in »Einsdreißig« (eineinhalb Minuten Sendezeit) schwer darzustellen.

Im Fernsehen sehen die Zuschauer deswegen meist nur, was sie schon wissen: Es ist saukalt da draußen und die soziale Kälte unerträglich. Die Tränen in Bochum mussten genügen. Zu sehen war nur das perfekte Opfer: der Arbeiter, fleißig, schuldlos, in jeder Hinsicht betroffen. Vor allem der sozial Benachteiligte – ob wirklich oder nicht – ist im deutschen Fernsehen in guten Händen.

Die gefühlte Not ist meist größer als die messbare. So ähnlich wie beim Wetterbericht, wo seit geraumer Zeit ja auch die gefühlte Temperatur mehr zählt als die Grade, die das Thermometer zeigt.

Das ist keineswegs die Polemik eines herzlosen Autors. Laut einer repräsentativen Allensbach-Umfrage glauben 60 Prozent der Befragten, dass es in Deutschland nicht fair zugehe. Im Durchschnitt nehmen die Deutschen an, jeder vierte Bürger gehöre der untersten von sieben Einkommensschichten an. Tatsächlich trifft dies nur auf rund 15 Prozent zu. Die Einkommen sind also weit weniger ungleich verteilt, als die Bevölkerung es fühlt. In anderen europäischen Ländern werden die Verhältnisse realistischer eingeschätzt. Nur die US-Amerikaner unterschätzen die Einkommensschere.[5]

Ungerechtigkeit anzuprangern ist Aufgabe der Medien. Die Art und Weise aber, wie Verteilungsmängel dargestellt werden, verrät, dass auch andere Motive im Spiel sind als Aufklärung und Gerechtigkeitssinn. Sozialpolitische Befunde werden auf Boulevardniveau heruntergedrückt. Fallbeispiele ersetzen die Analyse. Es muss menscheln ohne Ende. »Menscheln und Emotionalisieren!« Ich kenne keinen Korrespondenten, der nicht stöhnt über diese ständige Ermahnung aus den Senderredaktionen. Die Gier des Quotenjunkies nach »Menschelstoff« ist kaum zu befriedigen. Und Menscheln heißt »Herunterbrechen« – die komplizierten Verhältnisse an einem Einzelschicksal erklären, das der Dümmste versteht, weil es nichts zu verstehen gibt, aber zu fühlen. Die ständige Personalisierung aber macht das Fernsehen blind für strukturelle Probleme.[6]

Vor lauter Einzelfällen sieht der Nachrichtenzuschauer das Ganze, den Wald vor lauter Bäumen nicht mehr. Er wird gewissermaßen emotional hinter die Fichte geführt. Der schon sprichwörtliche »Dachdecker« muss in Bild und Ton die gesamte Renteneintrittsalterproblematik abdecken, die Friseurin aus Bautzen die Mindestlohndebatte und so weiter.

Während der Endlosgipfel in Brüssel brachten fast ausnahmslos alle Informationssendungen Beiträge über einzelne Beispiele von Not in Griechenland. Dass Griechenland kein Sozialhilfesystem besitzt, ist nicht die Schuld der herzlosen Kreditgeber. Im Gegenteil: Seine Einführung wird in Brüssel gefordert, damit nicht Rentner ihre arbeitslosen Kinder aushalten müssen. Aber die Elendsreportagen erzählen etwas ganz anderes. Medial kommt die ganze vertrackte ökonomische Logik des griechischen Dilemmas gegen einen einzigen weinenden Rentner nicht an.

Der Gefühlsakrobat kennt viele Tricks. Selbst nackte Zahlen helfen, sind sie nur nackt genug. Die Steuerschuld von Uli Hoeneß lässt sich in 1000 Monatsgehälter einer einzigen

Krankenschwester umrechnen. Da spürt der Zuschauer sofort, wie bodenlos ungerecht die Welt ist und wie unfassbar kriminell der Delinquent. Mancher Vergleich, wie auch dieser, ist zwar absurd, aber nicht wirkungslos. Er ist mühelos verständlich und bleibt hängen.

Und die Politik? Bedient sich derselben Mechanismen. Auch populistische Politiker arbeiten gern nach dieser Methode. Das Opfer als Beispiel ist allemal anschaulicher als es ökonomische Zusammenhänge sind. Es kommt nur darauf an, ob etwas als gerecht oder ungerecht empfunden wird. Wer Ungerechtigkeit anprangert, ist unschlagbar verständlich und immer im Recht. Er bessert Marktanteile auf oder macht sich auf dem Markt der politischen Stimmungen bemerkbar. Die Marktschreier der Gerechtigkeit sind nicht zu überhören.

Zwar vertreten Politiker immer Interessen, reden dabei aber ständig vom Gemeinwohl. Dabei benutzen sie am liebsten – da es menscheln muss – die Floskel von *den* Menschen.

Diese winzige, verräterische Sprachfigur! Sie ist die größtmögliche Verallgemeinerung. Kaum eine Politikerrede, kaum ein Reportersatz, in dem nicht von *den* Menschen die Rede wäre, als gehe es immer um die ganze Menschheit. Die Verwendung der Gattungsbezeichnung »Mensch« ist eigentlich nur sinnvoll zur Unterscheidung: Mensch und Tier. Von *den Menschen* zu sprechen statt von bestimmten Leuten, Bürgern oder Arbeitnehmern klingt irgendwie größer und bedeutender. Es hört sich an, als stünden ständig Menschenrechte und Menschenwürde zur Disposition. *Die Menschen* sind zur Korrektheitsfloskel geworden. Die ist, um es in der ausgeleierten Sportreportersprache auszudrücken, Emotion pur.

Manipulation durch Emotionalisierung ist nicht immer leicht zu durchschauen. Hier ein Beispiel dafür, wie selbst objektive statistische Zahlen emotionalisiert und verfälscht werden können. »Krebserkrankungen steigen weltweit drastisch an«, hieß es.[7] Die Meldung bezog sich auf den Weltkrebsbericht der Weltgesundheitsorganisation, einer zweifellos seriösen Quelle. Wir hören die Nachricht, sind entsetzt und besorgt. Nur leider wurde in allen Meldungen der Grund des Anstiegs verschwiegen. Er liegt allein in der erfreulichen Tatsache, dass die Menschen (hier stimmt der Ausdruck ausnahmsweise) im Durchschnitt älter werden. Die Zunahme der Krebserkrankungen ist ausschließlich eine Folge der gestiegenen Lebenserwartungen.[8] Dies ist zwar nicht schwer zu verstehen, doch kein Medium wollte auf die Dramatik der Nachricht verzichten. Ohne Einordnung sind Zahlen sinnlos, lautet eine Regel des journalistischen Handwerks. Die Regel, nach der das Quotengeschäft läuft, aber lautet: Ob Zahlen stimmen oder nicht – Hauptsache, sie machen Stimmung..

Geschrei und Schweigen

Wer mit Emotionen arbeitet, erspart sich Recherche und das Argumentieren. Das wiederum spart Geld und Zeit. Gefühle erleichtern Journalisten wie Politikern die Arbeit. Manche Themen werden immer nur dann groß diskutiert, wenn sie eskalieren, wenn die Gefühlswogen hochschwappen. Gekenterte Flüchtlingsboote mit Hunderten von Toten, brennende Kleiderfabriken. Der Gefühlshaushalt verkraftet immer nur wenige Brandherde. Sie wechseln rasch. Ein Mangel an Kontinuität, am Nachhalten, im Newsgeschäft ist unübersehbar. Es wäre die Pflicht der Medien, aufmerksam und beständig Themen zu begleiten, die bedeutsam sind und bleiben.

So, wie es auch ihre Aufgabe wäre, Stillstand abzubilden. Allzu einfach machen es sich Nachrichtenredaktionen, die der Agenda der Politik folgen, statt selbst zu prüfen, welche Themen wirklich die wichtigsten wären.

Im Bundestagswahlkampf 2013 war über Wochen beispielhaft zu beobachten, wie sich die Öffentlichkeit mit Dingen befasste, die die Zukunft des Landes nicht wirklich bestimmen. Ein Besucher vom Mars hätte zur Auffassung kommen müssen, Deutschland stehe vor keiner einzigen wirklich gravierenden oder gar bedrohlichen Herausforderung. Mit größter Hingabe stritten die Parteien etwa über die Forderung der SPD nach einem flächendeckenden Mindestlohn von 8,50 Euro. Es sah aus, als sei die ultimative Entscheidungsschlacht um die soziale Gerechtigkeit im Gange.

Das Geschrei über den Mindestlohn schloss das Schweigen über andere, wichtigere Themen ein. Kommentatoren, Moderatoren, Interviewer übernahmen jedoch unkritisch die Agenda der Politik und setzten den propagandistischen Absichten der Parteien nichts entgegen.

Auch andere Hauptthemen des Wahlkampfs lenkten ab von den tatsächlichen Zukunftsfragen der Republik. Die CSU kam mit der Autobahnmaut – kaum mehr als politische Folklore und bereits so gut wie gescheitert. Die Bayern möchten Österreich ihr »Pickerl« heimzahlen. CSU und Bundesregierung werden der EU die Verantwortung zuschieben. Das Lieblingskind der CDU im Wahlkampf, zusätzliche Zahlungen zugunsten sozialversicherter Mütter, belastet inzwischen die Rentenkassen ebenso wie die von der SPD eingeforderte Frühverrentung gut verdienender Fachkräfte auf Kosten Schwächerer und Jüngerer.

Was aber geschieht mit dem Euro und mit Europa? Wie

werden die Finanzmärkte besser reguliert? Wie bereitet sich Deutschland auf die alternde Gesellschaft vor? Wie auf die Folgen der digitalen Revolution aus dem Silicon Valley? Und wie kann die bedeutendste Ungerechtigkeit beendet werden, der Mangel an Chancengleichheit? Mit diesen großen Themen behelligten auch die zahlreichen Wahlkampfsondersendungen kaum einmal ihr Publikum.

Weshalb machen es sich Journalisten so einfach? Ganz einfach. Es ist leichter, das Publikum für das zu interessieren, was bereits Geräusche produziert, als selbst ein Lied anzustimmen. Medien, vor allem auch der öffentlich-rechtliche Rundfunk, verkommen mehr und mehr zu Lautsprechern. Und außerdem macht es deutlich mehr Mühe in jedweder Hinsicht, sachlich und kompetent über die Probleme des Euro zu berichten in »Einsdreißig«, als mit dem Stück über die Friseurin aus Bautzen den »Mindestlohn« in Szene zu setzen.

Außer Atem

Superscharfe Präsentation, Studios wie aus einem Science-Fiction-Film. Warum nicht, wenn die Substanz des Nachrichtenjournalismus damit Schritt halten kann?

Nicht nur die Auswahl der Themen hat sich unter dem Regime der Quote geändert. Die Beiträge sind kürzer, die Stücke in sich atemloser geworden. Der Mangel an Komplexität und Genauigkeit vieler Beiträge hat durchaus auch mit dem Mangel an Zeit zu tun, die zur Verfügung steht. Drei bis vier Minuten lang sind Korrespondentenstücke im *Heute-journal* und in den *Tagesthemen*. Nur eine Minute dreißig sind die meisten Filmberichte der fünfzehnminütigen Hauptnachrichtensendungen lang. Manche Themen werden als »Nachricht im Film« noch kürzer abgehandelt.

1975 betrug die Zeit zwischen zwei Schnitten in Nachrichtenfilmen durchschnittlich 10,2 Sekunden. 1995 – in der kurzen Epoche der Magnetbänder – waren es nur noch 6,6 Sekunden bis zum jeweils nächsten Schnitt. Heute sind es 4,7 Sekunden. In Amerika dauert eine Einstellung durchschnittlich nur noch 1,5 Sekunden.[9]

Die Bildsprache versetzt die Zuschauer in »kognitiven Dauerstress (…) Je aufgeregter ich werde, desto kürzer kann ich die Aufregung noch ertragen.«[10] Eine paradoxe Wirkung. Obwohl die Nachrichtenbeiträge die Aufmerksamkeit der Zuschauer mit allen Mitteln zu steigern suchen, erreichen sie das Gegenteil.

Nicht nur die Schnittfolge, auch die digitalen Möglichkeiten machen die Beiträge sowohl opulenter, aber auch hektischer, erregender. Auf dem Bildschirm sind mehrere Bilder gleichzeitig zu sehen, Fotos und Grafiken sind animiert, die Kamera ist ständig in Bewegung, häufig ruckelt und zuckelt sie. Würden diese Stilmittel der Anschaulichkeit dienen, wäre nichts dagegen zu sagen. Sie erzeugen aber vor allem Unruhe und Atemlosigkeit und werden so zu Mitteln emotionaler Aufladung. Die Zuschauer empfinden eine langsamere Bildsprache schnell als anstrengend und langweilig. Bei Beiträgen mit längeren Statements und ruhiger Kameraführung zappen sie erfahrungsgemäß schneller weg, auch wenn sie solchen Beiträgen eigentlich besser folgen können. Eine teuflische Spirale.

Das liegt vor allem daran, dass die Bildsprache des TV-Journalismus der Ästhetik des Kinos folgt, der Werbung, des Internets. Die Zuschauer haben sich an das höhere Tempo und die Hektik gewöhnt. Aber kapieren sie auch rascher? Zwar nehmen sie mehr optische Informationen auf, aber Einzelheiten gehen leichter verloren. Das Gehirn selektiert. Die Bildeffekte selbst rücken ins Zentrum der Aufmerksamkeit, Worte dagegen in den Hintergrund. Text-Bild-Scheren werden in Kauf genommen, wenn sich nur etwas bewegt. Die komplexere Bildsprache hilft nicht, Sachverhalte verständlicher zu präsentieren. Oft lenkt der Bilderwirbel vom Wesentlichen ab. Das hohe Erzähltempo und das Übermaß an optischen Eindrücken und Effekten dienen selten der Klarheit der Information.

Nachrichtensendungen bringen außerdem zu viele Beiträge, die ihre Themen nur antippen. Der Hinweis auf vertiefende und ergänzende Information auf den Internetseiten – letztlich nur Reklame in eigener Sache (Cross-Promotion) – kann diesen Mangel nicht kompensieren. Solche Verweise sind eine Zumutung für die Zuschauer, die Anspruch auf vollständige Informationen haben. Oder sind Nachrichten bald nur noch »Teaser« für den Webauftritt?

Im Wirbel der Unterhaltung

Unterschied man ursprünglich zwischen Information und Unterhaltung, so sind die beiden Sphären längst nicht mehr scharf voneinander getrennt, ja weitgehend miteinander verschmolzen. Wer Quoten holen will, muss also selbst Nachrichtensendungen bekömmlich gestalten. Deshalb sind die Moderatoren so wichtig. Das Schwere muss eingebettet sein im Leichten. Auf den Wechsel, den Rhythmus, die Übergänge kommt es an. Nachrichtensendungen werden komponiert, sind nicht wie früher nur der Aktualität verpflichtete Aneinanderreihungen von Ereignissen.

Wir sind süchtig nach Information, weil wir süchtig nach Zerstreuung sind. Wie mit der Informationsschwemme kritisch umzugehen ist, haben wir allerdings noch nicht gelernt. Aus den achtziger Jahren stammt der Begriff des »Infotainment« – Information und Entertainment. Der Ausdruck ist in den Redaktionskonferenzen nicht mehr oft zu hören. Das so Bezeichnete ist so selbstverständlich geworden, dass man gar keine Bezeichnung mehr dafür benötigt.

Der englische Begriff »newsshow« kommt der Sache näher: Auch die Nachrichtensendung ist längst eine Show. Unterschiedslos alles soll auch unterhalten. Den Unterhaltern ist es gleichgültig, wenn die Politik zu kurz kommt. Dann bleiben mehr Platz und Zeit für Skandalöses, Katastrophales, Zwischenmenschliches, für Konsumententipps, Rotlicht und Blaulicht, für die gynäkologischen Aspekte von Prinzessinnen, überhaupt für Celebrities, für Sport und nochmals Sport. Der Nachrichtenentertainer ist auf Politik im Grunde genommen gar nicht angewiesen.

Was bleibt hängen im Wirbel dieser Nachrichten? Oft ist es eher die Präsentation der Nachricht als die Nachricht selbst. Äußerlichkeiten, Gesten. Als sich Robin Williams tötete, stieg *Tagesthemen*-Moderatorin Caren Miosga auf den Moderatorentisch, um an eine Szene aus dem Spielfilm *Der Club der toten Dichter* zu erinnern.[11] Damit löste sie in den sozialen Netzen eine Zustimmungsexplosion aus. Viele Zuschauer waren begeistert von einem »wahren Gänsehautmoment« (Stimme auf Yahoo). Man konnte es auch so sehen wie Alan Posener in der *Welt*: »War dies eine Geste der Rebellion gegen die gähnende Langeweile, die von den öffentlich-rechtlichen Rundfunkanstalten verbreitet wird? Gegen die formelhafte Berichterstattung in der ›Tagesschau‹ und den ›Tagesthemen‹?«[12]

Das Urteil des Literaturnobelpreisträgers Mario Vargas Llosa lautet: »Die im Fernsehen gesendeten ›Nachrichten‹ schaffen nicht nur die Geschichte ab, sie heben auch die Zeit auf, denn sie machen jeden kritischen Blick auf das Geschehen zunichte, finden simultan mit den Ereignissen statt, über die sie angeblich informieren, und dauern nicht länger als der flüchtige Moment ihrer Besprechung, ehe sie verschwinden, hinweggewischt von anderen, die ihrerseits von neueren vernichtet werden, ein schwindelerregender Prozess der Entstellung des Existierenden, der schlicht und ergreifend zu seiner Verflüchtigung und Ablösung durch die Wahrheit der Medienfiktion geführt hat, der einzigen wirklichen Wirklichkeit unserer Zeit.«[13] Es sind zum größten Teil unvermeidliche Folgen von Fernsehnachrichten. Aber gerade im Wissen um die Folgen der Flüchtigkeit sollten sich die Redaktionen bemühen, das Tempo zu drosseln, das Wesentliche zu vertiefen, mehr Hinter-, weniger Vordergründiges zu bringen.

Comedy-News-Show

Wenn in der Kultur des Spektakels alles zu Unterhaltung wird, selbst Nachrichten, werden umgekehrt natürlich auch Unterhaltungssendungen für Nachrichten gehalten.

Dann wird der Komiker zum wahren Anker. Der gegenwärtige Intendant des ZDF wird dafür gerühmt, schon als Programmdirektor dem politischen Kabarett eine glänzende Renaissance ermöglicht zu haben. Sein Vorvorgänger Dieter

Stolte hatte einst mit Dieter Hildebrandts *Scheibenwischer* das gesamte Genre aus dem ZDF-Programm verbannt.

Es muss zu denken geben, dass die *Heute-show* als Nachrichtenformat gilt, von dem sich vor allem jüngere Zuschauer besser aufgeklärt fühlen als von politischen Sendungen. Selbst der frühere Regierungssprecher Uwe-Karsten Heye findet, die *Heute-show* liefere »einen umfassenderen Blick auf die Welt als das *Heute-journal*«.[14]

Untersuchungen in den USA bestätigen den Eindruck. Zuschauer satirischer Programme sind deutlich besser informiert als Zuschauer, die nur traditionelle Nachrichten sehen. Der Befund ist kein Kompliment für die Nachrichtensendungen.

Comedy darf alles, was Journalisten sich nicht trauen oder trauen dürfen. In der *Heute-show* wird Politik durchaus nicht immer mit kabarettistischer Schärfe zerlegt, sondern allzu oft nur mithilfe gängiger Vorurteile verächtlich gemacht. Gutes Kabarett dient der Aufklärung. So war es in Dieter Hildebrandts Sendungen. So ist es bei *Neues aus der Anstalt*. Manchen Comedians, nicht Kabarettisten, die sich in der *Heute-show* tummeln, scheint Komik kein Mittel zu diesem Zweck zu sein, sondern Selbstzweck. Comedy benutzt Politik; gutes politisches Kabarett dagegen dient der demokratischen Streitkultur. Nicht selten aber bedient die *Heute-show* Stammtisch-Ressentiments. Das ZDF gibt sich mit der *Heute-show* tolerant und liberal und zupackend, stimmt aber letztlich ein in die populäre Leier, Politiker seien gierig und doof. Oft ist das so witzig wie eine Stinkbombe.

Man könnte meinen, politische Comedians spielten eine Rolle, die früher Hofnarren zukam. Ich fürchte, es ist umgekehrt. In der Mediokratie ist der Politiker der Dumme und der Narr der König.

Comedy kann aber auch entlarven. Durchaus ein Helden-stück, was der *Heute-show* im ZDF mit einer Reportage über die Düsseldorfer Pegida-Demonstration im Dezember 2014 gelang. Da die Teilnehmer nicht mit ARD und ZDF redeten, gab sich der »Reporter« als Journalist von »Russia Today Deutsch« aus. Demonstranten rühmten die Wahrheitsliebe dieses Senders, und die fremdenfeindlichen Sprüche vor dem vermeintlich russischen Mikrofon waren kabarettreif. Die Nummer war eine glänzende Satire, repräsentativ für Pegida aber war sie nicht. Wir wissen nicht, wie viele Demonstranten angesprochen, wie die Auswahl getroffen wurde, vermutlich nicht in objektivierender, sondern satirischer Absicht. Den-noch wurde die Nummer in zahllosen Sendungen und Arti-keln als Beweis für die generelle Gesinnung der Demonstran-ten publiziert. Comedy galt nun als harter journalistischer Beleg gegen die ganze Bewegung. Unschlagbar ist Aufklärung, wenn sie auch noch unterhält – und was wäre unterhaltsa-mer, als sich auf Kosten anderer zu amüsieren. Die Pegida-Idioten sind schließlich selbst schuld, wenn sie auf eine leicht erkennbare Verarschung hereinfallen; und außerdem ist alles erlaubt, wenn es darum geht, das Böse als das Lächerliche zu entlarven.

Ein anderes Beispiel dafür, wie Realität und vorgetäuschte Realität, Nachricht und Unterhaltung durcheinander und in-einander übergehen, ist die Sache mit dem Stinkefinger des griechischen Finanzministers Varoufakis in der Inszenierung durch Jan Böhmermann. Allerdings machte sich Jan Böh-mermann nicht über Politiker lustig, sondern über den me-dialen Zirkus. Den zwei Jahre alten Film, in dem Varoufa-kis den Stinkefinker zeigt, hatte die Redaktion von Günther Jauch aus dem YouTube-Sumpf gefischt und aus dem Zusam-

menhang gerissen. Yanis Varoufakis hatte daraufhin seine ob-
szöne Geste zur Fälschung erklärt. Jan Böhmermann wiederum hatte diese Gelegenheit genutzt und sich seinerseits als
Fingerfälscher ausgegeben. (*Neo Magazin Royale*). Jauch verlangte Aufklärung. Und die Medien rauschten, als stünde ein
Weltereignis der Fälschungsgeschichte zur Debatte, vergleichbar Hitlers Tagebüchern. Jeder Idiot hätte auf Anhieb Böhmer-
manns Fake-Fake erkennen müssen. Der Programmdirektor
des ZDF aber sah sich gezwungen zu erklären, es handle sich
um Satire, reine Satire und nichts als Satire. Dass halbwegs
intelligente Zeitgenossen nicht mehr dazu in der Lage sind,
Quatsch als Quatsch zu erkennen, lässt tief blicken. Wir stehen
fassungslos vor den Folgen eines Verblödungsprozesses, von
dem die Verblöder selbst betroffen sind. Was hat es aber zu
bedeuten, dass in Deutschland wie in den USA Kabarettisten
wie Late-Night-Talker John Oliver, Jan Böhmermann, Claus
von Wagner und Max Uthoff dafür gepriesen werden, die
Wahrnehmung wichtiger politischer, sozialer und religiöser
Fragen maßgeblich mitzubestimmen?[15] Ihr Erfolg ist als Kritik am klassischen Journalismus zu verstehen, dem die Zuschauer misstrauen.

Tatsächlich unterhalten diese Kabarettisten nicht nur, sondern leisten Recherche und klären auf. Doch sind sie der
Quote verpflichtet, gehorchen den Gesetzen der Unterhaltung, »müssen moralische und politische Vorurteile des Publikums bestätigen«.[16] Das unterscheidet sie von klassischen
Journalisten. Dass immer mehr Zuschauer Aufklärung lieber
in Form von Unterhaltung schlucken – daran ist das Fernsehen selbst schuld. Es hat den Diskurs im Taumel des Infotainment selbst verdorben.

ZWEI

Wer quatscht da? Wie Talkshows funktionieren. Debattenort Parlament. Über ein Grundgesetz der Demokratie: Wer nicht streiten kann, kann nicht gestalten.

Information ist eine der Voraussetzungen unseres Lebens und die Voraussetzung jeder Debatte. Kaum weniger Sendezeit allerdings ist dem Reden über Nachrichten gewidmet. Der politischen Diskussion mangelt es also nicht an Sendezeit, ganz entschieden jedoch an Substanz.

Der Grund dafür ist derselbe wie bei den Nachrichtensendungen: Die journalistische Aufgabe rückt in den Hintergrund. Talkshows sind Unterhaltung, bestenfalls politische Unterhaltung. Das wäre nicht weiter beklagenswert, fände der Diskurs auch dort hinreichend intensiv statt, wo er hingehört. Doch die Debatten im Parlament finden inzwischen weit weniger Aufmerksamkeit als die quotenstarken Talkshows und das Gequatsche über das Gequatsche, vor allem in den Online-Medien.

Quatschen – worüber?

Worüber wird »getalkt«? Über die jeweils brennendste Frage natürlich. Der Donnerstag vor dem Endspiel der Fußball-Weltmeisterschaft zum Beispiel war ein besonders nachrichtenstarker Tag. Israel bombardierte den Gazastreifen, Deutschland nötigte den CIA-Residenten der USA in Berlin zur Ausreise,

46

der Europäische Gerichtshof stoppte Sprachtests für nachziehende Einwanderer aus der Türkei. Mindestens drei hochbrisante Themen standen zur Wahl. Maybrit Illner aber ließ in ihrer Talkshow nichts davon verhandeln, sondern setzte auf die ungleich aufregendere Frage: Werden wir Weltmeister? Direkt nach ihr kam Markus Lanz. Sein Thema, unvermeidlich und originell: Werden wir Weltmeister? Es war eine absurde Verharmlosung der Weltlage unter der Fuchtel der Quote. Würde man ein Krankenhaus nach ähnlichen Prinzipien und Werten führen, würden die Risikopatienten mit höherer Mortalitätswahrscheinlichkeit in den Warteraum geschoben, während man sich mit Hingabe Schnittwunden, Sonnenbränden etc. widmen würde. Es geht im TV-Journalismus zwar nicht um Leben und Tod, aber um nicht weniger als um eine funktionierende Demokratie und den Anspruch, dass die Medien die »vierte Gewalt« im Staate sind. »Werden wir Weltmeister?«, kann jeder Stammtisch genauso niveauvoll diskutieren wie eine ZDF-Talkrunde, und es ist vollkommen bedeutungslos.

Als in der Ukraine der Diktator stürzte, mit unabsehbaren Folgen für ganz Europa, an diesem unbestreitbar historischen Tag hätte es kein wichtigeres Thema für eine politische Talkshow von Format gegeben. ARD-Primus Günther Jauch jedoch ließ lieber den Fall des SPD-Abgeordneten Edathy besprechen. Verdacht auf Kinderpornografie und Geheimnisverrat, skandalös und vor allem schmuddelig. Deutscher Schweinkram stach die Weltpolitik aus. Am Tag, als Osteuropa bebte, vergaß die ARD so ihren Programmauftrag. Ohne etwas daraus zu lernen. Als einige Tage später die Krim von Moskau annektiert wurde, gab es wieder Jauchs Talkshow. Thema diesmal: Steuergangster Hoeneß.

Jauch versuchte später, alles wiedergutzumachen. Als der

Ukraine-Konflikt vorübergehend alle Aufmerksamkeit auf sich zog, konnte er nicht mehr loslassen. Kurz hintereinander liefen allein auf diesem Sendeplatz: »Putins Machtspiele – Gibt es jetzt Krieg?« (2. März 2014), »Putin, der Große – Wie gefährlich ist sein Russland?« (23. März 2014), »Kriegsgefahr in Europa – Ist Putin noch zu stoppen?« (4. Mai 2014). Der Programmbeirat der ARD rügte die reißerischen Titel.

Putin, Putin, Putin. Ein Mann, ein Monster. Weltgeschichte, personifiziert und emotional getunt, auf Talkshowformat, so präsentiert, dass auch ja jeder ihr folgen und sich ordentlich gruseln kann.

Oder Griechenland. Man kann nicht behaupten, dass die zahllosen Talkshows zum Thema dem Mehren von Einsichten nachhaltig geholfen hätten. Nach der Wahl in Griechenland wurde das komplexe Schuldenthema radikal personalisiert. Ein Bruce-Willis-Typ im offen aus der Hose hängenden blauen Hemd trat gegen das Soliditätsversprechen Wolfgang Schäubles zum Duell der Finanzminister an. Es schien, als interessierten sich die Medien nur noch dafür, wer von den beiden das Match gewinnt. Was Europa dabei zu verlieren hat, wird nebenbei erwähnt. Offenbar prickelnder: Ist Varoufakis ein Comedian, ein Spieler oder doch ein ernst zu nehmender Finanzminister?

Über die sich monatelang hinziehende primitive nationalistische Hetze der *Bild*-Zeitung (»Griechen-Raffkes«, »Pleite-Griechen«) mag man den Kopf schütteln. Inakzeptabel war aber auch die Versimpelung der Schulden- und Wirtschaftskrise Griechenlands im Gebührenfernsehen. Es ist unvermeidlich, noch einmal auf den schon erwähnten Stinkefinger zurückkommen. Von einer der Jauch-Shows vor mehr als fünf Millionen Zuschauern blieb tatsächlich nicht mehr übrig als diese einzige, überflüssige Geste. »Der Stinkefinger für Deutschland, Herr Minister. Die Deutschen zahlen am meisten und werden dafür mit Abstand am meisten kritisiert. Wie passt das zusammen?«[1], fragte Günther Jauch im Oberlehrermodus. So sehen in einer der wichtigsten politischen Sendungen der ARD die Bemühungen aus, das Grexit-Dilemma zu erklären. Schon am Tag darauf widmete ebenfalls die ARD in Frank Plasbergs *Hart aber fair* dem Finger gleich die ganze Sendung. Die Runde fuchtelte mit dem Rohrstock. Plasberg gab vor, über die Rolle der Medien zu diskutieren, lieferte aber nur selbst ein skandalöses Exempel. »Können Sie jemandem vertrauen, der mit der Wahrheit so schwurbelig umgeht?«, wollte er wissen, als helfe Moralisieren in der Sache weiter. Hart, aber banal.

Als es dann wochenlang nur noch ein einziges Thema gab – Grexit – wurden Griechen knapp. Denn die Talkshows akzeptierten nur Syrizavertreter. So erschienen die wenigen, derer man habhaft werden konnte, immer wieder und legten die immer selbe Platte auf. Griechische Stereotypen – wie sie auch jener Theodoros Paraskevopoulos darstellte, der sich hochstapelnd als Tsipras-Vertrauter ausgab oder ausgegeben wurde und von einer Talkshow zu nächsten zog. Syrizakritische Griechen kamen so gut wie nicht vor.

Der Verzicht Günther Jauchs, seinen Vertrag zu verlängern, wurde auf den Frontseiten gemeldet und auf den Meinungsseiten so ausführlich kommentiert wie der gleichzeitige Abgang des Spitzenpolitikers Gregor Gysi. Auch das ist bezeichnend für die geradezu absurde Überschätzung einer Talkshow.

Bei Jauch, dem bestbezahlten Star, wuchs zusammen, was nicht zusammengehört: Diskurs und Boulevard, öffentlich-rechtliche Seriosität und privates Entertainment. Verräterisch war schon, dass die ARD-Verantwortlichen akzeptierten, dass Jauch zugleich als hochpopulärer Quizonkel im Kommerzfernsehen auftrat. Ein freundlich-sympathischer Plauderer ist ungefähr das Gegenteil dessen, was eine Talkshow braucht. Populistisches Geschwätz müsste unterbunden, Argumente sollten strukturiert werden. Das Konzept bestand aus nicht viel mehr als Jauchs Popularität. Die ARD wollte da keinen Journalisten haben, sondern einen Quotenkönig. »Passend für den Sonntagabend«, wie der NDR Jauch entlarvend lobte. Anders als bei seinem Millionenquiz war es leicht, ihm die Gesprächsführung aus der Hand zu nehmen. Der vielleicht peinlichste Moment war die Schweigeminute für die ertrunkenen Flüchtlinge im Mittelmeer – erkennbar peinlich auch dem Gesprächsleiter. Der notwendige Disput wurde von einem wohlfeilen emotionalen Effekt überschminkt. Gefallsucht ohne Worte.

Es kann im Übrigen kein Zufall sein, dass unter den bekanntesten Talkmastern häufig frühere Sportreporter zu finden sind. Maybrit Illner war ebenso Sportjournalistin wie Jauch; Beckmann blieb Sportmoderator und Fußballreporter wie Johannes B. Kerner, der jahrelang die Talkschiene des ZDF bestimmte.

Zugegeben, an den Talkshows, besonders an *Jauch*, wird viel herumgemäkelt, ja, im Netz sieht es so aus, als gehöre »Jauch-Bashing zum guten Ton«, wie Jan Fleischhauer ihn auf *Spiegel online* verteidigt. Ich schließe mich dem Bashing zwar nicht an, halte aber Fleischhauers Argument für grundfalsch: »4,5 Millionen Deutsche schauen im Schnitt zu, wenn er den falschen Gästen die falschen Fragen stellt.«[2] *Jauch* ist »Täter« und »Opfer« zugleich – Opfer der Quotengeilheit seiner Institution, die ihn als Journalisten daran misst, wie viel er vom vor ihm laufenden Quotenknaller *Tatort* gegen den Krimi im ZDF verteidigen kann.

Small Talk, ganz groß

Kein Tag vergeht, an dem nicht Talk auf den Programmen von ARD und ZDF stünde. Die ARD setzt auf Abwechslung der Moderatoren Jauch, Will, Maischberger, Plasberg. Abwechslung, die keine ist. Denn der Typus der Talksendungen ist immer derselbe: monothematische Runden von vier bis sechs Gästen zu überwiegend politischen Themen. Das ZDF überlässt dieses Genre ganz Maybrit Illner und alles Übrige Markus Lanz. Er steht für den zweiten Typus von Talk, promilastige People-Runden, Small Talk über das Leben an sich.

Der wichtigste Promi aber ist immer der Promidompteur. In Talkshows stehen meist nicht die Gäste im Mittelpunkt, sondern die Gastgeber. Talkmaster ist ein Beruf, der mit dem des Journalisten kaum noch etwas, mit dem des Entertainers ziemlich viel zu tun hat.[3] Journalisten stellen dar, informieren und kommentieren. Talkmaster sorgen für Stimmung in der Bude.

Der Gastgeber ist Regisseur eines Stücks, dessen Darsteller dummerweise nicht textsicher sind. Deshalb überlässt er die Hauptrolle niemand anderem als sich selbst, was schon daran zu sehen ist, dass die Sendung meistens so heißt wie der Gastgeber oder die Gastgeberin.

Die Darsteller der Nebenrollen, die Gäste, werden in langen Telefonaten ausführlich getestet. Die Redaktion will vorher genau wissen, was sie zu sagen haben und vor allem wie. Es kann vorkommen, dass jemand erst angefragt, dann aber nicht eingeladen wird, weil das, was er zu sagen gehabt hätte, leider nicht gut genug in das Stück passt, das aufgeführt werden soll. Man lese den Erfahrungsbericht des Schriftstellers Ulf Erdmann Ziegler[4], der in die Illner-Show zum Thema Edathy eingeladen worden war und sich wie ein Hochstapler vorkam, weil er gegen seine ausdrückliche Bitte als studierter Psychologe vorgestellt wurde. »Da war es, das Backstageteam einer der beliebtesten Livesendungen überhaupt. Hauptstadt Mitte. Und es hatte komplett versäumt zu recherchieren, wer dieser Studiogast war. Oder auch sein könnte. Wenigstens grob.« Bleibt die Frage, weshalb er die Einladung überhaupt angenommen hat.

Meistens allerdings wissen die Gäste, welche Rolle sie zu spielen haben. Die Hauptkontrahenten sind meist Politiker, daneben treten »Experten« auf und gern auch prominente Seiteneinsteiger ins Thema, etwa Schauspieler und/oder vom Gesprächsgegenstand unmittelbar betroffene »Opfer«. Schlag nach bei Shakespeare. Vertreter der niederen Stände dürfen im Stück vorkommen, am besten komisch und anrührend, aber die Haupthandlung geht an ihnen vorbei. Insgesamt gilt: Prominenz schlägt Kompetenz.

Die Gedanken des Gastgebers sind während der Sendung schwer mit den Mühen des Unterbrechens beschäftigt. Oft müssen auch noch »Einspieler« gezeigt werden, egal, ob sie gerade passen oder nicht. Der Talkmaster versucht alles abzuwürgen, was länger als eine gefühlte Minute dauert. Es ist nicht nötig, dass jemand eine komplizierte Sache hinreichend erklärt. Gefragt ist die Fähigkeit der Zuspitzung. Wie jemand auftritt ist wichtiger als das, was er zu sagen hat. Rhetorik schlägt Kompetenz.

Wie Lanz Gäste benutzt, durfte etwa auch der Schweizer Schriftsteller Martin Suter erleben. Seines neuen Romans wegen eingeladen, spielte der so gut wie keine Rolle. Lanz dürfte keine Seite gelesen haben. Es ging ihm um etwas ganz anderes, und er ging auch sofort zielstrebig mit Fragen über eine längst bekannte, höchst private Tragödie auf den ahnungslosen Gast los. Suter hatte seinen Sohn verloren, worüber er nicht gern spricht, schon gar nicht öffentlich. Das Unglück emotionalisiert nach Ansicht des Gastgebers das Publikum eben mehr als ein Roman über die schweizerische Finanzwelt.

In den People-Runden von Lanz sitzen gelegentlich Politiker, denen dort aber niemand widerspricht. Es sei denn, es handelt sich um Sarah Wagenknecht. Ständig fiel ihr der Moderator plump und unsachlich ins Wort. Als wollte er beweisen, wie inquisitorisch er sein kann, wenn er glaubt, die Zuschauer stünden hinter ihm. Das Publikum solidarisierte sich aber mit der Politikerin der Linken, ging es Lanz doch erkennbar nicht um ihre Weltanschauung, sondern um seine Selbstdarstellung. Der notorisch Gefallsüchtige entlarvte nicht seinen Gast, sondern bloß sich selbst. Und seinen Sender. »Was sich hier zeigt, ist ein aggressiver Konformismus, der das Programm und das Denken dieses Senders durchzieht und letztlich im öffentlich-rechtlichen Dauergerede über die Quote wieder auftaucht – denn das Wort Quote ist ja nur ein anderes Wort für Mehrheit, ist die Quantifizierung von Qualität und die forcierte Homogenisierung von Geschmack.«[5] Der Fall Wagenknecht ist kein Ausrutscher. Es ist ja Absicht, dass jemand wie er, ein Entertainer statt eines versierten Journalisten, dieses Gespräch führen darf und er – wie auch schon sein gleichartiger Vorgänger Johannes B. Kerner – zum Aushängeschild des ZDF-Programms gemacht wurde. Lanz, ebenfalls Opfer und Täter, ist der personifizierte Markenkern des Senders. Das ist kein Kompliment, sondern beschämend – vor allem für den öffentlich-rechtlichen Sender ZDF.

Es ginge anders

Waren Talkshows früher besser? In einem nostalgischen Jubi-
läumsartikel zum 40. Geburtstag der ältesten deutschen Talkshow (*3 nach neun*, Radio Bremen) wunderte sich Holger
Gertz nicht nur über Rauchschwaden im Studio. »Die Menschen, die in so eine Sendung gingen, hatten nicht wie heute
Erfahrungen mit Fernsehen, und sie hatten keinen Medienbe-
rater, der ihnen im Zweifel geraten hätte, dahin zu gehen.«
Und so konnte man »als Moderator das Glück haben, jemandem zu begegnen, der bereit war, sich in einer Mischung aus
Arglosigkeit und Mut um Kopf und Kragen zu reden«.[6] Es hat
aber die kaum mehr ausdenkbare Offenheit damals niemanden Kopf und Kragen gekostet. Offenheit war noch üblich,
Gefallsucht keine Notwendigkeit.

Es stünden auch andere, bessere, bewährte Formen rhetorisch anspruchsvoller Auseinandersetzungen zur Verfügung.
Völlig vernachlässigt wird das Interview. Es gibt kaum noch
lange Gespräche in den Hauptprogrammen. Voraussetzung
wären Journalisten, die nicht nur Fragen von Kärtchen ab-
lesen, sondern auf Augenhöhe Dialoge führen können. Unvergessen als Gesprächspartner seiner Gäste ist Günter Gaus
(*Zur Person*), der optisch dezent blieb und trotzdem äußerst
präsent war. Urzeitfernsehen, klar – und wenn schon! Be-
gegnungen dieser Art verlangen ein hohes Maß an Sachkom-
petenz und Intelligenz, aber auch ein anderes Tempo, als es
heute im Hinblick auf zappende Zuschauer für vertretbar gehalten wird. Und es braucht auch Gegenüber, die mehr sind
als von Medienberatern trainierte Worthülsenproduzenten.

Geeignete Journalisten ließen sich finden. Auf BBC sind sie
zu sehen, in der mitreißenden Gesprächsreihe *Hard Talk*, die

ihrem Namen Ehre macht, ohne zur rhetorischen Zirkusnummer zu verkommen.

Eine andere Form des großen Interviews zeigte die ZDF-Reihe *Was nun…?*. Früher regelmäßig im Programm, kommt das Format heute nur noch gelegentlich als Kurzausgabe. Ein Politiker, in die Zange genommen von zwei gut vorbereiteten, nachhakenden Fachjournalisten. Es wird den Politikern sehr viel schwerer gemacht, in dieser Konstellation an den Dingen vorbeizuschwätzen.

Das ARD-Pendant *Farbe bekennen* hatte beispielsweise wegen eines anschließenden Fußballspiels ganze zehn Minuten für die gerade wiedergewählte Kanzlerin zu Verfügung. Zehn Fragen sollte Angela Merkel in zehn Minuten zwei Journalisten beantworten. In solcher Kürze kann keine Würze liegen. Sie nimmt weder Kanzlerin noch Publikum ernst.

Eine fast vergessene Form der Auseinandersetzung ist das direkte Aufeinandertreffen zweier Kontrahenten, die für ganz unterschiedliche Positionen stehen.

Ein »Duell« als Format gibt es nur noch als Ausnahmefall, so im Bundestagswahlkampf. Der Medienrummel um das Duell 2013 war so gewaltig, als handle es sich bei dieser Fernsehsendung um eine Schicksalsstunde der Nation. Gleich vier Moderatoren standen den zwei Politikern gegenüber. Einer hätte genügt. Oder eine Schachuhr. Die Nation diskutierte mit Inbrunst, ob es dem vom Kommerzfernsehen nominierten Moderator Stefan Raab gelingen könnte, »die Jugend« an das Ereignis heranzuführen. Der als Politjournalist verkleidete Entertainer konnte in dieser Show mit den übrigen Moderatoren mithalten, für *Bild* Anlass genug zur Schlagzeile »Keiner schlägt den Raab«[7].

Intellektuelle im Fernsehen

Kein Wunder, dass die führenden Intellektuellen, so es sie noch gibt im Land, im Fernsehen kaum zu sehen sind. Ohnehin selten talkshowtauglich, möchten sie nicht gern unter ihrem Niveau Schlagworte produzieren. Ausführliche Gespräche mit Schriftstellern und Wissenschaftlern sind eine Rarität. Das *Nachtstudio* im ZDF etwa, der einzige Kulturtalk im Hauptprogramm, wurde ersatzlos eingestellt. Das Fernsehen findet nicht mehr heraus aus der Teichwirtschaft der Talkshowkultur, in der das Dogma gilt, dass kein Satz die Masse der Zuschauer überfordern darf. Inzwischen ist der Ruf des Fernsehens so weit ruiniert, dass es mancher gute Kopf als rufschädigend empfände, in einer Talkshow aufzutreten. So kommt es, dass Zuschauer die späte Showkanone Hellmuth Karasek für einen bedeutenden Intellektuellen halten. Sie kennen keinen anderen mehr. Und umgekehrt fällt auf, dass so gut wie kein TV-Journalist mehr zu den angesehensten Intellektuellen des Landes zählt. Das war nicht immer so.

Vor die Kamera drängen Intellektuellendarsteller, Schaumschläger, Patentschwätzer, bei denen der Anzug oft besser sitzt als die Gedanken. Aus guten Gründen gelten Intellektuelle nicht mehr a priori als moralische Autoritäten. Dass sie in der Erregungs- und Unterhaltungsdemokratie keine große Rolle mehr spielen, hat aber andere Gründe. Weder die Schnellfeuerkommentierung der Ereignisse noch die Anpassung an das vorherrschende Gefühl des Publikums sind ihre Sache. So haben sich die intellektuellen Milieus längst zu Recht vom Fernsehen abgewandt, sieht man von wenigen Sendungen in 3sat oder ARD Alpha ab. Das gedruckte Feuilleton wiederum interessiert sich im Zweifel eher fürs

Dschungelcamp als für Kultur- oder politischen Journalismus im Fernsehen.

Streitkultur im Parlament

Talkshows produzieren selten Neuigkeiten. Trotzdem werden die großen Talkrunden vor allem in Online-Medien so regelmäßig rezensiert, als handle es sich um Premieren im Staatstheater. So etwas Ähnliches sind sie wohl auch. Die wichtigste politische Bühne, das Parlament, findet dagegen nicht mehr die Aufmerksamkeit, die ihm gebührt. Der politische Streit wurde zu weiten Teilen aus der Herzkammer der Demokratie auf die Showbühne des Fernsehens ausgelagert. Laut einer Studie der Bertelsmann-Stiftung gaben nur noch 27 Prozent der repräsentativ Befragten an, in den vergangenen Monaten eine Bundestagsdebatte im Radio oder Fernsehen verfolgt zu haben – eine Halbierung seit den achtziger Jahren.

Ein Grund dafür mag sein, dass die Große Koalition mit Zweidrittelmehrheit Parlamentsdebatten politisch bedeutungslos macht. Sie verfügt ja nicht nur über die Übermacht der Stimmen, sondern auch der Redezeit.

Bundestagspräsident Norbert Lammert beklagte sich darüber, dass das Gebührenfernsehen »mit souveräner Sturheit« dem Parlament den nötigen Platz im Programm verweigere. Sport und Unterhaltung dagegen genössen »im Fernsehen Denkmalschutz«.[8] Diese Kritik an den Sendern wäre noch stichhaltiger, würde das Parlament die politische Debatte selbst für halbwegs so wichtig nehmen, wie es seine Pflicht ist.

Davon kann keine Rede sein. Nicht einmal eine Fragestunde, die diesen Namen verdient und die etwa im Londoner

Unterhaus ein verlässliches, sogar unterhaltsames Highlight gelebter Demokratie ist, will dem Deutschen Bundestag gelingen. Die Ausreden dafür sind vielfältig. Doch die Schuld am Versagen liegt beim Parlament selbst, das sich von der Regierung den Maulkorb umbinden lässt.

In den Fragestunden verlesen Parlamentarische Staatssekretäre Antworten auf lange zuvor schriftlich eingereichte Fragen. Die davon zu unterscheidende »Befragung der Bundesregierung« wiederum beginnt mit dem Referat eines einsamen Fachministers zu einem von ihm selbst gewählten, üblicherweise nebensächlichen Thema. Diese ritualisierte Langeweile eignet sich tatsächlich nicht für Fernsehübertragungen. Die Kanzlerin könnte zum offenen Frage-und-Antwort-Spiel im Parlament gebeten oder sogar verpflichtet werden. Sie weigert sich. Ihre Fraktion lehnte Vorschläge des Parlamentspräsidenten ab, die den Abgeordneten erlaubt hätten, die Regierung zu selbst gewählten Themen befragen dürfen, nicht bloß wie bisher zu Kabinettsbeschlüssen.

Das hört sich nach einer Selbstverständlichkeit an. Aber die Freiheit eines Abgeordneten hängt bekanntermaßen nicht nur an seinem Gewissen. In Berlin herrscht ein erbärmliches Verständnis von Debattenkultur in einem Parlament, in dem die Regierungskoalition ohnehin über eine Zweidrittelmehrheit verfügt und von der Opposition nichts zu fürchten hätte.

Parlamentarische Debatten sind schon deshalb unersetzlich, weil sie anders als Talkshows und Interviews im Fernsehen den Komplexitätsansprüchen der relevanten Themen durchaus genügen könnten.

Präsident Lammert entschuldigt den Verfall der Parlamentsdebatten damit, dass Entscheidungen von so hohem Rang wie früher (Wiederbewaffnung, Westbindung, Marktwirtschaft) nicht mehr anstünden. Doch es gibt heute Fragen von nicht geringerem Rang. Die Folgen der Digitalisierung, Einwanderung, Europas Zukunft. Sie werden selten debattiert im Hohen Haus.

Scheindebatten in der Manege

Parlament und Fernsehen versagen gleichermaßen. Die einen, weil sie nur nach Quote gieren, die anderen, weil sie keinen Appetit auf Streit haben.

Da politisch nur präsent ist, wer Aufmerksamkeit findet, sitzen die Medien am längeren Hebel. Die Politik passt sich ihrer Dramaturgie an. Deshalb gehen Politiker lieber in Talkshows, statt gescheite Reden im Bundestag zu halten.

Die Debattenschwäche ist nicht nur Ausdruck der Mehrheitsverhältnisse im Deutschen Bundestag, sondern auch eine Folge des Umstands, dass die Politik einen Motor der Streitkultur verloren hat, nämlich den ideologischen Gegensatz zwischen den Parteien. Je weniger sich die Parteien voneinander unterscheiden, desto weniger Energie befeuert den Diskurs. Der Wettbewerb der Parteien wird heute weniger mit politischen Haltungen bestritten als mit den Mitteln der medialen Darstellung.

»Professionelle Selbstmedialisierung der Politik« ist »nach dem Wegfall des Systemwettbewerbs eine Art Ideologieersatz«.[9] Also braucht in modernen Demokratien »die Politik die Medien mehr als die Medien die Politik«.[10] Zu diesem Zweck bedienen sich Politiker umfangreicher Stäbe von Medienberatern, die für die Beeinflussung der Medien zuständig sind. Unter ihrer Anleitung produziert Politik Scheinereignisse. »Eine Folge der Medialisierung von Politik ist die Ausbreitung symbolischer Politik. Darunter versteht man Maßnahmen, die weniger auf die Lösung von Problemen als auf die Beruhigung der Medien und des Publikums zielen. (…) Symbolische Handlungen gehörten zwar schon immer zur Politik. Heute sind sie jedoch häufiger als früher und gelten zudem als legitimer.«[11]

Scheindebatten täuschen demokratische Entscheidungsprozesse vor. Eine symbolische Scheindebatte war die um ein Burkaverbot, die anstelle der Einwanderungsdebatte auf dem CDU-Parteitag ausgetragen wurde. Als die Kanzlerin nach der Katastrophe von Fukushima einen Ethikrat zur Atompolitik einsetzte, dem namhafte Bischöfe angehörten, war auch dies nur Symbolik. Sie hielt es im März 2011 nicht für nötig, die eigene Fraktion auf ihre plötzliche Kehrtwende in der Energiepolitik mitzunehmen. Partei und Fraktion hatten, trotz erheblicher Zweifel, zu parieren. Und sie parierten. »Was hier als Führungsstärke verkauft wurde, verbarg in Wirklichkeit panische Angst vor einer Debatte. Wenn aber nicht einmal mehr Parteitagsbeschlüsse zählen und das Parlament nur noch zusammentritt, um Entscheidungen der Exekutive abzusegnen, wer will dann noch in die Politik gehen?«[12] – so das zutreffende Urteil des ehemaligen Bundespräsidenten und Merkel-Gefolgsmanns Christian Wulff.

Wenn das Parlament nicht mehr viel zu sagen hat, muss es niemanden wundern, wenn es kaum noch interessiert, was Politiker im Parlament sagen. Und wenn in den Medien den Nebengeräuschen der Politik, wenn den Stinkefingern mehr Aufmerksamkeit geschenkt wird als den Argumenten, sieht der Diskurs am Ende so aus, wie ihn der Journalist Nils Mink-

mar an Beispiel von Peer Steinbrücks Wahlkampf zusammen-
fasste. »Im Zirkus spielte nur die Performanz eine Rolle, das
Tempo, die grobe Komik der immer neuen Pannen und eine
möglichst knallige Begleitmusik. Es interessierte aber kaum
jemanden, ob die Politik, die er machen würde, vielleicht gewisse Vorzüge hätte gegenüber der jetzigen.«[13]

Wessen Sicht der Dinge setzt sich durch? Wer prägt und
besetzt die Begriffe? Politiker? Journalisten? Politiker haben
schon immer Journalisten benutzt und umgekehrt auch. Das
Spiel mit den Medien gehört zum politischen Geschäft; wer es
nicht beherrscht, ist selbst schuld. Die Abhängigkeit ist wech-
selseitig. Die Unabhängigkeit der Presse und der Rundfunkanstalten ist seit jeher Anspruch und Behauptung. Sie muss
immer wieder neu erkämpft werden. Solange aber konformistische Gefallsucht das Verhalten steuert, ist es schwer, journalistische Unabhängigkeit zu wahren.

Demokratische Herrschaft ist durch den öffentlichen Diskurs legitimiert. Das ist der Kerngedanke der berühmten
Habilitationsschrift von Jürgen Habermas aus dem Jahr 1962.
Daran hat sich nichts geändert. Im Vorwort zur Neuauflage
1990 heißt es: »Die sozialstaatlichen Massendemokratien
dürfen sich, ihrem normativen Selbstverständnis zufolge, nur
so lange in einer Kontinuität mit den Grundsätzen des libera-
len Rechtsstaates sehen, wie sie das Gebot einer politisch fun-
gierenden Öffentlichkeit ernst nehmen.«[14] Das hört sich kompliziert an, ist aber ganz einfach.

Ohne öffentlichen und offenen Streit bleibt Demokratie
ein Ritual. Nötig dazu sind nicht nur Politiker und Journalisten, sondern auch streitfähige, also hinreichend informierte
und engagierte Bürger. Streitkultur lebt, wenn sie denn lebt,
von den Debatten in Parlamenten und Parteien wie in den

Medien. Diskurs, nicht Zirkus. In der Mediokratie sinkt der politische Diskurs auf das Niveau der Talkshows.

Wer nicht streiten kann

Die Kunst des Streitens ist eine Frage von Können, aber auch von Charakter und Persönlichkeit der Streitenden. Die Debatten sind vielfach so glatt und windschlüpfrig wie die Politiker, die daran teilnehmen. So, wie sie streiten, machen sie Politik. So, wie Politik gemacht wird, wird auch Fernsehen gemacht. Alte Regel: Das Saalpublikum und sein Applaus verführen die Diskutanten zu Effekthascherei. Nur dazu ist es da. Beifall belohnt in der Regel die gefälligsten Ansichten und beeinflusst die Zuschauer vor den Fernsehgeräten. Für die ist die Sendung gemacht, warum dürfen sie sich nicht ihre eigene Meinung bilden?

Wer nicht streiten will, sondern nur gefallen, hat in der Politik nichts verloren. Und wer nicht streiten kann, kann auch nicht gestalten.

Der betrübliche Zustand der politischen Streitkultur hat zu tun mit dem Zustand des Berufsstands. Wenn das Feuer der Debatte ausgetreten wird, beherrschen »rundgefeilte Karrieristen« das Feld, klagte der ehemalige SPD-Kanzlerkandidat Steinbrück.[15]

Begabte machen einen Bogen um Politik als Beruf, gründen lieber Firmen, pochen auf Selbstständigkeit und Selbstbestimmung. Sie wissen: Die Freiheit des Wortes gilt nicht unbedingt für den, der sich in einer Partei engagiert. Die höchste Kunst ist es, aufzusteigen ohne anzuecken, ohne Haltung zu zeigen. Die Politik ist zur Schule des Konformismus geworden.

Früher, ja früher, wurde man etwas in der Politik, wenn man besser reden konnte als andere. Schmidt, Strauß, Wehner waren herausragende Redner und die Debatten mit überwiegend frei gehaltenen Beiträgen Glanzlichter demokratischer Streitkultur. Sie waren durchaus auch ein Wettstreit der Ideen, nicht bloß Theaterdonner. Und sie entschieden Karrieren. Der spätere Bundespräsident Karl Carstens wurde bereits nach seiner Jungfernrede im Mai 1973 zum Fraktionsvorsitzenden der CDU/CSU im Bundestag gewählt, nur ein halbes Jahr nach seiner Wahl. Heute wäre es sowohl undenkbar, dass ein Neuling eine so wichtige Rede halten darf (zum UN-Beitritt beider deutscher Staaten), als auch, dass er damit eine Blitzkarriere startet.

Der Konformist folgt mit festem Schritt dem jeweils Angesagten und seinen Wortführern. Ohne mächtige Förderer wird niemand selbst ein mächtiger Förderer. Kursschwankungen vollzieht er rechtzeitig und behände. Wer herausragt, sei es durch Vorschläge, sei es durch Brillanz, macht sich angreifbar. Besser ist es, Neidern und Konkurrenten keine Angriffspunkte zu bieten. An denen, die es geschafft haben, erkennt der Aufsteiger, was er zu tun, an denen, die gestürzt sind, was er zu lassen hat.

Treue Vasallen verkommen nicht. Kanzleramtsminister Ronald Pofalla wurde auf eine Spitzenposition beim Staatsunternehmen Bahn gehievt. Der vielfach einsetzbare Innenminister Thomas de Maizière ist so wenig Politiker und so sehr Spitzenbeamter, dass die Kanzlerin niemals seine Konkurrenz fürchten muss. Deshalb bleibt er unangefochten, solange ihn nicht doch noch ein Skandal einholt. Friedrich Merz dagegen, der auch rhetorisch begabte Wirtschaftspolitiker und einstige Fraktionschef der Union im Bundestag, wurde der

Kanzlerin gefährlich. Er wurde ausgesondert. Seiteneinsteiger, die früher häufiger zu sehen waren (etwa Richard von Weizsäcker und Kurt Biedenkopf in der Union), hätten kaum noch eine Chance. Unvergessen: Paul Kirchhof, der Verfassungsrichter, geschmäht als »Professor aus Heidelberg«, der im Wahlkampfteam Merkels eine so gründliche wie notwendige Steuerreform vorschlug und dafür von Feind wie Freund als Illusionist verspottet und demontiert wurde. Auch bei den Medien konnte Kirchhof nicht lange mit Unterstützung rechnen. Sein Fehler: Illusionen über die Diskursfähigkeit dieser Republik.

Streitkultur ist mehr als Rhetorik. Sie ist das Wesen der Demokratie. An ihren Schwächen sind die Schwächen der Demokratie abzulesen.

Was für den politischen Nachwuchs gilt, ist auch über den journalistischen zu sagen. Dass sich Nachwuchskräfte mit den veränderten Bedingungen arrangieren, ist zu verstehen. Die Zeiten sind nun einmal hart. Niemand kann erwarten, dass ehrgeizige Fernsehredakteure ihre Arbeit für minderwertig halten und über Infotainment die Nase rümpfen. Der Nachwuchs hält sein journalistisches Qualitätsbewusstsein mit dem Regime der Quote für vereinbar.

Die Jungen haben es schwer genug. Die Anstalten bieten nicht mehr viel. Filme und auch Magazine werden an freie Produktionsfirmen vergeben. Dort findet heute der größte Teil der kreativen Leistung statt. Die Honorare für Filmemacher sind so beschämend niedrig, wie sie für Fußballexperten und Showmaster beschämend hoch sind.

Unter dem Spardiktat wächst kurioserweise die Bürokratie in den Anstalten und behindert die Macher. Die Controller haben das Regiment übernommen. Würden sich alle an deren Vorschriften halten – den vielstufigen, langwierigen Dienstweg immer einhalten, alle Formulare gewissenhaft ausfüllen –, müsste ab 21 Uhr 15 das Testbild gesendet werden. Die Arbeitsbedingungen für Einsteiger sind denkbar schlecht. Aufstiegschancen, Perspektiven – Fehlanzeige.

Stromlinienförmige Karrieristen sind die Pest in allen schöpferischen und publizistischen Berufen. Geistige Bequemlichkeit, konfliktscheues Nickertum, windschlüpfrige Wichtigtuerei steigern die Karrierechancen auch bei ARD und ZDF. Es handelt sich um ein Grundproblem konformistischer Gesellschaften. Haltung spielt keine große Rolle mehr, Gefolgschaft zählt mehr als Gesinnung.

Loyalität gegenüber der Aufgabe wäre wichtiger als Loyalität zu den Quotenjunkies. Nicht politischer Druck, die Quote ist die schärfste Schere, die je in den Köpfen von Redakteuren geklappert hat.

DREI

Wozu Skandale gut sind. Wovon Moralismus ablenkt. Hoeneß,
Middelhoff, Wulff und ein Bischof. Politische Korrektheit: Pan-
nen-Peer und Fortpflanzungsgemurkse.

Verstöße gegen das, was die Gesellschaft gerade für »moralisch« zulässig hält, sind der wichtigste Stoff der Erregungs-
show. Deshalb schauen die Medien genauer auf persönliche
Verfehlungen als auf politische Fehleinschätzungen, selbst
dann, wenn diese, gemessen an den Folgen, gravierender sind.

Moralisieren ist die geläufigste und wohlfeilste Methode
der Vereinfachung. Ein moralisches Urteil ist schnell und
leicht gefällt, was unmoralisch ist, kann vom Publikum mühelos verstanden werden, und es garantiert Spannung. Wer fällt,
gefällt. Das ist das Gute am »Bösen«. Es ist eine Moral des
kleinsten gemeinsamen Nenners. Sepp Blatter ist eine Unter-
haltungskanone – ob er will, ob wir wollen oder nicht.

Blutrausch und Moral

Die Entrüstungsindustrie ist auf Skandale angewiesen. Mir
geht es hier nicht darum, die gestürzten Protagonisten zu ent-
schuldigen, sondern darum, zu zeigen, wie Skandale »funktionieren« und wem sie nützen.

Selbstverständlich habe auch ich mich gelegentlich an der
Skandalisierung beteiligt und mein Vergnügen daran gehabt.

In keiner Redaktion habe ich jemals einen Satz wie diesen gehört: »Heute servieren wir lieber nicht das nächste Detail aus dem Hause Wulff.« Wir haben immer serviert und jeden Brocken garniert, als sei's die ganze, knusprig gegrillte Wildsau.

Hat die Medienmeute Blut geleckt, lässt sie sich nicht mehr einfangen. Jeden Sturz registriert sie als ihren Erfolg, als Bestätigung ihrer Bedeutung, ihrer Macht. Die Meute ist keineswegs organisiert, von geplanten Kampagnen oder gar Verschwörung kann keine Rede sein. Eher von Herdentrieb im verschärften Wettbewerb. Wenn der *Spiegel* oder die *Süddeutsche Zeitung* ein Thema bringen, wird auch etwas dran sein. Nichts wie hinterher! Das Rauschen im Netz verstärkt das Skandalgeschrei, sobald auch nur ein Anfangsverdacht in der Welt ist.

Echte, unbestreitbare Skandale gibt es genug: Parteispenden, Stasiinformanten, NSA-BND-Deals. Nicht alle werden aufgedeckt. Es ist aufschlussreich, welche Schmutzecken gern übersehen werden. Manche Skandale stecken im System (Banken, Spionage), manche sind schwer zu durchschauen und deshalb schwer zu vermitteln. Für die Verkäuflichkeit eines Skandals ist es von erheblichem Vorteil, wenn er sich eindeutig an eine Person knüpfen lässt.

Medien sind auf das von der Norm Abweichende fokussiert. Die Vorliebe für Skandale, Affären, Verstöße gegen eine politische Korrektheit kommt daher, dass wir daraus moralische Urteile ableiten können. Es scheint geradezu ein Bedürfnis nach moralischen Verfehlungen zu geben. Ist doch die von ihnen verursachte Erregung auch eine Form der Auseinandersetzung der Gesellschaft mit sich selbst.

Gemeinsame Moralvorstellungen sind ein wichtiges Element dessen, was eine Gesellschaft zusammenhält. Dann gilt aber auch, was Luhmann so zusammenfasst: »Die Moral bedarf des deutlich Skandalösen, um sich am Fall zu verjüngen; sie bedarf der Massenmedien und speziell des Fernsehens.«[1] Ein Grundgesetz des moralisierenden Journalismus lautet: »Ist der Übergang, ist die Ablenkung auf Moral einmal geschafft, läuft es wie von selbst, wie auf Rollen, manchmal zu schnell ...«[2]

Der Skandal als Treibstoff der Erregungsgesellschaft besitzt weitere Vorteile. Das Geschäft nährt sich an sich selbst. Denn ohne Weiteres kann »ein weiterer Skandal werden, wie man sich zum Skandal äußert«.[3]

Ist Lust am Moralisieren gar eine Form der Vergnügungssucht? Der Gedanke liegt nahe. Der Pranger war stets auch eine Stätte der Volksbelustigung. Öffentliche Hinrichtungen halten das Volk bei Laune. Moral verbindet auch. »Die Massenmedien können durch solche Meldungen von Normverstößen und Skandalen mehr als auf andere Weise ein Gefühl der gemeinsamen Betroffenheit und Entrüstung erzeugen (...) insofern haben die Massenmedien eine wichtige Funktion in der Erhaltung und Reproduktion von Moral. (...) Dies darf allerdings nicht so verstanden werden, als ob sie in der Lage wären, ethische Grundsätze zu fixieren oder auch nur den Moralpegel der Gesellschaft in Richtung auf gutes Handeln anzuheben.«[4]

In der Verurteilung steckt erheblicher Unterhaltungswert. Der gesenkte Daumen ist keine Erfindung des Internets, sondern der römischen Arena. Wie im alten Rom dienen Tötungsspiele auch der Zufriedenheit der Massen. Das wissen die Herrschenden so gut wie die Massenmedien. Im Windschatten der Skandale können sie ihr Gewerbe ungestörter betreiben. Das Moralisieren hat einen schönen Nebeneffekt. Es lenkt von der eigenen Doppelmoral ab. Der Konsument kauft billiges Fleisch und findet zugleich Massentierhaltung schändlich. Er sitzt im Tropenholzstuhl auf der Terrasse und klagt über die Klimaerwärmung. Widersprüche zwischen Vernunft und Konsum nimmt er in Kauf. Moralisieren symbolisiert richtiges Handeln nur.

Der amerikanische Psychologe Jonathan Haidt hat sich ausführlich mit der Natur moralischer Vorstellungen befasst. »Wir erkennen, was gut und was schlecht ist, bevor wir uns darüber klar werden, warum das so ist (…) Die moralischen Intuitionen kommen zuerst, die strategischen Überlegungen folgen. Der Geist ist gespalten; der bewusste, räsonierende Teil dient vor allem dazu, die Entscheidungen und Neigungen des unbewussten, intuitiven Teils im Nachhinein zu begründen und zu rechtfertigen.«[5] Deshalb werden Informationen zuerst moralisch beurteilt, ehe sie rational verstanden werden können.

Verantwortungsvolle Journalisten im öffentlich-rechtlichen Rundfunk sollten dies wissen. Also sollten sie versuchen, den bewussten Teil des Geistes zu stärken. Das wäre im Sinne einer Institution, die grundsätzlich vom Druck, Renditen zu erwirtschaften, befreit ist, um – es kann nicht oft genug wiederholt werden – einen Beitrag zur offenen Gesellschaft zu leisten. Aber das würde womöglich weniger Quote bringen, würde den Redaktionen zu viel abverlangen, wo doch das schlichte moralische Urteil Emotionen befreit – und Quote verspricht. Zum schnellen Moralisieren sind vor allem das Fernsehen und der Boulevard prädestiniert.

Ob politische Entscheidungen falsch sind oder richtig, lässt sich selten auf Anhieb erkennen. Schwierige Themen (Europa, Finanzmärkte, Zuwanderung, Sozialsysteme) sind dazu angetan, Leser, Zuschauer und auch Journalisten zu überfordern. Leichter zu begreifen sind Regelverstöße, leichter zu vermitteln moralische Urteile, zumal sie sich meist auf einzelne und bekannte Personen beziehen statt auf komplizierte Sachfragen.

Die Personalisierung von Politik und die Skandalisierung von Politik bedingen einander. Die leicht erkennbaren vermeintlichen Sünden von Politikern wie die private Nutzung von Dienstwagen etc. besitzen ein weit größeres Erregungspotenzial und eine höhere Talkshowtauglichkeit als skandalöse Zustände wie etwa die Bildungsmisere.

Der Skandal hat mit der Lebenswirklichkeit der Konsumenten der Skandalberichte meist nichts zu tun. Umso unbekümmerter und entschiedener dürfen sie selbst urteilen. Und nebenbei bestätigen Skandale das negative Bild des Bürgers von Politik. Die Ergebnisse sind bekannt: Vor jeder Wahl wetteifern vor allem die öffentlich-rechtlichen Anstalten mit den Politikern scheinheilig darum, die »Wahlmüdigkeit« zu beklagen und zur Wahl als »demokratische Pflicht« aufzurufen. Ohne Ergebnis, wie wir wissen. Die Medien – auch die öffentlich-rechtlichen – sind zu Aasfressern der Demokratie verkommen. Sie säubern das Spielfeld von den Resten, die die Raubtiere nach der Mahlzeit übrig lassen. Mario Vargas Llosa schreibt: »Der Skandaljournalismus ist ein perverses Stiefkind der Kultur der Freiheit.«[6] Die negativen Folgen für die Zukunftsfähigkeit unserer Gesellschaft allerdings sind unübersehbar. Denn wenn Politiker überwiegend als würdelos erscheinen, verliert auch staatsbürgerliches Engagement an Ansehen. Das ist das eine.

Das andere: Bei genauerer Betrachtung spielt die Skandalisierung der Medien der Politik durchaus in die Hände. Mancher Skandal lenkt von den wahren Versäumnissen ab. Die Affekte lassen sich im politischen Wettbewerb nützen, zumal dann, wenn es an echten politischen Kontroversen mangelt. Politik und Medien: zwei Zerrspiegel auch hier.

Im Folgenden dazu ein paar markante Beispiele. Es ist unschwer vorherzusagen, dass sich solche »Skandale« auch in Zukunft häufig ereignen werden.

Moralismus. Uli Hoeneß und der Steuerstaat

Nachrichten, Talkshows, *Brennpunkte*, *ZDF-spezial*-Sendungen: Während des Prozesses gegen Uli Hoeneß musste man den Eindruck gewinnen, es handle sich um ein Ereignis, das die Grundfeste der Republik erschüttert. Dieselben Medien, die Uli Hoeneß einst nicht nur seiner Verdienste um den Fußballsport wegen, sondern auch für Bürgersinn und Wirtschaftsethos zur Ikone erhoben hatten, sehen in ihm nun einen schwerkriminellen Suchtkranken. Das gefallene Idol, das sich als Vorbild hat feiern lassen, ist eine populäre Figur auf der Bühne des medialen Rummelplatzes, vor allem, wenn sie sich auch noch als reuiger Sünder gibt.

Es treten Steuerfahnder, Suchtexperten, Finanzminister, Empörte aller Art auf. Es brodelt auf dem Boulevard. *Bild* gießt das vermeintlich gesunde Volksempfinden in einen Appell an die Richter: »Im Namen aller ehrlichen Steuerzahler: Verknackt Hoeneß!« Sat.1 verdient Geld mit dem Gerechtigkeitsgefühl. Für 25 Cent vom Festnetz und höhere Mobil-Kosten plädieren 85,4 Prozent der Anrufer für Knast. Die ARD zeigt prompt ein Fernsehspiel, in dem Katja Riemann als Steuerfahnderin Karola Kahane die Lieblingsstaatsfeinde jagt.

Ja, das Gebühren-TV kommt im Steuerskandal so richtig zu sich und dabei auch noch gut an. Jetzt darf es besten Gewissens jeden Anschein von Staatsnähe fahren lassen. Er steht auf der Seite der Steuereintreiber und damit fest auf dem Boden der Moral.

Moralismus und Quotenwahn sind historisch miteinander verknüpft. Einst war das öffentlich-rechtliche Fernsehen identisch mit dem »Wir« der Gesellschaft, als deren volkspädagogische Anstalt es sich empfand. Der Moralismus von ARD und ZDF folgt also nicht nur der marktüblichen Gefallsucht. Er steht schon in den Genen des öffentlichen Fernsehens.

Vater Staat hat allen historischen Erfahrungen zum Trotz in Deutschland die Moral gepachtet. Das geht auf den Philosophen Georg Wilhelm Friedrich Hegel zurück, der den (preußischen) Staat zur höchsten und damit auch moralisch höchsten Autorität erklärt hat. »Der Staat ist die göttliche Idee«, schrieb er zum Entzücken der Machthaber. »Man muss daher den Staat wie ein Irdisch-Göttliches verehren… der Staat ist das vorhandene, wirkliche, sittliche Leben.«[7] Anstelle der Freiheit verehrten die Preußen ihren noch nicht demokratisch verfassten Staat. Und einiges von dieser Mentalität hat sich in Deutschland erhalten. Nach Hegels und der damals herrschenden Logik kann der Staat sich nicht gegen den Bürger versündigen. Der Bürger aber sehr wohl gegen den Staat, vor allem als Steuersünder. Steuerzahlen ist die moderne Form des Tributs. Hier bleibt auch der Demokrat Untertan. Die Macht verkleidet sich dabei als höhere Moral. Die staatliche Moralkeule zielt deshalb bevorzugt auf den Steuerhinterzieher.

Steuerhinterziehungsaffären lenken ab von gravierenden, wenn auch unbequemen, durchaus moralischen Fragen. Von den Perversionen des Steuerstaats ist nämlich seltener die Rede. Als der Philosoph Peter Sloterdijk einmal die Gefräßigkeit des Staates anprangerte und sich über den Mangel an Widerstand wunderte, wurde er, vorsichtig formuliert, für nicht ganz voll genommen. Debatten zum Thema: Fehlanzeige.

Aus der Finanzverwaltung wurden im Fall Hoeneß geheime Steuerakten an Medien geliefert. Ein klarer Rechtsverstoß, genau genommen ein Skandal – vor allem, wenn man die gleichen Maßstäbe anlegt wie an andere Verstöße gegen Datenmissbrauch.

Doch der Schutz der Privatsphäre gilt generell wenig im Umgang mit Steuerbetrügern – vor allem wenn sie so prominent sind wie Hoeneß und Quote versprechen. Dass sie teilweise mithilfe kriminell beschaffter Steuer-CDs verfolgt werden, löst keine Zweifel, geschweige denn Empörung aus. Der Staat als Hehler? Darüber könnte doch wenigstens strittig diskutiert werden. Darauf legen die Medien wenig Wert. Mir ist nicht bekannt, dass es eine Talkshow gegeben hätte mit dem Titel: Darf der Staat den Bürger an die Medien verraten?

Der Steuerstaat darf Hoeneß & Co. dankbar sein. Ihre Vergehen lenken ab vom millionenfachen Unrecht des Staates an unbescholtenen Bürgern. Über die Enteignung, die den harmlosen Namen »kalte Progression« trägt, wird zwar debattiert; die Kanzlerin versprach mithilfe eines verschwurbelten Satzungetüms, den »finanziellen Spielraum zu erarbeiten« für »einen ersten Schritt« zu »Steuererleichterungen«. Der Begriff »Steuererleichterung« ist in diesem Zusammenhang eine glatte Lüge. Es geht nicht um noble Großzügigkeit, sondern um die Abmilderung automatischer Steuererhöhungen, aber auch nur, falls die »Haushaltslage« es überhaupt zulasse. Sie lässt es zu, allerdings in empörend minimalem Umfang. Sieben Milliarden verschlingt die »kalte Progression« bei rund 40 Milliarden Steuermehreinnahmen. Lächerliche eineinhalb Milliarden davon will der Staat den Steuerzahlern lassen. Eine wahrlich großzügige Tat! Doch kaum jemand (außerhalb der Wirtschaftspresse) regt sich darüber auf. Und wenn wir vielleicht doch noch für Griechenland zahlen müssen, wird die »Haushaltslage« es möglicherweise auch nicht mehr zulassen.

In der Debatte über den sogenannten Solidaritätszuschlag werden die Bürger ebenfalls zum Narren gehalten. Soll er nun oder soll er nicht wie tausendmal versprochen ganz allmählich zurückgefahren werden? Schon der Begriff ist ebenfalls eine Lüge. Die Zwangsabgabe hat mit Solidarität mit den neuen Bundesländern längst nichts mehr zu tun, ist eine gewöhnliche Steuer, die nur nicht Steuer genannt wird. Geld dagegen, das der Staat verschleudert, heißt nicht »Verschwendung«, sondern »steigende Ausgaben«.

Die sogenannte Steuermoral ist höchst einseitig. Der Landesminister, der die meisten Steuer-CDs erworben hat und darüber in so gut wie allen Talkshows drauflosmoralisieren darf (Norbert Walter-Borjans, NRW), hat die höchste Neuverschuldung aller Länder zu verantworten. Weshalb gilt dieser Mann in Fragen der Steuermoral als glaubwürdig? Die Steuerbehörden werden immer rücksichtsloser, nicht etwa gegen die Reichen, die sich juristisch zu wehren wissen und vom Gesetzgeber durch die Ungleichbehandlung von Kapitalvermögen geschont werden, sondern gegenüber den Normalverdienern. In der Schwarz-Weiß-Diskussion um Reich und Arm kommen sie kaum vor.

Das Steuersystem ist längst aus den Fugen, unfair und

undurchschaubar. Der sogenannte Spitzensteuersatz trifft bereits das Mittelfeld der Einkommen. In Deutschland, wie sonst nur noch in den USA, gewannen allerdings die mittleren Einkommen nichts hinzu. Wenigstens die Geringverdiener, anders als in den USA, legten etwas zu. Gewachsen sind vor allem die Renditen der Kapitalbesitzer. Die wuchsen stärker als die Volkswirtschaften. Zwischen den Reichen und den »normalen« Spitzensteuerzahlern geht die Schere immer weiter auf. Dem Sparer gehen mangels Zinsen die hart erarbeiteten Rücklagen fürs Alter verloren. Aber dass der Staat immer noch mehr Geld braucht, ist im staatsgläubigen Deutschland ein Naturgesetz. Und staatsgläubig sind auch die meisten Journalisten.

Die deutsche Steuergesetzgebung ist mit Vorsprung Weltmeisterin im Produzieren von Vorschriften; sie hat nur eines nicht annähernd geschafft: ein gerechtes Steuersystem. Bisher ist jede Steuerreform im Ansatz gescheitert, ja auf naserümpfende Skepsis gestoßen. Gern sonnen Politiker und Journalisten sich im perfektionistischen Rechtsverständnis. Man glaubt »genau zu wissen, was richtig und was falsch ist, was eine Tugend und was eine Untugend darstellt. In dieser Rechtsgewissheit findet die ›deutsche Tugendrepublik‹ die Berechtigung zur unerbittlichen Empörung. Und Gründe dafür gibt es reichlich, denn der aktuelle Tugendkatalog wird immer vielfältiger.«[8]

Statt eine feurige Debatte über die Steuerpolitik zu initiieren und sie am Laufen zu halten, initiieren die Medien ein moralisches Strafgericht, darf sich der geschröpfte Bürger über Hoeneß ereifern. Moral ist in den Medien »vor allem moralisierendes Reden«, so Luhmann. Es wird nicht über die den Skandal begünstigenden Bedingungen (etwa des Steuerrechts) diskutiert, sondern nur über Verstöße gegen das von Unrecht nicht leicht zu unterscheidende Recht. Um den Anschein von Gerechtigkeit zu wahren, muss aber »erkennbar bleiben, wer die Guten und wer die Bösen sind«.[9]

Schadenfreude. Der Manager, der Bischof und der Kandidat

Was ist an dem zu Gefängnis verdonnerten Manager Thomas Middelhoff verabscheuungswürdig? Die Boulevardmedien fanden die großspurigen Ausgaben von Geld, das ihm nicht gehörte, weniger schlimm als sein exzentrisches Verhalten. Anders als Uli Hoeneß, der unter Verzicht auf Rechtsmittel reumütig in den Knast einrückte, verhielt sich Middelhoff provokativ, entzog sich der journalistischen Meute gar durch einen kühnen Sprung durch ein Fenster des Gerichts. Als er die Kaution kaum zusammenbekam, war ihm Schadenfreude sicher. Dass er im Knast mit Schlafentzug gequält wurde, wäre in jedem anderen Fall zum Skandal aufgeblasen worden, aber es traf ja »nur« den arroganten Verschwender Middelhoff. Hätten die von ihm geleiteten Firmen Gewinn gemacht, wären seine Verfehlungen niemals vor Gericht gelandet. Rainer Hank sieht »eine neue Art von Klassenkampf, gespeist aus einem weitverbreiteten Verzwergungsbedürfnis. Über die ›Untreue‹, einen dehnbaren Gummiparagraphen, habe sich die Moral in das Recht« und dadurch in die Industrie »ein Klima von Panik und Kontrollwut – eine Ethik der Angst – eingeschlichen.«[10]

Auch der Bischof von Limburg war seiner Verschwendung wegen untragbar geworden und hatte dafür über Monate am

Medienpranger gestanden. Wie ein derart autoritärer, zum Gespräch offenbar unfähiger Priester überhaupt Bischof werden konnte und was uns das über die Institution »katholische Kirche« sagt: Darin bestand der eigentliche Skandal. Darüber zu diskutieren wäre aber weniger spektakulär gewesen. Der bischöflichen Badewanne sei Dank! Sie wurde zum sichtbaren Ausdruck, zum Symbol der Sünde. Ist die Wanne nicht der Ort, an dem man sich in jeder Hinsicht nackt macht und Genuss bereitet?

Das Verhängnis des Bischofs war also nicht sein Mangel an Führungsqualitäten, sondern der Umstand, dass der neue Papst Franziskus unerwartet Bescheidenheit als moralisches Kriterium eingeführt hatte. Franz-Peter Tebartz-van Elst war mit einem Mal von gestern. Hatte nicht Vongesternsein gerade noch als karrierefördernder Vorzug in seiner Kirche gegolten? War der Bischof nicht einer jahrhundertealten Tradition gefolgt, die bewunderte Zeugnisse hemmungsloser Prunksucht geschaffen hat, die heute als Weltkulturerbe geschützt sind? Jetzt aber herrschte schiere Empörung über einen Mann von ausgesuchtem Geschmack. Kein Zweifel: Die Debatte um die Verschwendungssucht des Bischofs hatte etwas zutiefst Verlogenes.

Schadenfreude und Neid treten nicht selten gleichzeitig auf. Das bekam auch Kanzlerkandidat Peer Steinbrück zu spüren. Den Anfang machte die moralische Verurteilung seiner gut dotierten Vortragstätigkeit. In die Schlagzeilen geriet auch der unzutreffende Vorwurf, Steinbrück habe vor Jahren eine philippinische Putzfrau schwarz beschäftigt, eine Lappalie, die aufs Konto seiner Schwiegermutter ging. Als nimmersatter, geldgieriger Profiteur gebrandmarkt, provozierte Steinbrück in einem FAZ-Interview auch noch mit der Bemerkung, Kanzler verdienten in Deutschland »zu wenig – gemessen an der Leistung anderer, mit weit weniger Verantwortung und viel größerem Gehalt«.[11] Trotz dieser kaum bestreitbaren Tatsache, und obwohl Steinbrück nichts für sich selbst verlangte, sollte er denn gewinnen, lag eine massive Verletzung der Sozialneidgefühle vor. Neid steht im deutschen Gefühlsranking weit oben und wird von den Medien deshalb besonders gern bedient.

Dabei hatte der Kandidat eine sehr wichtige, generelle Frage gestellt: Wie sind die Besten für Politik zu gewinnen? Die öffentliche Erregung auf seine Intervention war schon die Antwort. Solange Politiker sich jeden Satz drei Mal überlegen oder am besten gleich mit ihren Medienberatern abstimmen müssen, ehe sie den Mund aufmachen, ist ihr Beruf von begrenzter Attraktivität, unabhängig vom Gehalt. So werden weichgespülte Politiker ohne Konturen geschaffen, um dann ihre Defizite zu beklagen. Das ist, wie wenn Frankenstein sich darüber mokiert, dass sein Geschöpf so aussieht, wie er es kreiert hat.

Mediale Vorverurteilung. Lehrstück Wulff

Auch die Causa Wulff ist ein Lehrstück, kein tragisches, eher eine Farce. Es handelt zunächst von der Justiz, die mit höchstem Aufwand bewies, wie unerbittlich sie für Gerechtigkeit kämpft, wenn sie nur will. Wer unbedingt in die Politik strebt, sollte wissen: Im Zweifel ist Justitia alles andere als blind, wenn ein angeschlagener Politiker vor ihr steht.

Gerechtigkeit? Wenn eine Verkäuferin, die wenige Euro unterschlagen hat, gefeuert werden darf, muss es ein Bundespräsident aushalten, wegen unfassbarer 753 Euro der Vorteilsannahme gezogen und dafür verfolgt zu werden. Es geht schließlich ums Prinzip.

Dieses Prinzip verursachte den 14-monatigen Einsatz von 24 Ermittlungsbeamten und vier Staatsanwälten. Sie füllten die 30 000 Seiten der Hauptakte, ohne nachweisen zu können, dass sich Wulff zum Oktoberfest 2008 in München hatte einladen lassen. Vorteilsnahme? Es konnte nur ein Freispruch herauskommen, von Verhältnismäßigkeit aber keine Rede sein. Das Verfahren dürfte zwischen vier und fünf Millionen Euro gekostet haben.

Christian Wulff war bereits lange vor der Hauptverhandlung mit der Höchststrafe belegt worden. Als die Aufhebung seiner Immunität beantragt worden war, blieb dem Bundespräsidenten nichts anderes übrig, als zurückzutreten und seine politische Laufbahn schmählich zu beenden. Rehabilitierung ausgeschlossen. Auch die ihm zustehenden Ruhestandsbezüge wurden skandalisiert.

Nicht die Medienmeute brachte Wulff zur Strecke, sondern die Staatsanwaltschaft in Hannover, die der medialen Vorverurteilung gefolgt war. Gefallsüchtig rechnete sie mit gewogener Presse und glaubte, dem »gesunden« Volksempfinden zu dienen. »Unangemessen, skandallüstern und übertrieben (…)«, eine »mediale Form der Lynchjustiz«, urteilte selbst die Vorsitzende von Transparency International, Edda Müller.[12]

Dieser Teil des Skandals blieb bisher ohne Konsequenzen. Hinter der weisungsgebundenen Staatsanwaltschaft stand ein Wulff offenbar feindlich gesinnter Parteifreund, der Justizminister Bernd Busemann. Vom Antrag auf Aufhebung der Immunität des Bundespräsidenten erfuhr die Presse früher als der Angeschuldigte. Der Verdacht auf Durchstechereien zur

Presse konzentrierte sich auf den Abteilungsleiter im Justiz-ministerium und späteren Generalstaatsanwalt Frank Lüttig, doch wurden die Ermittlungen gegen ihn inzwischen einge-stellt.

Das Staatsoberhaupt stürzte aber auch über das eigene Un-vermögen. Seine unklaren Auskünfte machten die Meute erst richtig scharf. Ungeschickter konnte er sich nicht verteidigen.

Wulff behauptet, er sei seiner modernen politischen An-sichten wegen »eine Provokation« gewesen, »einigen mäch-tigen Medienschaffenden zu unbequem«[13], vor allem wegen seines Eintretens für den Islam in Deutschland. Er fühlt sich als Märtyrer einer guten Sache.

Das ist eine hilflose, selbst gestrickte Legende. Die Motive der Jagdlust sind älter. Wulff war schon als Merkels Kandi-dat verunglimpft worden. Dabei handelte es sich um einen Musterfall von Konformität. Vom *Spiegel* bis zu den Sprin-ger-Blättern waren sich sofort alle einig, Wulff sei der Falsche, Joachim Gauck dagegen »der Richtige« (*Welt*), »der bessere Präsident« (*Spiegel*).

Das musste nach der Wahl natürlich bewiesen werden. Dem Motiv für die Zerstörung des Präsidentenimages kam Frank Schirrmacher in der FAZ nahe. »Es fällt nicht schwer, in die-ser aktuellen, völlig unpolitischen Debatte Züge des Selbst-hasses eines bürgerlichen Milieus zu sehen, dessen größtes Abenteuer das Bungeespringen in Australien war.« Gauck da-gegen lenke wie ein Romanheld das Publikum von der eige-nen Bequemlichkeit ab. Der Selbstbetrug der Gesellschaft sei abenteuerlich.[14] Moralurteile zielen häufig auf eine Person, um etwas ganz anderes zu treffen: In diesem Fall die poli-tische Klasse, als deren Repräsentant der vermeintlich glatte Karrierist Wulff herhalten musste.

Wulffs Vorwurf, einer abgesprochenen Kampagne (»eine Art Meinungskartell«) zum Opfer gefallen zu sein, ist unbeweisbar und abwegig. Doch wie ist es zu erklären, dass in einer juristisch so wackeligen Angelegenheit kaum jemand für Wulff Partei ergreifen wollte, nicht einmal seine Parteifreunde oder die Kanzlerin, die ihn doch als Kandidaten aufs Schild gehoben hatte?

Die Öffentlichkeit betrachtete die Causa Wulff in der Folge der Medienberichterstattung ausschließlich durch die Brille der Moral. Es gab keine politische Debatte darüber, wie brauchbar Wulff als Bundespräsident gewesen ist. Stattdessen hielt man sich allein mit seiner Persönlichkeit auf, ergötzte sich an seiner Biederkeit und vermuteten Schnäppchenmentalität. Selbst der Disput über die Parole, der Islam gehöre zu Deutschland, kam nicht wirklich in Schwung. Wulffs Ungeschicklichkeiten aber wurden zur Großaffäre aufgebauscht, statt den Präsidenten beim politischen Wort zu nehmen.

Der Einwand, bei einem Präsidenten seien Privatleben und Amtsführung kaum voneinander zu trennen, personifiziere er doch sein Amt, wirke nicht wie die Kanzlerin durch sein Handeln, sondern allein durch sein Wort, trifft zu. Aber an seinen Worten hat ihn gar niemand gemessen. Umso ungerechtfertigter bleibt es, die Person Wulff so zu schmähen wie auf dem *Spiegel*-Titel »In Amt und Würden«. Das Wort »Würden« – durchgestrichen.[15]

Nicht investigative Bluthunde fügten dem Präsidenten die tiefsten Verletzungen zu, sondern Meinungsmacher wie Heribert Prantl, der in der *Süddeutschen Zeitung* kommentierte: »Er ist mit seinem Amt nicht gewachsen, sondern geschrumpft. Man kann daher kein Mitleid haben mit Wulff, man muss Mitleid haben mit dem Amt.«[16] Litt Prantl an Gedächtnisschwund?

Oder trieb ihn Reue, als er bei *Maybrit Illner* ein halbes Jahr später einen Kalenderspruch für Nachwuchsjournalisten präsentierte: »Demokratie ist keine Meute, die Beute macht.«[17] Mal ist es eben modisch, zu verdammen, dann wieder dreht sich der Wind in Richtung differenzierteres Urteil. Der *Spiegel* druckte ein von Selbstgerechtigkeit beider Seiten triefendes Streitgespräch zwischen Christian Wulff und drei *Spiegel*-Redakteuren als Titelgeschichte, übrigens sechs Wochen nachdem es stattgefunden hatte, zu einem Zeitpunkt, als die Welt durch Kriege in Palästina und in der Ukraine in Atem gehalten wurde. Der alte Skandal galt den Blattmachern noch immer als verkaufsträchtiger als die akuten Krisen. Daraufhin sprangen auch Talkshows des Gebührenfernsehens noch einmal auf das selbstreferenzielle Karussell, versprach doch das Thema, Quote zu machen.

»Das wilde Stochern nach dem Skandal und der billige Klatsch, der sich an Politikern verbeißt, hat in vielen Demokratien dazu geführt, dass das, was die Öffentlichkeit von ihnen am besten kennt, nur das Schlimmste ist, was sie von sich zeigen können. Und was sie von sich zeigen, ist dann diese traurige Farce, zu der unsere Zivilisation macht, was immer sie berührt, eine Farce mit Hampelmännern, die sich der schlimmsten Tricks bedienen, um die Gunst eines nach Unterhaltung gierenden Publikums zu gewinnen.«[18]

Doppelmoral. Das Beispiel Edathy

Der unappetitliche Fall des Abgeordneten Sebastian Edathy, ein vergiftetes Schaumgebäck aus Trieben und Intrigen, kann in diesem Zusammenhang nicht unerwähnt bleiben. In diesem Fall spielt das Internet die entscheidende Rolle. Das Netz macht die trübe Sphäre öffentlich, die früher unsichtbar geblieben war. Obsessionen und Perversionen öffentlicher Personen wurden früher allein im Schutz der Privatsphäre ausgelebt. Wollen wir bis in den Unterleib gläserne Politiker?

Sebastian Edathy hat sich nach allem, was bekannt ist, nicht an Knaben vergangen. Er hat sich Bilder von Knaben angesehen, mutmaßlich, wenn auch unbewiesen, von pornografischer Natur. Edathy war bereits vor der Hauptverhandlung, die mit der Einstellung des Verfahrens gegen Zahlung von 5000 Euro endete – der Angeklagte gilt damit als nicht vorbestraft –, mit der Höchststrafe der gesellschaftlichen Ächtung belegt worden. Wieder spielten Durchstechereien von der Justiz an die Presse eine Rolle.

Im Fall Edathy richtete sich das Interesse der Medien auch auf den möglicherweise noch viel größeren Skandal hinter dem Skandal, auf die Frage nämlich, wer den Abgeordneten über das Vorgehen der Justiz auf dem Laufenden gehalten hat und zur Beseitigung von Beweismitteln (der angeblich gestohlene Bundestagscomputer) animiert haben könnte. Der frühere Innenminister Hans-Peter Friedrich, CSU, dann Landwirtschaftsminister, verlor sein Amt, weil er in großkoalitionärer Solidarität SPD-Kollegen in Kenntnis gesetzt hatte.

Was auch immer Edathy getan hat, er brachte Politikerkollegen in Schwierigkeiten. Veranlasst vom SPD-Vorsitzenden, wurde ein Ausschlussverfahren gegen ihn angestrengt. Edathys Mitgliedsrechte ruhen drei Jahre lang, weil er »gegen die grundsätzliche Haltung und Programmatik der Partei« verstieß.

Es ist in doppelter Hinsicht scheinheilig. Als Vorsitzender

des »Bundestagsuntersuchungsausschusses zur Aufklärung der Taten der Terrorgruppe Nationalsozialistischer Untergrund« zeichnete Edathy für einen 1357-seitigen Abschlussbericht verantwortlich, der als außergewöhnliche parlamentarische Meisterleistung gilt, die das beschämende Versagen der Sicherheitsorgane aufdeckt. Seit aber Edathy nur noch als Sittlichkeitsverbrecher wahrgenommen wird, spricht (außerhalb des Gerichtssaals) kaum noch jemand von diesem Verdienst. Vorsichtig ausgedrückt: Der eine oder andere Versager bei Polizei, Verfassungsschutz und Politik dürfte nicht unfroh sein über die Verlagerung der Aufmerksamkeit auf das moralische Versagen des ehemaligen Ausschussvorsitzenden.

Was die Gesellschaft zu Recht verurteilt, ist das eine. Dies ist allerdings keine stabile Größe. Während in den siebziger Jahren der linksgrüne Zeitgeist auch Kinder sexuell befreien wollte, wird heute schon die Betrachtung von Bildern unbekleideter Kinder als kriminelle Tat angesehen. Innerhalb einer Generation erleben wir also zuerst die Forderung nach der Aufgabe des Pädophilieverbots und stehen heute vor der Ächtung von Bildern wie Caravaggios »Amor vincit omnia«. Im ZDF wurde wochenlang darüber diskutiert, ob Gemälde von Balthus, die junge Mädchen (bekleidet) zeigen, zur Illustration eines Beitrags über Missbrauch an Schulen verwendet werden dürften.

Das andere ist die freie Verfügbarkeit von Pornografie fast jeder Art im Internet. So gut wie alle Jungen und Mädchen wissen heute so gut wie alles über alle Spielarten des Geschlechtlichen. Jugendschutz ist nur noch Illusion. Auch die Neigung zu Pädophilie wird durch das Netz leichter auslebbar. Das ist die Doppelmoral der Gesellschaft. Die Medien profitieren von der Sexualisierung der Gesellschaft, um sie zugleich zu skandalisieren. Hier hätte das öffentlich-rechtliche Fernsehen eine genuine Aufgabe, nämlich, statt sich an der Skandalisierung zu beteiligen, aufzuklären – mit Reportagen, Expertengesprächen, gut besetzten Talkshows etc. Differenzieren statt simplifizieren.

Sprachverbote, Denkverbote

Political Correctness: Das sind wirkungsmächtig gewordene Sprachverbote, auf denen Leute ausrutschen wie auf Bananenschalen. Die Medien warten nur darauf, dass es geschieht, und seien die Verstöße gegen die ungeschriebenen Normen noch so belanglos. Auch dies zeigte der Wahlkampf des SPD-Kanzlerkandidaten Peer Steinbrück beispielhaft.

Steinbrück hat inzwischen selbst seine Kanzlerkandidatur als Fehler eingeräumt.[19] Er sprach von *Selbsttäuschungen*. Er war, davon sprach er nicht, auch deshalb der falsche Kanzlerkandidat, weil die SPD nach realistischer Einschätzung nur als Juniorpartnerin einer Großen Koalition infrage kam, was Steinbrück für sich persönlich von vornherein ausgeschlossen hatte. Davon abgesehen, spielte die Frage, ob der schlagfertige Politiker zum Kanzler tauge, aber kaum eine Rolle. Denn die Medien verengten seinen Wahlkampf auf einzelne Situationen und Momente. Steinbrück sollte als »Pannen-Peer« in die Schlacht ziehen. Zu den Pannen zählte zum Beispiel Steinbrücks Auffassung, in Italien hätten »zwei Clowns« die Wahl gewonnen, Berlusconi und der populistische Comedian Beppe Grillo. Italiens Staatskrise bestätigte wenig später Steinbrücks Einschätzung. Taugt ein Mann, der so undiplomatisch ausdrückt, was er denkt, nicht fürs Kanzleramt? Die

Medien legten es nahe. Und erst der Stinkefinger! Der für die »Sagen Sie jetzt nichts«-Kolumne im *Magazin der Süddeutschen Zeitung* um pantomimische Reaktionen gebetene Kandidat erntete Empörungsgeschrei, das sich anhörte wie von Edvard Munch gemalt.

Ein gravierenderer Fall von Verletzung der politischen Korrektheit ist mit dem Begriff »Fortpflanzungsgemurkse« verbunden. Dieser ausgesucht schön formulierte Verstoß ist der Ausdruckskunst der Schriftstellerin Sibylle Lewitscharoff zu verdanken. Jeder, der eine *Bild*-Zeitung richtig herum zu halten versteht, erkennt sofort die Schändlichkeit ihrer Äußerung. Man mag wie ich in der Sache, um die es geht, anderer Ansicht als Sibylle Lewitscharoff sein. Erlaubt aber muss es sein, eine Auffassung so polemisch und zugespitzt zur Diskussion zu stellen, wie sie es getan hat.

Ein Sturm der Entrüstung brach über die Autorin los. Ihr Werk ist ramponiert, Lesungen wurden storniert, der Verkauf ihrer Bücher nahm ab, erstmals hagelte es für die von Lob und Preisen Verwöhnte Verrisse. Was hatte man erwartet? Hatte man ihr nicht sogar den Büchner-Preis zuerkannt? Der deutsche Revolutionär Georg Büchner ist nicht gerade für seine politische Korrektheit berühmt.

Nur eines unterblieb weitgehend: die Diskussion der Sache, um die es Sibylle Lewitscharoff mit ihrer umstrittenen Rede im Schauspielhaus Dresden Anfang März 2014 gegangen war. Sie hatte die moderne Fortpflanzungsmedizin mit dem »Fortpflanzungsgemurkse« der Nazis in Bezug gesetzt sowie die mit deren Hilfe gezeugten Kinder als »Halbwesen« verunglimpft. Die Autorin hatte tiefe Skepsis gegenüber dem medizinischen »Fortschritt« offenbart, gar von Fehlentwicklungen als Auswuchs einer verblendeten Frauenbewegung gesprochen.

Und sie war dafür des »Klerikalfaschismus«, der »Volksverhetzung« und des »Rassismus« geziehen worden.

Auffallend war, dass die überwiegende Mehrheit der Zuhörer der Autorin in Dresden dem Text gar nicht so ablehnend gegenüberstand. Das hätte die Meinungsmacher stutzig machen müssen.

Es ging in dem kollektiven Strafgericht, das über die Autorin hereinbrach, nicht um die ethische Dimension dieses Menschheitsthemas. Vielmehr wurde Lewitscharoff ihres Tones wegen aus eben jener Debatte verstoßen, ja, sie wurde ihr verweigert. Was ist eigentlich beleidigender und unsachlicher? Einen dringend notwendigen Diskurs über die Trennung der Reproduktion vom sich reproduzierenden Menschen polemisch zu befeuern oder ihn mit den Verbotsschildern der politischen Korrektheit einzufrieden?

Weshalb ist es bei Strafe der Ächtung quasi untersagt, den Schöpfungsakt anders zu sehen, als es dem Zeitgeist gerade zusagt? Lewitscharoffs Bissigkeit wäre sicher beklatscht worden, hätte sie im Dienste der rechtmäßigen Gesinnung gestanden. Doch die Medien urteilten nahezu unisono mit Skandalgeschrei, hatten sie doch mit den Begriffen »Halbwesen« und »Fortpflanzungsgemurkse« brillante Vorlagen geliefert bekommen.

Political Correctness zielt darauf, die Unterscheidbarkeit von Unterschieden zu leugnen. Sibylle Lewitscharoffs Kritik am Menschen aus der Retorte gehört zum notwendigen Diskurs.

Es gibt Gründe, die gegen die sogenannte Homo-Ehe sprechen und dennoch mit Homophobie überhaupt nichts zu tun haben. Weshalb sollte sich die Partnerschaft gleichgeschlechtlicher Paare an einem Modell orientieren, das Sexualität im Dienst der Fortpflanzung versteht? Doch spätestens seit dem irischen Plebiszit folgt die Zustimmung zur Homo-Ehe in Deutschland einem Konformitätsdruck. Darüber kann die Diskussion nicht hinwegtäuschen. Es sind Rückzugsgefechte.

Und steckt hinter dieser Debatte um Reproduktionsmedizin vielleicht nicht sogar viel mehr? Ein Unbehagen nämlich, vielleicht sogar Angst, wie wir mit dem galoppierenden Fortschritt der modernen Biotechnologie – kurz einer sich immer weiter beschleunigenden Moderne – umgehen wollen. Hier hätten seriöse Medien ein weites Betätigungsfeld, vor allem solche, die nicht existenziell auf Auflage und Reichweite angewiesen sind. Stattdessen wird der politischen Korrektheit gehuldigt und die Entrüstungsmaschinerie in Gang gesetzt.

Vertreter unerwünschter Meinungen mundtot zu machen ist einer offenen Gesellschaft nicht würdig. Die Selbstvergewisserung der Gesellschaft darf nicht an Denkverbote stoßen. Selbstverständlich gelten gesetzliche Grenzen der Rede, darüber hinaus muss es erlaubt sein, diese Grenzen selbst zu kritisieren. Und als Sprach- und Denkpolizei sind die Medien denkbar ungeeignet.

VIER

Weshalb Pegida verteufelt, der Islam jedoch beschönigt wird: Beispiele konformistischer Öffentlichkeit. Über die Entrüstungsindustrie und die Grenzen der Freiheit. Von der Wut auf die Medien.

Den traditionellen Medien sitzt der Markt im Nacken. Die Auflagen von Zeitungen und Zeitschriften sinken. In den Verlagen jagen ein Sparprogramm das andere und ein Relaunch den anderen, Chefredakteure werden ausgetauscht wie Fußballtrainer. Der Markt definiert den Mainstream. Ihn bedient man mit Entrüstung und macht die Medien zur Entrüstungsindustrie. Was dabei herauskommt? Pegida und der Islam sind dafür eindrucksvolle Beispiele.

Der Islam und Pegida

Einige *Spiegel*-Titel: »Mekka Deutschland – Die stille Islamisierung«, »Zurück ins Mittelalter – Der Islam fordert die Macht«, »Der heilige Hass«, »Gefährlich fremd«, »Blutiger Islam«. Nicht anders klingt der *Focus*: »Unheimliche Gäste«, »Die Multikulti-Lüge«. Oder der *Stern*: »Islam – Warum wollen sie uns töten?«, »Wie gefährlich ist der Islam?« Das Trommelfeuer von Titeln wie diesen, alle lange vor den Pariser Anschlägen auf das Satireblatt *Charlie Hebdo* und den jüdischen Supermarkt erschienen, schürte die Islamophobie.

Mit schreienden Schlagzeilen lassen sich Hefte verkaufen. Mitten in der Printkrise muss das Blutrot des Dschihad eben etwas dicker aufgetragen werden. Den Blättern ist der Vorwurf nicht zu ersparen, Pegida Munition geliefert zu haben. Es entspricht der Logik des Marktes, dass Panikmache neue Schlagzeilen erzeugt: »Gefahr für die Demokratie«, kommentierte der *Spiegel* die Pegida-Zusammenrottungen.[1] Angst nährt Angst, Hysterie nährt Hysterie. Mehr als alles andere ist Pegida ein Medienphänomen.

Was sich zusammenbraute, hätte mancher Mainstreamvertreter unter den Journalisten zunächst gern übersehen. Vielleicht erledigte sich das Phänomen ja von allein. Noch in der *Tagesschau* vom 16. Dezember 2014 formulierte die Sprecherin: »In Dresden haben sich erneut mehrere Tausend Menschen versammelt, um gegen eine angebliche Islamisierung des Abendlandes zu demonstrieren.« Da waren es aber bereits 15 000 Demonstranten, und eine genauere Angabe wäre keine Überforderung gewesen. Die Formulierung »einige Tausend Menschen« war zudem irreführend, zumal 6500 Gegendemonstranten von der *Tagesschau*-Sprecherin ebenfalls als »mehrere Tausend Teilnehmer« bezeichnet wurden.[2] Fehlinformationen dieser Art nährten den Zorn der Leute auf der Straße. Der Geist wollte nicht zurück in die Flasche.

Dem Mangel an Aufmerksamkeit folgte wenig später die absurde Übertreibung. Pegida wurde zur braunen Massenbewegung stilisiert. Zumindest fühlte man sich durch Berichterstattung und Kommentare an eine veritable Volksbewegung erinnert, etwa wie die gegen Kernkraftwerke und Raketennachrüstung vor Jahrzehnten, bloß eben rechts statt links. Es hatten seinerzeit Hunderttausende protestiert. Damals waren die Medien allerdings noch nicht geschlossen einem Mainstream gefolgt, sondern hatten die Argumente und durchaus nicht nur friedfertigen Emotionen der Bewegung kontrovers diskutiert. Über Pegida aber sind sich alle einig, die guten Willens sind. Sind da selbst in öffentlich-rechtlichen Anstalten Volkspädagogen am Werk, die selbst Nachrichten derart »zuschneiden«, dass sie die unterstellte größtmögliche Wirkung erreichen? Übertreibung ist von Verfälschung meist nicht weit entfernt. Eine repräsentative Umfrage für *Zeit Online* Mitte Dezember 2014 fragte: »Haben Sie Verständnis für Demonstrationen gegen den Islamischen Staat und die ›Islamisierung‹ des Abendlandes in deutschen Städten?« Was hat das Terrorregime IS mit der von Pegida behaupteten Islamisierung des Abendlandes zu tun? Nichts. Dennoch wurde beides in einer Frage zusammengerührt, wohl um ein gröberes, furchterregenderes Ergebnis zu bekommen. Wer nur gegen den Terrorstaat IS war, hatte keine Möglichkeit zu unterscheiden. Unter diesem Umstand ist es beinahe beruhigend, dass nicht einmal die Hälfte der Befragten (49 Prozent) dem unsinnigen Satz zustimmte. Trotzdem titelte *Zeit Online*: »Jeder zweite sympathisiert mit Pegida.« Zahlreiche andere Medien übernahmen die Falschmeldung.[3]

Pegida wurde verteufelt, Regeln des fairen Disputs ausgesetzt. Der »Kampf« gegen Pegida offenbart ein Grundmuster des republikanischen Konformismus, wie die *Neue Zürcher Zeitung* aus der Distanz erkennt: »Die Aufklärer, die hier auftreten, reden im Gestus strenger Kolonialoffiziere, die ihren noch immer nicht diskurshygienisch stubenreinen Eingeborenen die Leviten lesen, aber auf keinen Fall zuhören wollen.« Das Blatt spricht von einem »phrasenhaft erstarrten, abstrakten moralischen Universalismus« von gelegentlich »unfreiwilliger Komik. (...) Wer als Pegida-Teilnehmer am nächsten Morgen in der Zeitung lesen konnte, was für eine miese und von allen Rechtschaffenen verachtete Type er doch eigentlich ist, wird die Parole ›Lügenpresse, halt die Fresse!‹ bei nächster Gelegenheit vermutlich inbrünstiger gerufen haben.«[4] Das Blatt zitiert in diesem Zusammenhang den deutschen Medienwissenschaftler Lutz Hachmeister, der einen »bürgerlichen Zentrismus« diagnostiziert. »Legitime Publizistik darf nach der Überzeugung des Juste Milieu nur in den Grenzen seiner Wahrnehmungs- und Urteilsfindung stattfinden.«

Die steile Karriere einer letztlich sehr überschaubaren, von Dresden ausgehenden, auf insgesamt wenige 10 000 Teilnehmer beschränkten Gruppe verpeilter Bürger erklärt sich also durch den Konformismus von Medien und Politik. Sie betreiben auch in diesem Fall dasselbe Geschäft und erzeugen jene konformistisch-politisch korrekte Stimmung, der sich niemand widersetzen kann, ohne selbst in die Nähe von Pegida gerückt zu werden.

Die Medien machten Stimmung, die Politik folgte: Selbst die Bundeskanzlerin führte Pegida in ihrer Neujahrsansprache neben Islamistischem Staat und Ebola auf, als hielte sie die Demonstrationen für einen der drei apokalyptischen Reiter der Gegenwart. Berühmt für ihre unterkühlte Weltsicht, sprach ausgerechnet sie nun seltsam aufgewühlt: »Folgen Sie denen nicht, die dazu aufrufen! Denn zu oft sind Vorurteile, ist Kälte, ja, sogar Hass in deren Herzen!« Die Kanzlerin demonstrierte Überzeugungskraft, wo diese sie nichts kostete. Ihr pathetischer Appell war nichts als Scheinpolitik, Bühnenzauber, populistisches Gerede, doch es verfing prompt. Die Kanzlerin wollte gefallen. Und sie gefiel, erntete einhelliges Lob, selbst der Opposition, und sie stellte sich damit an die Spitze der Anständigen. Politiker wie NRW-Innenminister Ralf Jäger sahen »Nazis in Nadelstreifen«, Bundesjustizminister Heiko Maas sprach von einer »Schande für die Demokratie«, Grünen-Vorsitzender Cem Özdemir bezeichnete Pegida mit dem jiddischen Wort »Mischpoke« – ausgerechnet aus Goebbels Spracharsenal. Man ist sich einig. Konformität, wohin man schaut.

Und wie soll man den Unsinn bewerten, der Pegida auf eine Stufe mit den Terroristen von Paris stellt, wie es FAZ-Herausgeber Berthold Kohler tat? »Hinter der Tat von Paris steht keine andere Absicht, nur ihre Mittel waren extremer.«[5]

In einer Demokratie sollten, man kann es nicht oft genug wiederholen, auch unqualifizierte und böswillige politische Meinungen zugelassen, diskutiert, gewiss auch attackiert werden. Die Konformisten aber wollen keine politische, sondern eine moralische Debatte. Sie gibt den »Guten« ein gutes Gefühl.

Und Pegida ist ein weit bequemeres Feindbild als der religiöse Fundamentalismus. Auch dies gilt für Medien und Politik gleichermaßen. Anders als der Islamismus ist Pegida leicht besiegbar. Der Kampf ist risikofrei. Niemand muss um seinen Ruf, weltoffen zu sein, fürchten, wenn es gegen verwirrte Inländer geht.

Pegida ist genau das, was die Entrüstungsindustrie braucht. Deshalb so viel Lärm um relativ wenig. Die Aktionen machen es gefallsüchtigen Medien einfach. Statt die Einwanderungsfrage zu lösen, verständigen sich einfach alle darauf, dass Pegida eine Schande für Deutschland ist.

Dabei waren doch die Gegendemonstranten wenigstens außerhalb Dresdens längst in der überwältigenden Mehrheit. Es gab ihn doch schon, den »Aufstand der Anständigen«, den etwa Merkels Vorgänger Gerhard Schröder gefordert hatte. Wer die Unanständigen waren, verstand sich von selbst.

Pegida ist ein Beispiel dafür, wie Leute, die man nicht zu Nonkonformisten adeln sollte, vom herrschenden Konformismus instrumentalisiert werden. Das Ganze verläuft nach einem beeindruckenden dramaturgischen Muster: Zuerst werden politisch kontroverse Diskussionen zu Themen wie »Islam« und »Zuwanderung« unterdrückt. In den Parteien wie in den Medien. Dann, wenn sich abweichende Haltungen oder auch Ängste ein Ventil suchen, wird skandalisiert. Dies führt wiederum zur Verdrängung des Unverdauten, bis es erneut hervorbricht. Ein Perpetuum mobile – das nächste Pegida-Phänomen und der nächste »Besteller« köcheln schon im Untergrund. Zum Glück gab es in Deutschland bisher keinen Le Pen und keinen Haider.

Mit beträchtlicher Hilfe der Medien wurde Pegida skandalisiert, wurde ihre Wirkung maßlos übertrieben. Zum Vorteil der Politik. Denn nichts lenkt von den eigenen Versäumnissen wirkungsvoller ab als ein solides Feindbild. Medien und Politik sind Spiegel, die die Dinge verzerren, wenn auch auf jeweils eigene Art. Politik setzt eher auf Deeskalation, Medien auf Eskalation.

»Lügenpresse, halt die Fresse«

Es war nicht zu übersehen, dass unter Pegida-Anhängern den Medien noch mehr Zorn entgegendröhnte als den Gläubigen des Propheten. Laut einer Studie der TU Dresden gab nur weniger als ein Viertel der Pegida-Anhänger an, ihre Teilnahme habe mit dem Islam zu tun. Die meisten aber bekannten, unzufrieden mit Politik und Medien zu sein.

Das Gefühl teilen nicht nur Sympathisanten von Pegida. In

Deutschland herrsche keine echte Demokratie mehr, finden 60 Prozent der Deutschen.[6]

Die gleichgeschaltete »Lügenpresse« betreibe eine »Meinungsdiktatur«, ist nicht nur bei Pegida zu hören. Das ist, bei aller notwendigen Kritik an den Medien, heillos übertrieben. Die Aversionen als Unsinn abzutun löst das Problem aber nicht. Denn es offenbart sich in der Wut auf die Medien, so fürchte ich, durchaus ein gestörtes Verhältnis zur Demokratie. Wie Politik und Medien unsere Demokratie leben, liefert den Wut-und-Boden-Bürgern offensichtlich Anlass und Vorwand. Wie sind gut beraten, die Lähmungserscheinungen zu bearbeiten, statt Kritiker auszugrenzen.

Die Verachtung der Medien verrät »eine neue, vergiftete Form der Volkssouveränität, die in der Ablehnung jener Zwischengewalten der Öffentlichkeit besteht, wo Tatsachenbehauptungen überprüft und Argumente bestritten werden können«.[7] Betroffen ist vor allem der »Staatsrundfunk«. »GEZ abschaffen« war eine der Hauptparolen.[8] Pegida ist inzwischen verblasst, die Kritik an den Medien ist es durchaus nicht. Sie wird immer lauter.

Medienverachtung ist übrigens kein deutsches Phänomen. Transparency International stellte in einer regelmäßig in 109 Ländern durchgeführten Umfrage fest, dass die Medien erstmals als korrupter wahrgenommen werden als die öffentlichen Verwaltungen und Parlamente. Auf einer Skala von 1.0 (gar nicht korrupt) bis 5.0 (höchst korrupt) landeten die deutschen Medien bei 3.6, nur knapp vor den Parteien (3.8). 2007 hatte der Wert noch bei 3.1 gelegen.[9]

Die leider einzige medienkritische Sendung (*ZAPP*, NDR, Sendezeit 23 Uhr 20) veröffentlichte Anfang Dezember 2014 eine repräsentative Umfrage, wonach nur noch 29 Prozent der

Bevölkerung den Medien überhaupt vertrauen. Im April 2012 waren es noch 40 Prozent gewesen. Vor allem in die Ukraine-Berichterstattung hatten 63 Prozent der Befragten wenig oder gar kein Vertrauen mehr. Wir wissen es also, erheben die Daten, aber welche Schlüsse ziehen wir daraus?

Das verschwörungstheoretische Buch des Pegida-Sympathisanten Udo Ulfkotte *Gekaufte Journalisten* war monatelang auf der Bestsellerliste zu finden. Der Verschwörungstheoretiker ist nicht ernst zu nehmen. Ernst zu nehmen aber ist die Tatsache, dass so viele Leute sein Machwerk kaufen und, noch schlimmer, das Gelesene glauben.

Was das Misstrauen gegenüber den Medien angeht, sprach Frank Richter, Chef der sächsischen Landeszentrale für neue Medien, bei *Maybrit Illner*[10] (immerhin!) von einem »Tiefpunkt für unser politisches System«, was man »erst einmal sacken lassen« müsse.

Es lässt nur niemand etwas sacken, schon gar nicht in einer Talkshow. Sacken müsste die Tragweite dieser Erkenntnis: Die Akzeptanz der Demokratie ist nicht zu trennen von der Akzeptanz der Medien.

Der Islam und »die Guten«

Selbst nach den Anschlägen in Paris waren mehr Politiker zu hören und Leitartikler zu lesen, die dem Islam einen Blankoscheck ausstellten, als solche, die vor den Gefahren des Missbrauchs von Religion warnten oder sich überhaupt damit auseinandersetzen wollten, unter welchen Bedingungen der Islam in eine offene Gesellschaft integriert werden kann. Dieser unverzichtbare Diskurs kam kaum voran.

Die Kanzlerin griff die vom ehemaligen Bundespräsidenten Christian Wulff erfundene wohlfeile Parole auf: Der Islam gehöre zu Deutschland. Richtig ist: Verfassungstreue Einwanderer sind in Deutschland willkommen. Ihr Glaube ist ihre Privatsache. Aber der Islam selbst, die Religion an sich, ist keineswegs Privatsache. Er darf von Kritik und Streit nicht ausgenommen werden.

Die Parole, der Islam gehöre zu Deutschland, ist ungefähr so zutreffend wie die Feststellung, der Mond gehöre zu Deutschland, weil er doch auch in diesem Land scheine. Integrationsunfähige islamische Parallelgesellschaften dürfen nicht toleriert werden. Dazu, wie sie zu verhindern wären, fällt den regierenden Parteien jedoch wenig ein. Das komplexe Thema lässt sich schlecht versimpeln. Dafür umso schöner färben.

Anders in Österreich. Ein Islamgesetz schreibt unter anderem vor, dass Imame in Österreich ausgebildet sein und auf Deutsch predigen müssen. Erst die Verabschiedung dieses Gesetzes verursachte eine Debatte in Deutschland, allerdings eine sehr einseitige und kurze. Es hieß unwidersprochen, ein ähnliches Gesetz sei hierzulande weder wünschenswert noch zulässig noch durchsetzbar. Die Parteien legten die Sache sofort ad acta. Es gebe doch stattdessen eine »Deutsche Islamkonferenz«. Wenigstens auf der wird auf Deutsch gepredigt. Die konformistischen Medien Deutschlands taten Österreichs Weg überwiegend als populistisches Wahlkampfprodukt ab.

Nach den Mordtaten in Paris war der Meinungsmainstream sofort mit stabilen Leitplanken ausgestattet. Zwischen Islam und Islamismus müsse scharf unterschieden werden. Dies mag politisch korrekt sein; naiv und unvollständig ist diese Auffassung dennoch. Sie dient mehr der Selbstbeschwichtigung als der Wahrheit.

Ein Problem ist: Die gewaltfreie Mehrheit der Muslime denkt nicht daran, gegen vorsintflutliche Glaubensdogmen aufzubegehren. Sich von Terroranschlägen zu distanzieren, und damit selbst zum Opfer zu stilisieren genügt aber nicht. Von Aufklärung ist im Islam nichts zu sehen. Es ist höchste Zeit, dass die harmlosen Frommen die Auseinandersetzung mit den weniger harmlosen Frommen aufnehmen.

Die alles andere als hasserfüllte Titelkarikatur der ersten *Charlie Hebdo*-Ausgabe nach der Mordtat, die den weinenden Mohammed mit einem »Je suis Charlie«-Schild in der Hand zeigte, führte in islamischen Ländern zu weiteren Morden des religiösen Mobs. Das *Heute-journal* im ZDF[11] aber begann nicht mit der Darstellung dieser Ereignisse, sondern mit einem Kommentar der Moderatorin, der klang, als dürfe man den Zuschauern die Fakten aus pädagogischen Gründen nicht zumuten. In »einigen islamischen Ländern« sei es zu »Zensur und Gewalt« gekommen. »Das ist heftig, aber selbst dort waren es nur einige Hundert, die gewalttätig wurden, gar Kirchen anzündeten. Dass die islamische Welt entflammt ist, davon kann keine Rede sein.« Diese Verharmlosung stand in merkwürdigem Kontrast zur alarmistischen Übertreibung der Pegida-Demonstrationen zur selben Zeit.

Die vermeintlich Anständigen wollen nicht aufhören, sich die Welt schöner zu träumen, als sie ist. Nur, was hat guter Journalismus damit zu tun? Muss er unbedingt mitträumen, und das auch noch in der Hauptnachrichtensendung? Mit Lessings Ringparabel aus *Nathan der Weise* ist der Sprengstoff nicht zu entschärfen. Terroristen hören sie nicht. Und die Anständigen verdrängen gern. Sie vergessen den weltweiten, blutigen Aufruhr gegen die dänischen Mohammed-Karikaturen, der, wie der jüngste Mordanschlag in Kopenhagen zeigt, noch immer nicht Vergangenheit ist. Sie verdrängen den Mord am holländischen Filmemacher Theo van Gogh ebenso wie die Anschläge auf Verleger und Übersetzer Salman Rushdies.

Salman Rushdie, der jahrelang von einer Fatwa verfolgte britische Autor indisch-islamischer Herkunft, dessen Name an den andalusisch-arabischen Philosophen Al Rushd, Inbegriff des aufgeklärten Islam zu jener Zeit, erinnert, schrieb am Tag der Pariser Anschläge, was in Deutschland kaum jemand hören mochte. »›Respekt für Religion‹ ist zum Schlagwort geworden, das eigentlich ›Angst vor Religion‹ bedeutet. Wie jede andere Idee auch bedarf Religion der Kritik, der Satire und, ja, der furchtlosen Respektlosigkeit.«[12] Die ermordeten Kollegen von *Charlie Hebdo* zeichnete genau diese furchtlose Respektlosigkeit aus.

Der für seine »noble, ja menschlich zwingende Geste« gelobte Großscheich der al-Azhar-Universität in Kairo, Ahmad Mohammed al-Tayyeb, forderte ein weltweites Verbot aller Angriffe auf den Islam: »Die Freiheit sollte dort enden, wo sie die Freiheit anderer berührt.«[13] Die Inanspruchnahme grenzenloser Toleranz gegenüber rigorosen Religionsvorschriften berührt durchaus die Freiheit Nichtgläubiger. Warum sollte die Freiheit der Religiösen mehr zählen? Jeder kann glauben und sagen, was er will, aber das muss auch für Atheisten gelten. Dieser Großscheich wird als »islamischer Luther« gepriesen. Amerikas Außenminister John Kerry empfahl ihn als »Speerspitze des modernen Islam«. Al-Tayyeb hält die Terrormiliz IS für eine »zionistische Verschwörung«. Und als die IS einen jordanischen Kampfflieger bei lebendigem Leib verbrannte, fand er dies nicht recht. Er meinte, der Koran sehe dafür doch andere Strafen vor: Kreuzigung oder Abhacken der Gliedmaßen.

Religion darf nicht außerhalb der Diskurse stehen, sonst ist es schnell vorbei mit der Meinungsfreiheit. Wie in den USA. In dieser seit 9/11 vor Angst schlotternden Nation wurden (etwa auf CNN und ABC) die französischen Karikaturen nur verpixelt abgebildet. Meinungsfreiheit wird vermeintlicher Sicherheit geopfert. In den USA haben die Terroristen schon lange gewonnen.

Aus den Unionsparteien kamen Forderungen, den Blasphemie-Paragrafen in Deutschland zu verschärfen, statt ihn endgültig abzuschaffen. Paragraf 166 StGB verbietet das »Verhöhnen von Glaubensinhalten« in einer Weise, »die geeignet ist, den öffentlichen Frieden zu stören«. Geschützt werden soll der öffentliche Frieden, nicht der Seelenfrieden der Gläubigen. Doch was, wenn der Gläubige selbst definiert, was ihn verletzt, und dann entsprechend zuschlägt? Dann gefährdet schon jede Darstellung des Propheten Mohammed den öffentlichen Frieden. Verständnis äußerte auch der Medienstar im Vatikan für jemanden, der den die Faust schmecken lässt, der seine Mutter beleidigt. Der Papst verteidigte Gewalt im Namen der Religion. Wo war die Talkshow zum Thema: Wie populistisch darf der Papst sein?

»Der Klügere gibt nach« ist ein Spruch fürs Kinderzimmer, jedoch nicht für die offene Gesellschaft. Im Zweifel fühlen wir uns nicht der Freiheit verpflichtet, sondern der Sicherheit. Wir tun niemandem weh und bilden uns ein, dass dann auch niemand uns wehtun wird. Die Parteitage von CDU und CSU hatten zum Thema fast nichts beizutragen außer populistischen Lärm. Die CDU diskutierte ein Burkaverbot. Die CSU kam auf den Einfall, Einwanderer dazu zu »motivieren«, auch

zu Hause Deutsch zu sprechen, und füllte damit vorübergehend mehr Sendezeit als die Pegida-Demonstranten. Nur ein
Einwanderungsgesetz kommt nicht zustande.

Slavoj Žižek, der marxistische Philosoph, hält überhaupt
nichts davon, »jede Kritik am Islam als Ausdruck westlicher Islamophobie«[14] zu brandmarken. Hier gerate die »linksliberale
politische Korrektheit in die Nähe des religiösen Fundamentalismus«.[15] Er warnte: »Wir fühlen uns zu schuldig in Europa,
unsere multikulturelle Toleranz ist Ausfluss des schlechten Gewissens, eines Schuldkomplexes, an dem Europa zugrunde
gehen kann.«[16] Toleranz sei deshalb keine Lösung, vielmehr
»eine gemeinsame übergeordnete Kultur, die regelt, wie Kultu-
ren miteinander interagieren«.

In keiner Talkshow wurde, soweit mir bekannt ist, über eine
saubere Trennung von Staat und Religion diskutiert. Kirchen
stehen in ARD und ZDF sozusagen unter Naturschutz. Ihr Einfluss ist in den Anstalten mindestens so groß wie der der Parteien. Deutschland zeigt sich den Religionen gegenüber gefügi-
ger als Frankreich. Wir sind nicht Charlie. Wir tun nur so.

FÜNF

Junkfood für den Kopf. Die Elementarteilchen des Konfor-
mismus. Wie Denkschablonen entstehen und was Sprach-
schablonen bewirken. Beispiel: Putin und die Ukraine. Über
blinde Gefolgschaft.

Der gefallsüchtige Fernsehjournalist hat mit dem Boulevard-
journalisten viel gemein. Beide wollen es ihren Zuschauern
und Lesern möglichst einfach machen. Das Vorgekaute soll
munden, nicht gesund ernähren. Fernsehen ist Junkfood für
den Kopf geworden. Das hat Folgen.

Obwohl unentwegt informiert wird, lässt sich nicht sagen,
die Zuschauer seien am Ende des Tages zwischen *Morgen-*
magazin und *Heute+* hinreichend unterrichtet.

Manche Ereignisse müssen nicht erklärt werden: ein Un-
wetter, eine königliche Hochzeit, der unvermeidliche Sport.
Leider sind nicht alle Sachverhalte so bestürzend einfach wie
ein Erdbeben.

Erklärungen halten auf, stören die Atemlosigkeit der
News-Show. Es empfiehlt sich auch nicht, die Zuschauer über
Gebühr zu irritieren. Je einfacher Nachrichten gestrickt sind,
das Komplizierte »heruntergebrochen« ist auf das exempla-
risch Menschelnde, desto besser für die Quote. Als erfolg-
versprechend erscheint es, das vertraute Weltbild des Publikums zu bestätigen, nicht aber, es infrage zu stellen. Es ist
doch auch so schon alles kompliziert und besorgniserregend
genug.

Komplexere Themen sind leichter zu verstehen, wenn die Zusammenhänge schon bekannt sind und die damit verbundenen Gedanken und Gefühle durch die neue Nachricht nur noch aktiviert werden müssen. Treffen Informationen auf vorhandene Erwartungen, Befürchtungen und Vorstellungen, erregen sie, was nur darauf gewartet hat, erregt zu werden. Darauf setzt der Quotenjunkie.

Das Geschehen, so schrecklich es sein mag, sollte nicht auch noch in Verwirrung stürzen. Der nächste Steuerbetrug, Kinderschänder, Terroranschlag: schrecklich, doch irgendwie vertraut. Um solche Ereignisse zu verarbeiten, müssen die üblichen Standardzweifel am Zustand der Welt ausreichen. Am bekömmlichsten sind Nachrichten also dann, wenn sie eingeübte Denkschablonen aktivieren. Diese Denkschablonen sind Elementarteilchen des konformistischen Meinungsklimas, also von entscheidender Bedeutung.

Wie Denkschablonen funktionieren

Denkschablonen ersparen es dem Zuschauer, Ereignisse zu hinterfragen, abzuwägen und einzuordnen. Sie sind verkoppelt mit Einstellungen und Vorurteilen, die schwer zu erschüttern sind. Ein einfaches Beispiel: Nachrichten von Stürmen, ja Wetteranomalien überhaupt, aktivieren die Denkschablone *Klimawandel*. Der Zuschauer nimmt nicht einfach ein Ereignis zur Kenntnis, sondern verknüpft es automatisch mit weitreichenden Vorstellungen und Gefühlen. Dank der Denkschablone *Klimawandel* weiß er sofort, was von einem Herbststurm zu halten ist.

Wird im Mainstreamjournalismus immer wieder »Sturm«

mit »Klimawandel« in Verbindung gebracht, prägt sich ein Denkmuster ein. Die eingeübte Verbindung sitzt umso fester, je stärker die entsprechende Meinung in Politik und Medien dominiert. So kommt es, dass jedes Naturereignis reflexartig dem Klimawandel zugeschrieben wird.

Journalisten und Politiker benutzen sehr gerne Denkschablonen. Der Dresdner Politologe Werner Patzelt erinnerte daran, als er bei *Anne Will*, auf Pegida gemünzt, formulierte: »Viele Politiker und Journalisten versuchen, diesem Phänomen über bewährte Deutungsschablonen beizukommen.«[1] Der Aufklärung verpflichtete Journalisten täten gut daran, Deutungs- oder Denkschablonen immer wieder infrage zu stellen und zu dekonstruieren. Die Medien, vor allem das Fernsehen, tragen jedoch wesentlich dazu bei, den politischen Horizont ihrer Zuschauer mit Denkschablonen wie mit Zaunlatten zu begrenzen.

Denkschablonen folgen bestimmten Narrativen, Erzählmustern. *Kapitalismus* etwa kann ebenso einleuchtend als *System der Ausbeutung* als auch als *System der Freiheit* oder *System, das Wohlstand hervorbringt* erzählt werden. Die emotionale Tönung des Narrativs bestimmt, welche Konnotation mit »Kapitalismus« verbunden wird. Am Ende genügt das Reizwort »Kapitalismus«, um weitreichende Vorstellungen und Gefühle auszulösen und das Geschehen, je nach eingeübter Denkschablone, zu beurteilen.

Die Summe dieser Schablonen kann man auch als *Gedächtnis* verstehen. Niklas Luhmann beschreibt den Mechanismus so: »Für das Gesellschaftssystem besteht das Gedächtnis darin, dass man bei jeder Kommunikation bestimmte Realitätsannahmen als bekannt voraussetzen kann, ohne sie eigens in die Kommunikation einführen und begründen zu müssen.«[2] Denkschablonen sind also aus dem Gedächtnis abrufbare Realitätsannahmen.

In der Erzeugung »von Objekten, die in der weiteren Kommunikation vorausgesetzt werden können«, in dieser »Komplexitätsreduktion« sieht Luhmann einen wichtigen Beitrag zur »Stabilität« der Gesellschaft. Jeder Kultur liegen Denkmuster und -annahmen zugrunde. Müssten solche vorgeprägten Muster jedes Mal gedanklich neu fabriziert werden, wäre der rasche Austausch von Informationen und Argumenten schwer möglich. Doch besteht der tiefere Sinn des demokratischen Diskurses gerade darin, solche Schablonen immer wieder zu überprüfen. Sonst verliert die Gesellschaft die Fähigkeit zur Veränderung, zur Weiterentwicklung.

Konsens beruht auf gemeinsam akzeptierten Denkschablonen. Konsens sollte das Ziel und das Ergebnis des Diskurses sein. Konformisten dagegen sind konfliktscheu. Sie wollen nicht andere überzeugen oder gar überzeugt werden, sondern sich den herrschenden Stimmungen anpassen. Doch der Sinn öffentlicher Kommunikation wäre ein anderer: »Kommunikation stellt ja die Frage von Annahme und Ablehnung neu, setzt also Konsens aufs Spiel, wohlwissend, dass man auch und gerade bei Dissens weiterkommunizieren kann.«[3] Kommt diese Kommunikation nicht hinreichend zustande, zerfällt die Gemeinschaft oder erstarrt.

Die Zuschauer und Leser ziehen Medien vor, die ihr Weltbild bestätigen. Medien, die sich anbiedern, sind also leichter verkäuflich. Sie vermitteln die angenehme Illusion, die Welt sei zwar nicht einfach, doch hinreichend einfach zu erklären. Das wissen die Quotenjunkies aus Erfahrung.

Beispiel Putin

Wie Denkschablonen auch Politiker und Journalisten beherrschen und wie sie diese dann einsetzen, dafür ist der Konflikt in der Ukraine ein beindruckendes Beispiel. In der ersten Phase wurden die revolutionären Ereignisse auf dem Kiewer Maidan auf das Niveau eines Faustkampfs versimpelt. Kaum ein Bericht im Fernsehen, der die Zukunft der Ukraine nicht an die Frage geknüpft hatte, ob der Boxer Vitali Klitschko Präsident werden würde. Mit dem Sportidol im politischen Amt, wollten die meisten Deutschen glauben, werde alles gut.

Das naive Prominentennarrativ gefiel. Die Kameras umdrängten den Weltmeister, der im Ring der Weltpolitik nur ein Nebendarsteller war. Aber wen scherte das schon. Das Publikum sah und wollte sehen: Revolution als Realityshow mit einem echten Boxstar als Helden. Wenn schon in Amerika ein Exwesternheld Präsident werden konnte, warum nicht in der Ukraine ein echter Boxweltmeister.

Die Show-Dramaturgie verlangt nach klarer Unterscheidung zwischen Gut und Böse. Hier der populäre Heilsbringer, dort der in Saus und Braus verkommene Diktator. Als sich die Realität nicht mehr mit der simplen Geschichte vereinbaren ließ, Klitschko den Ring verlassen hatte und der Diktator gestürzt war, blieb das Schwarz-Weiß-Schema bestehen. Putin übernahm die Rolle des Bösen. Dass der Gute fehlte, übersah man.

An dieses Muster der Weltbetrachtung haben wir uns gewöhnt. Im sogenannten Arabischen Frühling zum Beispiel sahen wir die Moslembrüder anfangs als die Guten, weil sie den »bösen« Mubarak stürzten. Im Sturz von Despoten wie eben Mubarak oder Gaddafi wollten wir den Sieg der Demokratie erkennen. Als sich jedoch die Freiheitskämpfer nicht als Musterschüler unserer Vorstellungen von Freiheit bewähren wollten, glotzten wir ratlos auf die Bildschirme und hörten zu, wie die meisten Experten wortreich darum herumredeten.

Es passt auch nicht zu den geläufigen Denkschablonen, dass zahlenmäßig relevante Teile der Bevölkerung auf der Krim und im Osten der Ukraine ein etwas anderes Bild von ihrem Land haben als Fernsehzuschauer und Politiker im Westen und sich gern aus freien Stücken Putins Russland anschließen würden. Die russische Minderheit hat nach der völkerrechtswidrigen Übernahme der Krim nicht mit Sympathien der deutschen Medien zu rechnen. Aber die Sache ist tatsächlich schwer zu durchschauen, wenn man weiß, wie Russlands Propagandamaschinerie ihrerseits versucht, Denkschablonen zu erzeugen, die die Realität verfälschen. Aufgabe der Medien wäre es, das Knäuel zu entwirren, und nicht als Speerspitze westlicher Gegenpropaganda zu fungieren.

Die TV-Berichterstattung machte die Dinge aber leider nicht transparenter. Sie war so einseitig, dass sie, was selten geschieht, sogar vom ARD-Programmbeirat kritisiert wurde. Zum Beispiel hatte ein Korrespondentenbeitrag der ARD Separatisten die Tötung von Zivilisten in der Ostukraine unterstellt. Tatsächlich waren die Schüsse aus den Gewehren ukrainischer Freiwilligen-Bataillone gekommen. Zuschauer entlarvten die Falschmeldung[4], der Chefredakteur entschuldigte sich. Gewiss, ein Einzelfall. Unter Zeitdruck unterlaufen nun einmal Fehler. Aber solche Fehler werden von Voreingenommenheit begünstigt.

Die Einseitigkeit der Fernsehberichterstattung aus der Ukraine wurde zum Thema. Etwa auch, als der Moderator des *Heute-journals* den Siemens-Vorstandschef Joe Kaeser befragte

»wie ein Strafgericht«, so FAZ-Herausgeber Frank Schirrma-cher. Kaeser hatte mitten im Krisengetümmel im Kreml mit Putin gesprochen, was ihm im Interview zum Vorwurf gemacht wurde. Es gehe offenbar nicht um den Nachrichtenwert des Besuchs, sondern um den Show-Wert der Sendung, dessen eigentlicher Star der Moderator sei. »Die Deutschen sollten nicht erfahren, was Kaeser in Moskau tat, sondern was Claus Kleber darüber denkt.«[5] Claus Kleber, einer der angesehens-ten Fernsehjournalisten, konnte der Debatte nicht entkom-men. Immerhin interviewte er später den ukrainischen Staats-präsidenten nicht rücksichtsvoller als den Siemens-Manager.

Wer der herrschenden Moral nicht folgt, wird im Fall der Ukraine gern als »Putinversteher« denunziert und hat es schwer, zu Wort zu kommen. Als Anfang Dezember 2014 eine beeindruckende Zahl Elder Statesmen, darunter der frü-here Bundespräsident Herzog, die Exkanzler Schröder und Schmidt sowie der ehemalige Außenminister Hans-Dietrich Genscher, aus Sorge um die Krise einen Aufruf veröffentlich-ten, wurde dies in den Nachrichtensendungen von ARD und ZDF zunächst ignoriert. »Wir appellieren an die Medien, ihrer Pflicht zur vorurteilsfreien Berichterstattung überzeugender nachzukommen als bisher. Leitartikler und Kommentatoren dämonisieren ganze Völker, ohne deren Geschichte ausrei-chend zu würdigen. (…) Es geht nicht um Putin. Staatenlen-ker kommen und gehen. Es geht um Europa. Es geht darum, den Menschen wieder die Angst vor Krieg zu nehmen. Dazu kann eine verantwortungsvolle, auf soliden Recherchen basie-rende Berichterstattung eine Menge beitragen«, hieß es in dem Aufruf, der den Fernsehzuschauern vorenthalten wurde.

Skandalös war die Begründung für die Nachrichtenunter-schlagung, vor allem wenn man bedenkt, wie das Fernsehen ansonsten dem alten weisen Mann aus Hamburg huldigt – wenn er denn ins Konzept passt. Das ZDF verteidigte sich damit, die Sendung hätte des folgenden Programms wegen verkürzt werden müssen. Nicht gestrichen worden war allerdings der ausführliche Sportblock. Da müsste schon die Welt untergehen, ehe auf diese quotenträchtige Zutat verzichtet würde. Auch die Krimifolge *Der Alte* war an diesem Tag nicht ausgefallen, wohl aber gleich das ganze *Heute-journal*, weil es der Jahresendshow von Markus Lanz weichen musste. Ähnlich die Ausrede der ARD. Im Ersten habe der pünktliche Beginn der quotenstarken *Tatort*-Wiederholung nicht gefährdet werden sollen. Auch so reichen sich Quotenwahn und Konformismus die Hand. Erst als das Verschweigen des Politikerbriefs auf Protest gestoßen war, erinnerten sich die Anstalten an ihre Informationspflicht.

Ein weiterer Grund, der Fehlinterpretationen begünstigt, ist auch das zunehmende Tempo der Information. Online-Medien sind einfach schneller. So verbreiteten sie beispielsweise unreflektiert alarmierende Berichte über einen lange zuvor geplanten und angekündigten Test einer atomaren Langstreckenrakete Russlands und interpretierten dies als Beleg für die sich angeblich dramatisch verschärfende Krise. Andere Medien übernehmen dies im Wettlauf darum, die Nase vorn zu haben. Hier käme dem öffentlich-rechtlichen TV eine wichtige Aufgabe zu: die der Verlangsamung durch Überprüfung, was man auch Qualitätscheck nennen könnte. Ich bin davon überzeugt, dass es vom Publikum honoriert würde.

Fehlleistungen sind neben der Geschwindigkeit und dem Wahn, der Erste sein zu müssen, der Konkurrenzsituation geschuldet. Online-Angebote begleiten das Geschehen nahezu in Echtzeit. »In der Krimkrise sieht man: Der Echtzeitjournalismus ist schneller als die Reaktionszeit für einen Atomangriff. Er wird dadurch zur Waffe«, so Frank Schirrmacher.[6] Recherche dagegen kostet Zeit, im Online-Journalismus schrumpft sie gegen null. Es kommt mehr auf den Lärm an, den ein Artikel macht, als auf Richtigkeit und Wichtigkeit. Denn Klicks bringen Reichweite, Aufmerksamkeit – und Werbegeld. Diese Tendenz spielt Denkschablonen in die Hand. Denn ohne Denkschablonen (Putin böse) wäre die Beschleunigung nicht so einfach. Denken kostet Zeit.

Die Medien haben auf ein vertrautes Denkmuster zurückgegriffen und einen neuen »Kalten Krieg« ausgerufen. Diese Denkschablone aus der Mottenkiste der Geschichte ist unzutreffend. Die Sowjetunion ist keineswegs auferstanden.

Die geläufigen Denkschablonen können sich durchaus widersprechen. Man muss nur genau hinschauen, um das zu verstehen. »Separatisten« in der Ostukraine werden verteufelt, wenn sie auf mehr Autonomie bestehen. Als aber Jugoslawien auseinanderfiel und schließlich im Bürgerkrieg versank, schlug das Herz der meisten Deutschen für die Separatisten aus Kroatien. Die waren »Freiheitskämpfer«. Damals galt das Selbstbestimmungsrecht als heiliges Recht, heute dagegen ist es die Unantastbarkeit der (ukrainischen) Grenze. Wo immer Grenzen neu gezogen oder gegen Abtrünnige verteidigt werden, sind Minderheiten das Opfer. Kroaten in Serbien, Serben in Kroatien, Russen in der Ukraine, Ukrainer auf der russischen Krim. Am Wichtigsten ist es deshalb, die Rechte der Minderheiten zu schützen. Dass die Welt am besten sauber in Nationalstaaten aufgeteilt sei, ist ebenfalls eine unausrottbare Denkschablone.

Ein anderes Beispiel ist der Palästina-Konflikt. Auch dort einseitige Berichterstattung aufgrund schablonenhafter Vorstellungen. Israels militärisches Eingreifen im Gazastreifen war in den deutschen Medien überwiegend als Angriff auf das Leben unschuldiger Kinder, Familien, auf Schulen und Krankenhäuser zu sehen. Die Macht der Bilder von zerstörten Häusern und toten und verletzten Zivilisten war ungleich stärker als die kaum sichtbare und schon gar nicht in beeindruckenden Bildern darstellbare Tatsache, dass die Hamas rund 3000 Raketen auf Israel feuerte, nur ein Viertel weniger als Israel auf den Gazastreifen. Und dass Israel in der Regel reagierte. Die Bilder aus Gaza aber emotionalisieren weit mehr als die tieferen Ursachen und die aktuellen Gründe des Konflikts. Dass die Hamas gegen »die Juden« kämpft, wie es in ihrer Charta heißt, und nicht ruhen will, bis »Allahs Flagge über jedem Zentimeter von Palästina weht«, dürfte eigentlich in keinem Bericht oder Kommentar fehlen. Doch selbst in den öffentlich-rechtlichen Nachrichten liefen viele Beiträge, die Israel als Aggressor erscheinen ließen, der vor allem auf die Zivilbevölkerung zielt.

Sprachschablonen

Denkschablonen sind auch Sprachschablonen, die bei der Medienwirkung eine wichtige Rolle spielen. Starke Indizien sprechen für die Theorie des Allensbacher Meinungsforschers Thomas Petersen. »Der Grundgedanke ist der, dass die Nutzer von Massenmedien in einem Prozess assoziativen Lernens, der mit dem aus der Tierverhaltensforschung bekannten Phänomen der klassischen Konditionierung vergleichbar ist, bestimmte, vorrangig von den Medien verwendete Sprachmuster mitsamt einem wertenden Beiklang aufnehmen. Dieser Beiklang wird aktiviert, wenn dieselben Sprachmuster in der privaten oder öffentlichen Diskussion verwendet werden, und prägt damit wesentlich die Richtung, in die sich die Diskussion bewegt.«[7]

Experimente bestätigen diese Theorie. Zwei inhaltlich gleiche, doch unterschiedlich formulierte Sätze wurden jeweils einer Gruppe von Versuchspersonen vorgelegt. Die Probanden sollten angeben, ob sie diesen Sätzen zustimmen oder nicht. Da beide Sätze den gleichen Inhalt haben, könnte man meinen, auch die Zustimmung zu beiden Sätzen sei gleich. So ist es aber nicht. Die Sprache entscheidet, nicht der Inhalt. Der in typischer Mediensprache formulierte Satz »In der Bundesrepublik ist der Generationenvertrag in Gefahr: Die Jüngeren werden als Zahlmeister für die Rentner und Pensionäre missbraucht« fand in seiner Testgruppe deshalb eine mehr als doppelt so hohe Zustimmung als in der anderen Gruppe die vergleichsweise sachliche Formulierung: »Die Jüngeren zahlen bei uns zu viel für die Älteren, die wachsende Zahl der Rentner und Pensionäre. Die Älteren leben auf Kosten der Jugend.«[8] Offenbar steigerten die dramatisierenden und emotionalisierenden Wörter »Gefahr«, »Zahlmeister«, »missbraucht« entscheidend die meinungsbildende Wirkung.

Blinde Gefolgschaft

Der Konformismus, ausgedrückt durch Anpassung an Denk- und Sprachmuster, wie ich sie beschrieben habe, ist eine beklagenswerte Degenerationserscheinung der Demokratie, weil er den Verzicht auf Meinungspluralität, also den Verzicht auf einen wesentlichen Aspekt von Freiheit, einschließt.

Wer sich konform verhält, ob als Produzent von Information oder als Rezipient, hat nichts zu befürchten. Wer sich nicht anpasst, kommt zu Sarrazin und Lewitscharoff in die Vorhölle. Konformismus, so der *Duden*, ist »eine Haltung, die durch Angleichung der eigenen Einstellungen an die herrschende Meinung, durch Anpassung an die bestehenden Verhältnisse gekennzeichnet ist«. Der Konformist möchte dazugehören. Er strebt nach Übereinstimmung. Die Normen und Gewohnheiten der Gesellschaft stellt er nicht infrage; er fügt sich ihnen.

Ist die Neigung zur Unterordnung – auch gegen alle Vernunft – das Ergebnis politischer Sozialisation oder gar angeboren? Wie ist blinde Gefolgschaft zu erklären? Wenn sich der Mensch als Mitglied eines Kollektivs versteht (Clan, Klasse, Nation), kann er sogar zum Mörder werden, wie experimentell bewiesen wurde. Stanley Milgram zeigte erstmals 1961 in Yale, dass Versuchspersonen auf Anweisung eines »Lehrers« bereit waren, anderen »Schülern« elektrische Schläge zu verpassen, um sie für kleine Fehler zu bestrafen. Die große Mehrheit der Probanden war bereit, Stromschläge bis zum Maximum von 450 Volt auszuteilen, nur ein gutes Drittel der Versuchspersonen brach vorher ab. Vielfache Wiederholungen und Variationen des Experiments bestätigten, dass das menschliche Gewissen durch Unterordnung ausgeschaltet werden kann.

Aber nicht nur die Moral verflüchtigt sich unter bestimmten Bedingungen, auch der vermeintlich gesunde Menschenverstand. Solomon Asch zeigte es 1951 in einem berühmten Experiment. Seine Versuchspersonen gaben, beeinflusst von fünf anderen, eingeweihten Mitgliedern ihrer Gruppe, falsche Antworten auf leichte Fragen. Sie sollten eine Gerade einer von drei anderen Geraden unterschiedlicher Länge zuordnen und entschieden sich gegen den Augenschein für die falsche, wenn diese auch von den anderen Gruppenmitgliedern gewählt wurde. Sobald jedoch nur ein einziger Abweichler in der Gruppe war, verlor die Mehrheit ihre Macht.

Konformismus richtet in Demokratien weniger Schaden an als in Diktaturen. Wir Deutschen sollten uns aber nicht allzu viel auf unser Gutmenschentum einbilden. Wir leben in einem freien Land. Und trotzdem sind wir offensichtlich nicht widerstandsfähiger gegen Anpassungsdruck als die Deutschen in den Jahren der nationalsozialistischen Diktatur und später in der DDR. Sich dem Konsensklima zu widersetzen wäre heute allerdings leichter als früher.

Gewiss: Ohne ein gewisses Maß an Konformismus kommen Gesellschaften nicht aus. Es ist durchaus ein Unterschied, ob eine Diktatur Anpassung erzwingt oder ob der Konformismus in der Demokratie Prinzipien des Rechtsstaats unterstützt. Aber auch in offenen Gesellschaften kann konformistisches Verhalten Fehlentwicklungen verursachen, etwa wenn die Masse der Marktteilnehmer irrationalem Verhalten folgt. So entstehen Blasen. Autonomie, das Gegenteil von Konformität, ist »wichtig für moderne, hochdifferenzierte Gesellschaften, weil nur so die Vielfalt komplexer Entscheidungsnotwendigkeiten bewältigt werden kann«.[9] Gerade in unübersichtlichen Zeiten wäre dies wichtig. Es ist aber eher umgekehrt: »Je größer die Unsicherheit, je ungewohnter die Situation, desto stärker die Übereinstimmung mit der Gruppe. Überhaupt suchen Menschen in unklaren Situationen nach Anhaltspunkten, an denen sie sich orientieren können.«[10] Ein hohes Maß an Konformismus deutet auf eine zunehmend verunsicherte Gesellschaft hin.

ZWEITER TEIL

Die Konformismusfalle

SECHS

Merkels Methode und weshalb sie Schule macht. Stimmungs-demokratie und postdemokratische Gängelei. Und wie aus konformistischer Politik ein Populismus der Mitte entsteht.

Die Verflachung des Politikdiskurses ist in den Medien wie in der Politik zu beobachten: Es handelt sich um Spiegelungen. Im folgenden Teil des Buches wende ich mich vorrangig der Politik zu. Zu zeigen ist, wie aus gefallsüchtiger Stimmungs-politik Populismus entsteht. Mainstreampopulismus ist dabei nicht zu verwechseln mit dem ideologischen Populismus an den Rändern des Parteienspektrums. Auch Populismus, der vermeintlich pragmatischer Politik entspringt, greift auf viel-fältige Weise die demokratische Substanz an.

Man könnte mit Margaret Canovan von »demokratischen Paradoxien« sprechen. »Es hängt auch mit den Darstellungs-formen und -techniken des in dieser Hinsicht besonders wich-tigen Fernsehens zusammen, die eine natürliche Affinität zur populistischen Ansprache entwickeln.«[1]

Diesen Mechanismus bezeichne ich als Konformismusfalle. Werfen wir zunächst einen Blick auf die derzeit stilbildende Figur der deutschen Politik, Angela Merkel. Sie erweckt gern den Eindruck, sich den Gesetzen des Medienbetriebs erfolg-reich zu entziehen. Von Entertainment kann bei ihr gewiss keine Rede sein. Doch genau besehen, ist der Politikstil der Kanzlerin perfekt an die Bedingungen der Mediendemokra-tie angepasst.

117

Als Privatperson bietet sie keine Angriffsfläche. So gut wie nichts gibt sie von sich preis, scheint frei von jeglichen Verfehlungen zu sein, äußert sich niemals unkorrekt, vermeidet angreifbare Extravaganzen, anrüchige Berührungen mit reichen Freunden und jeden Hauch einer Affäre. Merkel erregt selten Gefühle. Sie stellt die Heizkörper ab und spart Energie.

Doch lassen wir uns nicht täuschen. Auch sie spielt mit der Öffentlichkeit. Wie sie mit dürren Worten Dinge versimpelt, ist kein Gewinn für den demokratischen Diskurs, aber es zahlt sich für sie aus, das zeigen ihre Popularitätswerte.

Die Verzerrung der Realität

Am letzten Wahlabend 2013 feierten die Medien das Ergebnis als haushohen Sieg der Kanzlerin und kommentierten es wie einen Sportwettbewerb[2], bei dem es allein auf das in Zahlen zu fassende Resultat ankommt. Dass den Unionsparteien nicht viel zur absoluten Mehrheit fehlte, zählte am Ende nicht mehr viel, weil ihnen die FDP als Bündnispartnerin abhandengekommen war. Das Magazin *Focus* warf seinen Merkel-Titel auf den Markt: »Ich bin das Volk.« Das klang, als sei die Politikerin nun zum Souverän befördert worden.

Solcher Unsinn verrät die unkritische Anbetung von Erfolg, der im deutschen Journalismus weitverbreitet ist. Denn nicht viel anders tönten die meisten Sender und Blätter.

Doch Merkels »Triumph« entpuppte sich bei genauerem Hinsehen sogar als Machtverlust. Die SPD, geschlagen mit dem zweitschlechtesten Ergebnis ihrer Geschichte, verhandelte nun auf Augenhöhe mit der Kanzlerin und bestimmt seitdem den Regierungskurs gleichberechtigt mit.

Merkel jedoch ist berühmt und wird gerühmt für ihre geschickte Ausübung von Macht. Diese Denkfigur übersieht, dass Macht ihren Sinn verliert, sobald sie zum Selbstzweck wird und die politischen Ziele verloren gehen.

»The Most Powerful Woman In The World« nannte auch der *New Yorker* die Kanzlerin.[3] Doch die Bewunderung des Blattes ist vergiftet. »In einem Land, in dem leidenschaftliche Rhetorik und Machogehabe in den Ruin geführt haben, ist ihre analytische Sicht und ihr Mangel an Auftreten politische Stärke«, kommentierte der *New Yorker*. »Merkels Gewöhnlichkeit lässt ein wiedererstarktes Deutschland weniger bedrohlich erscheinen.« Frau Merkels Gespür für Macht oder Frau Merkels Gewöhnlichkeit?

Christdemokratische Politik kann, seit Angela Merkel ihre Partei auf Bundesebene anästhesiert, kaum noch definiert werden. Es mag sein, dass dieser Gestaltungsmangel in der CDU ignoriert wird. Der Vorsitzenden ist es gleichgültig, solange ihr die Zustimmung der Bevölkerung sicher ist. Kurt Biedenkopf, der frühere Generalsekretär der Partei, forderte zum 70. Geburtstag der Partei, sie müsse wieder lernen, Debatten zuzulassen. Aber solche Kritik kommt meist nur von ehemaligen Politikern.[4]

Die Mehrheit der deutschen Wähler wünscht Konsens in den wesentlichen Fragen. Faule Kompromisse stören ebenso wenig wie das Nichtanpacken großer, aber unbequemer Reformthemen. Dieser Wunsch des Publikums nach Harmonie verrät eine tief sitzende deutsche Aversion gegen politischen Streit. Angela Merkel und die Große Koalition vermitteln mit ihrer vordergründigen Einigkeit ein diffuses Wohlgefühl. Dazu wollen die meisten Medien doch gerne beitragen.

Auch ihre Partei leitet die Vorsitzende quasi überparteilich – ein Paradox, das nicht weiter auffällt, weil diese Partei kaum noch als lebendige demokratische Institution auffällt. Wie beim ZDF wird alles einem Ziel untergeordnet: der Marktführerschaft. Der Politikstil der Kanzlerin »funktioniert« in dem Sinn, wie auch ein Fernsehprogramm funktioniert, das nur eines soll, gute Quoten generieren. Deutschlands Medien passen also perfekt zum Politikverständnis dieser Bundeskanzlerin. Sie konkurrieren nicht um die beste, sondern um die vermeintlich beliebteste Lösung. Sie behandeln Wähler wie Konsumenten, nicht wie urteilsfähige Bürger. Sie betreiben Polit-PR.

Deshalb sind die Unterschiede zwischen den sogenannten Volksparteien quasi verschwunden. Verschwunden ist damit aber auch die Reibungsenergie, von der eine Demokratie lebt. Eine gefährliche Entwicklung.

Ein Trugbild von Führung

Ihrer Regierungschefin trauen die meisten Wähler in Deutschland viel zu, obwohl sie nicht wissen, was sie erwartet. Denn Angela Merkel schweigt gern. »Ich muss mir erst eine Meinung bilden«, sagte sie, als zu ihrem Missvergnügen doch noch beinahe eine Debatte über ein Einwanderungsgesetz ausgebrochen wäre. In einer der wichtigsten Fragen der Republik behauptete die Kanzlerin allen Ernstes, nicht zu wissen, was sie wolle.

Sie lässt ihre Entscheidungen am liebsten so lange offen, bis ihr hinreichend klar ist, auf welche Seite sie sich zu schlagen hat. Sie meidet den offenen Schlagabtausch. Wozu sollte sie ihn suchen, wenn es ihr nicht darauf ankommt, wofür. Sie hält die

Entwicklung mittel- und langfristig für nicht vorhersehbar, also nicht planbar. Das ist ihre oft als »naturwissenschaftlich« angepriesene Denkweise. Sie verfolgt kein großes Projekt, die reichlich verhunzte, reichlich populistische Energiewende vielleicht ausgenommen. Sie wurde von ihr nicht aus Überzeugung eingeleitet, was schon daran zu erkennen war, wie überhastet und planlos Merkel sie oktroyierte, als Offerte an die Grünen aus aktuellem Anlass (kurz vor der Wahl in Baden-Württemberg). Wo es um strategische Machtspiele geht, haben Visionen nichts zu suchen.

Merkels Unangefochtenheit beruht – inzwischen muss man wohl eher sagen: beruhte – geradezu darauf, Gestaltungsraum ungenutzt zu lassen. Gelegentlich füllen andere dieses Vakuum, wie im Fall des ehemaligen Verteidigungsministers zu Guttenberg mit der Abschaffung der Wehrpflicht. Die Kanzlerin stimmte zu, als ihr klar wurde, wie populär das Unternehmen selbst in der eigenen Partei war, der die Wehrpflicht doch einst als tragende Säule ihres konservativen Weltbilds gegolten hatte. Eine wirkungsvollere Reform in Merkels Amtszeit ist nicht bekannt.

Sie nennt »Pragmatismus«, was bei näherer Betrachtung die Weigerung oder auch Unfähigkeit ist, einen Standpunkt einzunehmen und für ihn zu kämpfen. Wie wenig hinter dieser Vortäuschung von Führung steckt, wurde im NSA-BND-Skandal erstmals deutlich. Merkel behauptete im Wahlkampf, sie verhandle mit den USA über ein No-Spy-Abkommen. Von Verhandlungen oder, wie behauptet, der Zusicherung eines solchen Abkommens konnte keine Rede sein, wie die zwischen Kanzleramt und Weißem Haus ausgetauschten Mails belegen, und die Kanzlerin wusste es. Merkels Alles-im-Griff-Attitüde entpuppte sich als Wahlkampfschwindel. Es ist mehr als eine Panne. Der Ruf als fehlerfreie Managerin hat kurz gelitten, und auch das erste ernsthafte Zerwürfnis mit dem Koalitionspartner SPD blieb folgenlos. Ihre Worte »Abhören unter Freunden geht gar nicht« und die Wirkungslosigkeit ihres Tuns klaffen auseinander.

Der gravierendere Fehler Merkels: Sie verweigerte die Kommunikation. Sie hätte das Dilemma erklären müssen. Es besteht zwischen der Abhängigkeit von den USA auf dem Feld der Sicherheit einerseits und der Verletzung deutschen Rechts andererseits. Was ist das höhere Gut? Darüber muss diskutiert werden, nicht geschwiegen.

Zum ersten Mal sank das Vertrauen in Angela Merkel deutlich, wenn auch nur vorübergehend.

Die Macht der Meinungsforschung

Das kann Angela Merkel nicht gleichgültig sein. Ist sie doch stets überaus bemüht herauszufinden, was die Bevölkerung denkt. Sie nimmt Umfragen für wichtiger als die – falls vorhanden – eigenen Überzeugungen. Darin ist sie stilbildend.

Dem Volk aufs Maul schauen, aber nicht nach dem Mund reden, war eine der Maximen von Franz Josef Strauß. Sein Nachfolger, CSU-Chef Horst Seehofer, macht es gerade andersherum. Sein unberechenbar geschmeidiger Populismus überfordert gelegentlich sogar die eigene Partei. Angela Merkel schaut dem Volk aber nicht nur aufs Maul, sondern lässt sich von Meinungsumfragen mehr als andere Regierungen zuvor leiten. Höchst vertraulich wird sogar ein »Eigenschaftsprofil Merkel« erfragt. Danach gilt sie als durchsetzungsfähig (78 Prozent), glaubwürdig (70 Prozent), bringt es allerdings im Fach Bürgernähe nur auf 50 Prozent. Sie reagierte prompt, ließ einen »Bürgerdialog« planen, um das Defizit auszubügeln. Wieder spielen Demoskopen eine wichtige Rolle. Es hilft die Forschungsgruppe Wahlen, die auch das ZDF beliefert. Sie testete Titel für die geplante Aktion. »Lebensqualität in Deutschland – was uns wichtig ist.« Oder: »Gut leben – Lebensqualität in Deutschland.« Oder besser: »Gut leben – Deutschland im Dialog.« Als Kompromiss kam heraus: »Gut leben in Deutschland – was uns wichtig ist.«[5]

Die Kanzlerin ließ sogar die Beliebtheit von Kabinettsmitgliedern erfragen. Es wäre – auf Kosten der Steuerzahler – gar nicht nötig gewesen. ARD und ZDF machen es im Monatsrhythmus. Wer ist die/der Beliebteste im Land? Nimmt Gabriels Wert zu oder ab? Um einen Prozentpunkt? Gleich um fünf? Rutscht Verteidigungsministerin von der Leyen der Sturmgewehre wegen von Platz fünf auf sieben? Popularitätszahlen haben allenfalls Unterhaltungswert. Dass sie im Kanzleramt für wichtig gehalten werden, ist ein Armutszeugnis.

In der Wahlperiode 2009 bis 2013 gab das Bundespresseamt rund 600 Umfragen in Auftrag, ließ unter anderem die Zustimmung zu Regierungsvorhaben messen, als handle es sich um die Einführung neuer Frühstücksmüslimischungen. Textpassagen der Demoskopen finden sich wörtlich sogar in Reden der Kanzlerin, wie Auswertungen des *Spiegel*[6] ergaben, etwa in der Rede zur Klimakonferenz in Kopenhagen 2009 oder zur Aussetzung der Wehrpflicht.

Gegen Politik, die auf breite Zustimmung stößt, ist nichts einzuwenden. Nur verfolgt Merkels Methode die falsche Reihenfolge. Richtig wäre, zuerst das Notwendige zu erkennen und dann dafür um Zustimmung zu kämpfen.

Die Wirkung von Umfragen auf die Gestaltung von Politik

kann enorm sein. Als Demoskopen wenige Wochen vor der letzten Volkskammerwahl der DDR im März 1990, der ersten demokratischen, einen Vorsprung der Sozialdemokraten voraussagten, war Helmut Kohl alarmiert. Undenkbar für ihn, dass nicht er, der *Kanzler der Einheit*, seine Partei und seine Marionette (Lothar de Maizière) belohnt werden könnten. In dieser Situation versprach er gegen den Rat vieler Experten, wie auch den des Bundesbankpräsidenten Pöhl, der daraufhin zurücktrat, die Währungsunion bereits zum 1. Juli 1990, zu einem für die Wirtschaft verheerenden Umtauschkurs von 1:1 für Guthaben, Gehälter und Pensionen. Das Wahlversprechen verfing, war freilich nichts anderes als Stimmenkauf. In dieser von patriotischen Gefühlen erfüllten, ja berauschten Wendezeit hatten jedoch die Medien ihre Aufgabe aus den Augen verloren und als kritische Instanz praktisch abgedankt. Eine Debatte über Kohls fundamentale Entscheidung fand nicht statt. Einzelne Mahner machten sich bei Kohl unbeliebt, etwa Bundespräsident Richard von Weizsäcker mit der Formulierung, Deutschland dürfe jetzt nicht »zusammenwuchern«.

Als wenige Jahre später nahezu die gleichen Fehler bei der überstürzten Einführung des Euro als Preis für die deutsche Einheit wiederholt wurden, Griechenland gegen den Rat der Fachleute unvorbereitet und ungeprüft in die Eurozone aufgenommen wurde, wiederholte sich das Spiel. Wer damals anderer Ansicht war, wurde als Gegner der europäischen Einigung diffamiert und abgetan. Die meisten Medien fügten sich erneut der konformen Stimmungslage.

Ein jüngeres Exempel für die Macht der Demoskopen bot Schottland. Eine einzige Umfrage löste ein gewaltiges politisches Beben aus. Sie sagte zehn Tage vor dem Referendum über die Loslösung Schottlands von England entgegen allen

Erwartungen den Vorsprung der Separatisten voraus. Ob die Umfrage zum Zeitpunkt der Veröffentlichung überhaupt ein korrektes Stimmungsbild wiedergab, lässt sich nicht verifizieren. Aber sie war äußerst wirksam. London reagierte nicht nur mit einer verstärkten Kampagne, sondern mit handfesten Zusagen an Schottland und entschied so den Ausgang des Referendums.

Nudging

Einen postdemokratischen Zug des Regierens verraten die Versuche mehrerer Regierungen, die Bevölkerung auf sanfte Weise zu beeinflussen. Das aus der Verhaltenspsychologie bekannte Verfahren heißt *Nudging*, zu Deutsch: Anstupsen. Die USA, Großbritannien und andere Länder betreiben damit zum Beispiel Kampagnen für gesündere Ernährung.[7]

Nudging ist eine Form der Gängelung, eine schwarze Pädagogik des Tugendterrors. Ohne demokratisch legitimierte Verbote oder Gebote sollen die Leute zu bestimmtem Verhalten gedrängt werden. Die Manipulation dient dem vermeintlich Richtigen. Regierungen maßen sich an, das Volk zu erziehen.

Sie stützen sich auf die Erkenntnisse des Psychologen und Ökonomienobelpreisträgers Daniel Kahneman. Seine Lehre vom irrationalen Handeln der Marktteilnehmer und deren Fähigkeit, das eigene Unwissen zu ignorieren, hat das neue Gebiet der Verhaltensökonomie begründet. Nun werden die Methoden in die politische Praxis übertragen. Der politische Führer leistet keine Überzeugungsarbeit, sondern greift zu Psychotricks. Angela Merkel hat eine spezielle Nudging-Arbeitsgruppe im Kanzleramt gegründet, die von einer ihrer engsten Vertrauten geleitet wird. Wäre es nicht vornehmste Aufgabe eines kritischen politischen Journalismus, dieses Thema auf die Agenda zu setzen? Außer an eher entlegenen Stellen ist diese neue wissenschaftsbasierte Form der Manipulation weder berichtet noch kommentiert noch diskutiert worden. Weil es zu komplex ist und keine Quote verspricht? »Der Bürger wird wie ein Schaf behandelt, wie jemand, den man von außen steuern muss, dem man keine vernünftige Entscheidung zutraut«, urteilt der Psychologe Gerd Gigerenzer, Direktor am Max-Planck-Institut für Bildungsforschung.[8] Statt also zum Beispiel Frauen über Nutzen und Schaden der Mammografie zu informieren, bekommen sie zum 50. Geburtstag automatisch eine Einladung zum Screening.

Postdemokratie

Nudging, Regieren mithilfe von Umfragen statt offener Debatten im Parlament: Es sind Anzeichen einer »Erosion der Parteiendemokratie«[9], für die Colin Crouch den weltweit gebräuchlichen Begriff der »Postdemokratie« geprägt hat. »Die Demokratie kann nur dann gedeihen, wenn die Masse der normalen Bürger wirklich Gelegenheit hat, sich durch Diskussionen und im Rahmen unabhängiger Organisationen aktiv an der Gestaltung des öffentlichen Lebens zu beteiligen – und wenn sie diese Gelegenheiten auch aktiv nutzt.«[10] Unter *Postdemokratie* versteht der britische Politologe Regierungshandeln, das von Experten und Lobbyisten bestimmt wird, während die politische Debatte im Wahlkampf zum »reinen Spektakel verkommt, bei dem man nur über eine Reihe von Problemen diskutiert, die die Experten zuvor ausgewählt haben. Die Mehrheit der Bürger spielt dabei eine passive, schweigende, ja sogar apathische Rolle, sie reagieren nur auf Signale, die man ihnen gibt. Im Schatten dieser politischen Inszenierung wird die reale Politik hinter verschlossenen Türen gemacht: von gewählten Regierungen und Eliten, die vor allem die Interessen der Wirtschaft vertreten.«[11] Crouch ist davon überzeugt, dass sich Politik schon weit in diese Richtung entwickelt hat.

Er weist darauf hin, dass wahre Demokratie am ehesten nach tiefen Krisen oder nach Einführung von Demokratie zu finden sei. Nach dem Krieg war das in der Bonner Republik allerdings nicht sofort mustergültig der Fall; in den neuen Bundesländern nach 1990 ebenfalls nicht. Die DDR hatte sich der saturierten Bundesrepublik angeschlossen. Aus der Wende zog die Demokratie im Westen Deutschlands kaum Dynamik. Der Prozess der Desillusionierung verlief im Osten rasch, wie die schwächere Wahlbeteiligung beweist. Crouch spricht allgemein von »Entropie der Demokratie«[12] – Energieverlust. Die politische Klasse ist von Ansehensverlust und Apathie der Wähler zwar verunsichert, aber Möglichkeiten, wie man unsere schon einmal viel lebendigere Demokratie wiederbeleben könnte, werden nicht diskutiert.

Leitbild Merkel

Noch dominiert Angela Merkel nicht nur ihre Partei. Sie wirkt, wie gesagt, stilbildend weit ins gegnerische Lager hinein. Vor allem in den Bundesländern ist dies zu sehen. Von farblosen Technokraten werden sie regiert, durchaus erfolgreich, wie Olaf Scholz in Hamburg zeigt. Der Wahlsieger von Hamburg gilt als »Merkel der SPD« und wurde bereits als Kanzlerkandidat ins Spiel gebracht.

Früher waren die Ministerpräsidenten eine Riege begabter Anwärter für höhere Aufgaben. Kiesinger, Brandt, Kohl, Schröder waren Ministerpräsidenten, ehe sie Kanzler wurden. Heute regieren in den Ländern Sachwalter, deren Namen von wenigen Ausnahmen abgesehen kaum über ihre Landesgrenzen hinaus bekannt sind.

Brave, ordentliche, verlässliche, unaufgeregte Normalos machen das Rennen. Der nette grüne Landesvater Kretschmann ist in Baden-Württemberg auch in der bürgerlichen Mitte populär. Niemand muss sich vor dem netten Linken Bodo Ramelow fürchten, einem Gewerkschaftsfunktionär und Kind der Bonner Republik, der Ministerpräsident von Thüringen wurde und wie einst der SPD-Kanzlerkandidat Johannes Rau versprach, »versöhnen statt spalten« zu wollen. Es ist das Lieblingsmotto des unpolitischen Deutschen. Demokratie lebt aber davon, Unterschiede auszutragen.

Nachgeahmt wird, wie die Kanzlerin Politik entpolitisiert. Parteiübergreifend hat sich ihre Konsenskultur ausgebreitet. Inzwischen geht die Merkel-Begeisterung sogar so weit, dass Schleswig-Holsteins SPD-Ministerpräsident Torsten Albig seiner Partei empfiehlt, bei der nächsten Wahl keinen eigenen Kanzlerkandidaten mehr aufzustellen: Lasst das mal die Merkel machen, »sie macht das ganz ausgezeichnet«.[13] Bis zur Suspendierung der Demokratie reichen also bereits die Vorschläge der Konformisten.

Die Medien leben zwar auch von politischen Auseinandersetzungen, doch sie bewerten Konflikte prinzipiell als negativ. Parteichefs, die Streit zulassen, werden schnell als führungsschwach kritisiert. Die Mehrheit der Wähler sieht im Trennenden Gefahr, in allem Verbindenden Fortschritt. Die generelle Diffamierung von Streit befördert den Hang zum Konformismus.

»In Deutschland ist der Konsens so stark«, urteilt *der New Yorker*[14], »dass neue Gesetze ungehindert durchs Parlament fließen und bedeutende Debatten so gut wie verschwunden sind.« Dies ist nicht nur darauf zurückzuführen, dass die Große Koalition über mehr als 80 Prozent der Sitze verfügt. Es ist wohl auch eine Frage der Mentalität.

Das alternative Milieu und die FDP

Diese Mentalität ist nicht auf die Mitte beschränkt. Die Neigung zum Konformismus ist selbst in einstmals alternativen Milieus zu beobachten. Dessen Positionen, vom Atomausstieg bis zur Homo-Ehe, sind ja auch konsensfähig geworden.

Die »Alternativen« richten sich bequem in ihren Vorstellungswelten ein, auch weil sie nicht mehr infrage gestellt, nicht mehr umkämpft sind. Der aus der Frankfurter Pflasterstrandszene stammende Journalist Reinhard Mohr attackierte die »Heuchelei« eines »spießigen linken Mainstream«, der befallen sei vom »Morbus Kreuzberg. Denkfaulheit im fortgeschrittenen Stadium«.[15] Es herrsche generell ein Meinungsklima, das der politischen Streitkultur abträglich sei. »Der wohlmeinende Gestus, der alle Konflikte durch den reinen Willensakt, gut zu sein, einebnen will, verträgt keinen Widerspruch mehr.« Mohr schließt daraus: »Es sind die Identitätsprobleme einer satten Gesellschaft, die ihren Ort in der Geschichte nicht mehr findet, die Zukunft fürchtet und sich in Ersatzhandlungen flüchtet. Deshalb sind viele gar nicht mehr in der Lage, die wirklichen Bedrohungen unserer demokratischen Freiheiten (…) überhaupt zu erkennen.«

Konformismus schwillt an, wenn Ideologien keine Rolle mehr spielen. »Die Heutigen verbergen unter ihrer Toleranzmaske die Unfähigkeit, eine Haltung einzunehmen.«[16]

Ironischerweise wurde ausgerechnet jene Partei, die jahrzehntelang die Mitte schlechthin verkörperte und davon profitierte, Zünglein an der Waage zwischen den großen Volksparteien zu sein, vom herrschenden Konformismus am stärksten getroffen. Weil es keine Lager mehr gibt, ist das Zünglein überflüssig.

Ich will hier nicht das Schicksal der FDP bejammern. Programm und Personal der Partei tragen Mitschuld am Abstieg. Die FDP beging zudem den fatalen Fehler, ausgerechnet im konsenspflichtigen Zentralmotiv deutscher Befindlichkeit, der sozialen Gerechtigkeit, vom konformen Mainstream abzuweichen. Von so gut wie allen Mainstreammedien wurde die FDP als herzlose, unsoziale Randgruppe hingestellt, als eine Art alternative Szene. Wer sich als FDP-Wähler outete, bekam den Vogel gezeigt und erntete bestenfalls Kopfschütteln.

Mit der Sexismuskampagne gegen ihren Spitzenkandidaten Brüderle verkam die FDP endgültig zum Running Gag billiger Politsatire. Daran hat sich nicht so viel geändert. Die Beine der Hamburger Spitzenkandidatin Katja Suding schienen den meisten Medien vorzeigbarer als die Politik der FDP. Der Unterschied war nur, dass sich diesmal die Medien selbst sexistisch verhielten. Die FDP legte wieder zu. Wegen der Beine? Die optische Wirkung einer jungen Spitzenkandidatin Lencke Steiner half ihr jedenfalls auch in Bremen.

Was war früher anders und warum?

Frühere Kanzler standen für große Entscheidungen, ihre Namen für Leitgedanken. Adenauer war der Kanzler der Westbindung, Erhard der Vater des Wirtschaftswunders, Brandt verkörperte Entspannung, Schmidt galt als Weltökonom in schwieriger Zeit, Kohl ist Einheitskanzler und Schröder Sozialreformer. Was wird das Label von Angela Merkel sein? Nach der Methode Merkel wären weder Wiederbewaffnung noch Westbindung noch Marktwirtschaft im zerstörten Deutschland durchzusetzen gewesen, auch nicht Schröders Reformen, von der ihre Regentschaft bis heute profitiert.

Eine gern gestellte Frage lautet: Warum gibt es keinen Politiker mehr von der Strahlkraft Willy Brandts? Fackelzüge, Tränen zu seinem Rücktritt. Seine Anhänger liebten ihn, während ihn seine Gegner verunglimpften. Er zeigte menschliche Schwächen, die ihn am Ende stürzen ließen, doch hängte er seine Fahne nicht in den Wind. Er betrieb das Schwierige, kaum Denkbare, die Beendigung des Kalten Kriegs durch Entspannung.

Brandt war links und antikommunistisch. Weiß jemand noch, was das in dieser Kombination bedeutet hat? Brandt hat polarisiert. Heute polarisiert kein Spitzenpolitiker der Mainstreamparteien. Angela Merkel könnte, diesen Eindruck vermittelt sie, auch in der SPD oder bei den Grünen Karriere gemacht haben. Sie zeigt, was Jürgen Habermas »demoskopiegeleitete Machtpragmatik« genannt hat, »die sich aller normativen Bindungen entledigt hat«.[17] Der Pragmatismus der postideologischen Zeiten ist ein anderer Pragmatismus als der des Kalten Kriegs. Damals bedeutete Pragmatismus den Vorrang der Vernunft. Heute bedeutet »Pragmatismus«

Gefallsucht. Den programmatischen Kern von Politik kann Pragmatismus nicht ersetzen. Wenn Überzeugungen fehlen, ist Pragmatismus ein Mittel der Entpolitisierung. Die Medien fordern Überzeugungen nicht hinreichend ein, wie sollten sie auch, folgen sie doch selbst eher Stimmungen. »In dem Maße, wie die Politik ihr gesamtes Handeln von der Konkordanz mit Stimmungslagen abhängig macht, denen sie von Wahltermin zu Wahltermin hinterherhechelt, verliert das demokratische Verfahren seinen Sinn. Eine demokratische Wahl ist nicht dazu da, ein naturwüchsiges Meinungsspektrum bloß abzubilden; vielmehr soll sie das Ergebnis eines öffentlichen Prozesses der Meinungsbildung wiedergeben. Die in der Wahlkabine abgegebenen Stimmen erhalten das institutionelle Gewicht demokratischer Mitbestimmung erst in Verbindung mit öffentlich artikulierten Meinungen.«[18]

Zu Helmut Schmidts und Willy Brandts Zeiten standen Blöcke und Ideologien einander gegenüber. Die Wähler änderten ihre politischen Vorlieben nicht nach Laune. Die meisten Wähler hingen einem Lager an; diese »Stammwähler« mussten nur mobilisiert werden. Mit dem Ende der ideologischen Konfrontation nahm die Zahl der Stammwähler dramatisch ab, die der Wechselwähler zu.

Grundlegende Entscheidungen, die nach der totalen Katastrophe der Naziherrschaft getroffen wurden, waren zunächst nicht konsensfähig. Adenauer setzte die Westbindung durch, Ludwig Erhard kämpfte für die Marktwirtschaft gegen die vorherrschende Stimmung in der Bundesrepublik. Heute wagt die Regierung nichts, was nicht von vornherein konsensfähig wäre.

Es ist aber die erste Aufgabe demokratischer Politiker, regierender wie opponierender, Überzeugungsarbeit zu leisten, die Bürger mit der Komplexität und Tragweite schwieriger

Entscheidungen vertraut zu machen. Es ist nicht Aufgabe der Parteien, den Wählern unangenehme Fragen zu ersparen. Wie tüchtig ein Gemeinwesen ist, zeigt sich nicht darin, wie populär seine führenden Politiker sind.

Charisma und Leidenschaft

Zeigt Angela Merkel, wenn schon keine Leidenschaft in der Sache, so doch wenigstens Charisma? Max Weber beschrieb Charisma als fundamentale Eigenschaft politischer Führung. Das Volk vertraut dem charismatischen Führer, folgt und verehrt den, der mit großen Gesten und mitreißenden Reden überzeugt.

In der Mediendemokratie müssten es charismatische Politiker eigentlich leicht haben. Freiherr Karl-Theodor zu Guttenberg zum Beispiel: Dank der Medien, die kräftig halfen, ihn zum Charismatiker zu stilisieren, schaffte er es in Rekordzeit zum aussichtsreichen Kanzleraspiranten. Der märchenhafte Aufstieg des Selbstdarstellungstalents wurde von der Plagiatsaffäre gestoppt. Ob jemand eine Doktorarbeit selbstständig verfasst hat, sagt nichts über dessen politisches Talent aus. Doch erschien er nun als halbseidener Karrierist.

Nicht nur sein Aufstieg, auch sein Fall folgte der Dramaturgie des Showgeschäfts: Guttenberg wurde so maßlos geschmäht, wie er zuvor maßlos überschätzt worden war.

»Eine Demokratie wird erst dann richtig lebendig, wenn die schöpferische Kraft des Charismas zusätzliche Kräfte mobilisiert und sie vor Teilnahmslosigkeit und innerer Abkehr schützt. (…) Charisma kann Leidenschaft freisetzen und ist damit Bedingung für eine Politik, die wirklich etwas bewegen und nicht nur den eigenen Machterhalt sichern will. Wir brauchen mehr davon.«[19]

Wichtiger als Charisma sind Leidenschaft, Mut und Risikobereitschaft. Haltung zu zeigen ist schwieriger, als Haltung gegenüber Stimmungen einzunehmen. Gerhard Schröder hatte die Kanzlerschaft vorzeitig eingebüßt, aber das Richtige für sein Land getan. Die Lehre, die Merkel und die Parteien ihrer Koalition aus Schröders Wahlniederlage gezogen haben, lautet nur: Wer reformiert, verliert.

Die Defizite der Streitkultur erklären, weshalb der greise Helmut Schmidt ungleich beliebter ist, als er es jemals als Kanzler gewesen ist. Er steht für jene Leidenschaft, ohne die Demokratie nicht lebendig bleiben kann. Seine Amtszeit markierte das Ende der goldenen Jahre der Bonner Republik. Arbeitslosigkeit, Staatsverschuldung, Inflation. Der »Weltökonom« geriet in die Energiekrise. Doch ist dies vier Jahrzehnte her und so gut wie vergessen. Schmidt ist noch da und klingt, als könne er die Welt erklären. Seine Nachfolger versuchen es nicht einmal.

Jeder Rauchkringel, den Schmidt aufsteigen lässt, wird als Signal von Widerspenstigkeit begrüßt. Dabei hat er nichts zu sagen, was außergewöhnlich widerspenstig wäre. Nur der Ton ist ein anderer als der, den wir gewohnt sind. Insofern passt auch Schmidt in die Talkshowkultur.

Ein seltsames Gemisch aus Selbstgefälligkeit und Selbsttäuschung hat Deutschland erfasst – »wo die Illusion fortbesteht, dass in der besten aller möglichen Welten alles zum Besten bestellt«[20] sei. Angela Merkel ist die Kanzlerin dieser Illusion. Die Mehrheit der Deutschen will nicht behelligt werden von Politik. Sie hängt der falschen Vorstellung an, Demokratie sei etwas für Politiker, eine Art Dienstleistung. Deshalb folgt sie

dieser Kanzlerin. Allerdings geht auch die sinkende Wahlbeteiligung auf das Konto dieses Politikstils.

Populismus der Mitte

Die Lage der Nation spielt Populisten in die Hände. Noch
sind sie hierzulande nicht erfolgreich. Die »Alternative für
Deutschland« demontierte sich selbst. Die Linke sucht den
Anschluss zum Mainstream. Mit offener Hintertür zum Links-
populismus. Man weiß ja nie, wie sich die Zeiten ändern.

Der Begriff *Populismus* wird meist in Verbindung mit der
Vorsilbe »*Rechts-*« oder »*Links-*« benutzt. *Rechtspopulistisch*
ist die Front National in Frankreich, das demokratisch ge-
wählte Regime Ungarns, sind Parteien in vielen europäischen
Ländern. Fremdenfeindlichkeit, Rassismus, Nationalismus finden in ihnen Resonanz. Aber auch *Linkspopulisten* sind auf
dem Vormarsch. Sie regieren in Griechenland und könnten
auch in Spanien ans Ruder kommen.

Die Griechenlandkrise schwelt seit Jahren. Aber sie eska-
lierte erst mit der Wahl der linkspopulistischen Syriza in Koalition mit Rechtspopulisten. Der Marxist Tsipras brachte europäische Partner und Geldgeber auch mit nationalistischen
Sprüchen auf die Palme: »Die Würde des griechischen Volkes im Angesicht von Erpressung und Unrecht sendet eine
Botschaft der Hoffnung und des Stolzes nach ganz Europa.«
So lächerlich das tönt, hier zeigt sich, welche katastrophale
Auswirkungen es auf ganz Europa haben kann, wenn in einzelnen Mitgliedsländern Populisten ans Ruder kommen, die
die Grundlagen der Gemeinschaft nicht verstehen und deren
Spielregeln nicht akzeptieren.

Populistische Flügelparteien sprechen rechts wie links die Emotionen angstbesetzter Wähler an. Populisten beantworten irrationale Ängste nicht mit rationalen Argumenten. »Populismus ist eine von Opportunismus geprägte, volksnahe, oft demagogische Politik, die das Ziel hat, durch Dramatisierung der politischen Lage die Gunst der Wähler zu gewinnen.« Gemessen an dieser Definition des *Duden*, sind die Regierungsparteien der Berliner Republik zweifelsfrei nicht populistisch. Doch sind sie damit auch schon über jeden Zweifel erhaben?

Wo Demokratie ist, findet sich immer mehr oder weniger auch Populismus. Schon Alexis de Tocqueville hat über diesen Geburtsfehler der Demokratie aus den frühen USA berichtet. Populistische Elemente sind im Regierungsstil fast aller westlichen Demokratien zu beobachten. Wenn Angela Merkel ihren Politikstil an den Befindlichkeiten einer politikmüden und harmoniesüchtigen Wählerschaft ausrichtet, verhält sie sich aber durchaus populistisch. Es ist ein Populismus der Mitte.

Dieser Mainstreampopulismus dringt »gleichsam von innen her in das System«. Er kommt dann ohne lautstarken Protest aus, »wird selber zu einer Regierungs- und Herrschaftstechnik, die als solche auch bewusst eingesetzt werden kann«.[21] Populistische Führer versuchen, Institutionen wie Parlamente zu umgehen und direkt die Bevölkerung zu beeinflussen.

Je konformistischer eine Gesellschaft ist, desto besser für die Populisten der Mitte. Gefallsüchtige Medien spielen ihnen in die Hände. Etwa durch den Hang zur Personalisierung. Die Überschätzung Angela Merkels ist auch eine Folge der Fokussierung auf sie; und häufig geschieht dies im Bewunderungsmodus.

Warum verehren viele Journalisten die Macht? Vom vermeintlichen Glanz der Mächtigen fällt ein Schein auf die, die sich in ihrer Nähe aufhalten dürfen.

136

Die nicht zuletzt medial erzeugte Popularität Angela Merkels wirkt sich auch negativ auf die innerparteiliche Demokratie aus. Populäre Politiker gewinnen, so der Politologe Frank Decker, »die Möglichkeit, sich von ›ihren‹ Parteien zu emanzipieren. Die plebiszitäre Transformation bleibt insofern nicht auf der Außenseite des Parteienwettbewerbs beschränkt. Sie spiegelt sich auch im Inneren der Parteien wieder, die führungslastiger werden und ihrer elektoralen Funktion alle weiteren Ziele unterordnen.«[22]

Daraus folgt: Popularisierung und Populismus sind miteinander verwandt. »Es hängt auch mit den Darstellungsformen und -techniken des in dieser Hinsicht besonders wichtigen Fernsehens zusammen, die eine natürliche Affinität zur populistischen Ansprache entwickeln. Für die politischen Akteure kann es sich also lohnen, ›in Populismus zu machen‹, wenn sie ihre Unterstützungsbasis verbreitern wollen.«[23]

»Das mühsame Procedere der Demokratie« hat »unter den Gesetzen der Medienwelt kaum eine Chance«, meint der Politologe Thomas Meyer. »Der Druck der Bedienung des breitestmöglichen Massengeschmacks in Verbindung mit der Verführung zur Steigerung der Dosis, damit die Wirkung aufrechterhalten werden kann, führt vor allem im Fernsehen und in den Boulevardprintmedien zu einer Rutschbahn der Mediokrität und der Infantilisierung der Kommunikationsangebote, die dem Populismus in die Hände arbeitet.«[24]

So werden Journalisten zu Erfüllungsgehilfen des Mainstreampopulismus der Politiker, die sie eigentliche kontrollieren sollten. Sie gehorchen denselben Mechanismen. »Je mehr der Markt entscheidet, was medialer Erfolg ist, umso mächtiger wird der Drang zur populistischen Oberfläche in Politik und

Massenmedien.«[25] Anders ausgedrückt: »Die reine Unterhaltungsdemokratie hört auf, Demokratie zu sein.«[26]

Beide, Politik wie Medien, handeln sich auf diese Weise allerdings Probleme ein. Demokratie kann nur funktionieren, wenn der Souverän Grundvertrauen in die Lösungskompetenz der Gewählten besitzt. Schwindet dieses Vertrauen, wächst das Misstrauen gegenüber der Politik insgesamt. Lösungen bleiben aus, die zu lösenden Probleme werden größer.

Doch wer soll das Gespräch zwischen Wählern und Gewählten offen halten, wenn nicht die Massenmedien? Doch diese sind, wie oben vorgeführt, selbst vom Misstrauen der Rezipienten betroffen. Medienverdrossenheit ist Teil der Politikverdrossenheit geworden. Die aber kann eines Tages auch einmal einem Populisten vom Rand der politischen Landschaft zugutekommen.

SIEBEN

Ursachen des Konformismus: Die soziale und die kulturelle Spaltung der Gesellschaft. Weshalb alles gleichgültig ist, wenn alles gleich gilt. Risiken und Ungewissheiten. Der Preis der Freiheit.

Halten wir fest: Die Gefallsucht der Medien und der Konformismus der Politik verursachen einen Populismus der Mitte, der für die Kreislaufschwäche der Demokratie verantwortlich ist. Ein Vergleich aus der Kardiologie bietet sich durchaus an. Werden Herzkranzgefäße durch Ablagerungen verschlossen, kann der Herzmuskel nicht mehr ausreichend mit Blut versorgt werden. Es droht Herzflimmern, schlimmstenfalls Herzstillstand. Der ist das Ende einer meist langen, oft unbemerkten Krankheit, die begünstigt wird von falschen Lebensweisen wie Bewegungsarmut und falscher Ernährung. Auch die sklerotischen Verengungen im Blutkreislauf der Demokratie spüren wir nicht oder wollen sie nicht zur Kenntnis nehmen. Wir bewegen uns zu wenig. Vor allem im Kopf. Alles soll bleiben, wie es ist, und bloß nicht infrage gestellt werden. Konflikten gehen wir lieber aus dem Weg. Die saturierte, vom Wohlstand ermattete Gesellschaft ernährt sich zu fett. Bei der nächsten außergewöhnlichen Belastung kann es zum Herzflimmern kommen.

Das Weltgeschehen um uns herum beäugen wir mit Argwohn und wachsenden Ängsten. Ebola. Islamischer Staat. Flüchtlingselend. Klimawandel. Putin. Obamas Überwachungsstaat. Können wir uns das alles vom Leib halten?

Der Blutkreislauf der Demokratie: Das sind die für eine brauchbare Streitkultur notwendigen Informationen, das Wissen um und über die zu verhandelnden Dinge. Ohne sie stockt der Diskurs. In diesem Bild übernehmen die Medien die Energieversorgung. Informationen sind die Nährstoffe. Aber wir ernähren uns falsch.

Zur Lage der Nation gehört weit mehr als das, was Politiker in den einschlägigen Berichten und Debatten zur Lage der Nation anführen. Wie steht es nicht nur mit der inneren Stabilität, sondern auch mit der geistigen Beweglichkeit des Landes, seiner Änderungsbereitschaft?

Das, was gemeinhin *Politikverdrossenheit* genannt wird, ist in Wahrheit ein Unbehagen am Wandel und dem damit verbundenen Mangel an Konfliktbereitschaft. Wohin das führt, haben wir gerade gesehen.

Unter der ungelüfteten Filzdecke selbstzufriedener Liebe zum Konsens nisten Spaltpilze. Konformismus ist auch Wegsehen und Verdrängen, Einigeln statt Aufstehen. Die Frage ist nun, was sind die tieferen Ursachen des Konformismus. In diesem Kapitel versuche ich, Antworten zu geben.

Es erscheint zunächst als Paradox, über Konformismus und zugleich über verhängnisvolle Spaltungen der Gesellschaft zu klagen. Ist Konformismus nicht das Gegenteil von Spaltung, nämlich ein Höchstmaß an Übereinstimmung?

Der Konformismus der Deutschen hat gute und weniger gute Seiten. Die geradezu dogmatische Verehrung der sozialen Gerechtigkeit beispielsweise ist insgesamt nicht zu verachten – auch wenn sie die Dynamik beeinträchtigt und nicht immer nur der Gerechtigkeit dient. Einheitlichkeit ist das eine. Einfalt das andere.

Ein lebendiger Diskurs setzt voraus, dass ein möglichst großer Teil der Bevölkerung an ihm teilnehmen oder ihm zumindest folgen kann. Das Verständnis für die Komplexität der Dinge ist aber nicht nur eine Frage der Informiertheit. Verstehen ist eine Funktion von Bildung. Fehlt es an Bildung, wird Politik eine Angelegenheit von Interessengruppen und von Eliten.

Ein eingebildeter Konsens: Europa

Ein Beispiel: Europas Zukunft ist eine für die Zukunft Deutschlands entscheidende Größe. Es scheint ein hohes Maß an Konsens zu herrschen. Denn das steht in unserem Selbstbild unverrückbar fest: Wir sind Mustereuropäer!

Wir wissen aber auch, dass der europäische Diskurs nicht gründlich und offen geführt wird. Wenn überhaupt, dann ist dieses Europa die Herzenssache politischer, wirtschaftlicher und kultureller Eliten, wozu auch die Qualitätspresse zählt. Was das »gewöhnliche Volk« denkt, spielt so gut wie keine Rolle. Es wird nicht gefragt. Zum Glück, sagen die Eliten, sind Volksabstimmungen nicht vorgesehen.

Aber genau daran krankt das große Projekt. In Leichtbauweise, gefüllt mit entzündlichen Gasen, steigt es über den Köpfen auf und zieht über die Köpfe hinweg. Es kann explodieren wie einst das Luftschiff Hindenburg. So denkt die Menge und duckt sich weg.

Die Eliten aber denken gar nicht daran, die Masse der Bevölkerung in die Konstruktionspläne einzuweihen. Vielmehr sind sie gefangen von der Furcht, die Hoheit über dieses Projekt zu verlieren. Der offizielle, parteiübergreifende Eurokonformismus lähmt den Diskurs.

Das sieht dann so aus: Die Kanzlerin sprach, es ist Jahre her, den schlichten Satz: »Scheitert der Euro, scheitert Europa.« Damit war die Debatte schon so gut wie abgewürgt. Merkel erntete kaum Widerspruch. Dabei ist doch gar nicht gewiss, ob der Euro scheitern würde, wenn Griechenland aussteigen müsste. Sollte nicht eher von einem Scheitern gesprochen werden, wenn keine Korrektur und Reparatur der Eurozone erlaubt ist? Weshalb überhaupt Europa ganz und gar an eine Währungsfrage knüpfen? Fragen über Fragen. Aber nur eine zugelassene, nicht einmal richtig ausdiskutierte Antwort darauf. Es fiel auch in der Grexit-Debatte auf, wie die Medien das so schwer Beurteilbare mit schlichter moralisierender Rhetorik beurteilten. Fortwährend wird der Begriff »Rettung« strapaziert. Dabei ist gar nicht klar, was wie gerettet werden soll. Der Euro? Griechenland? Nur das eine? Oder beides? Würde der Austritt Griechenlands beides retten? Erklärt wird wenig, verurteilt schnell. Ebenso wenig ist klar, ob nur die Griechen demokratische Legitimität beanspruchen dürfen – obwohl doch das Ergebnis der Volksabstimmung von der griechischen Regierung ad absurdum geführt wurde. »Spardiktat« oder »europäische Solidarität«: falsche, propagandistische Alternativen lärmten durch die Programme. Man kann nicht behaupten, die deutschen Medien seien der Komplexität gewachsen gewesen. Und so lief die Entscheidung sowohl an den griechischen Wählern wie an den deutschen Fernsehzuschauern verwirrend undurchschaubar vorbei. Weil das Projekt »Europa« im Wesentlichen von Eliten betrieben wird, ist das Gefühl verbreitet, die Bevölkerung habe nichts mehr zu melden. Es sind nicht allein die institutionellen Mängel Europas, die am Demokratiedefizit schuld sind, wie immer behauptet wird. Der Demokratiemangel ist weitgehend hausgemacht und liegt in der miserablen

Streitkultur begründet. Die Bevölkerung wird abgespeist mit dem Stehsatz vom Frieden, den europäischen Werten und dem alternativlosen Euro. Dabei kann nur das Desinteresse herauskommen, das dem Unverständnis folgt.

Erst dem Sieg der linkspopulistischen Regierung in Griechenland ist es ironischerweise zu verdanken, dass es in Deutschland nun doch eine Art Europadiskurs gibt. Er ist den Deutschen aufgezwungen worden, was sie als höchst unangenehm empfinden. Auf das Fiskalische reduziert, wird er überwiegend mit Vorurteilen geführt.

Wer immer nur über Finanzkrisen redet, gibt die europäische Einheit der Lächerlichkeit preis. Wie soll zusammenwachsen, was offensichtlich nicht zusammenpasst und nicht zusammengehört? Die Mentalität, die Steuerzahlermoral und Staatsverachtung der Griechen passen wirklich nicht zur deutschen Staatsgläubigkeit. Am deutschen Wesen kann Europa nicht genesen. Das sieht auch der Psychologe so: »Die Fantasie von der Systemüberlegenheit Deutschlands führt auch zu einem eher distanzierten bis abwehrenden Verhältnis gegenüber der Idee eines starken und vereinten Europas. Mit Europa verbinden viele Menschen in Deutschland weder eine erstrebenswerte Vision noch ein Entwicklungsbild, in dem man sich aufgehoben im Sinne von geborgen und gesteigert fühlen könnte. Und auch die Politiker vermitteln den Wählern nicht mehr … dass Europa ihre Herzensangelegenheit ist.«[1]

Die Deutschen ziehen aus ihrer finanzpolitischen Tugendhaftigkeit ihr Überlegenheitsgefühl. Umso unangenehmer traf sie die Erinnerung an ausgebliebene Entschädigungen für griechische Naziopfer. Sie empfinden die Forderungen als Vergeltungsschlag unter die Gürtellinie.

Deutschland mag, wie andere europäische Gesellschaften auch, gespalten sein in Proeuropäer und Euroskeptiker. Noch tiefer aber reicht die Spaltung zwischen denen, die am technokratischen Gespräch teilnehmen, und jenen, die ihren Glauben an Europa verloren. Die Verweigerung des Diskurses bewirkt das Gegenteil dessen, was die Verweigerer beabsichtigen. Konformismus in Gestalt des technokratischen Konformismus verfehlt die Bürger erst recht.

Die tiefere Spaltung

Deutschland ist nicht nur in der Europafrage geteilt. Der Spalt, von dem nun die Rede ist, klafft zwischen der informierten, gebildeten Minderheit und der wachsenden Mehrheit von Desinteressierten, kaum Informierten.

Die Spaltung der Gesellschaft zu beklagen ist nicht originell. Aber die geläufige Klage bezieht sich auf die soziale und ökonomische Spaltung. Mindestens so gravierend für die Tüchtigkeit der Demokratie ist die Spaltung zwischen den Wachen und den bloß Unterhaltenen.

Es ist die Kluft zwischen den postdemokratisch agierenden Eliten, der politisierten Minderheit und der entpolitisierten Mehrheit der Bevölkerung.

Festzustellen ist darüber hinaus eine tiefe kulturelle Spaltung. Sie vertieft die soziale Spaltung. Denn Chancengerechtigkeit hat mit Teilnahme zu tun. Teilnahme wiederum mit dem Bedürfnis nach Information und Wissen, letztlich mit der Einstellung zu und dem Bedürfnis nach Bildung. Deshalb ist es von erheblicher Bedeutung für eine Demokratie, welchen Stellenwert Kultur in der ganzen Gesellschaft, nicht nur bei den Eliten hat.

144

Kultur ist eben nicht nur Unterhaltung auf höherem Niveau. Kultur ist das, was eine Gesellschaft zusammenhält. Mario Vargas Llosa spricht von Kultur als Gemeinsames in einer durch extreme Arbeitsteilung und Spezialisierung fragmentierten Gesellschaft. »Kultur ist, besser gesagt: war einmal ein gemeinsamer Nenner, der die Verständigung zwischen ganz unterschiedlichen Menschen gewährleistete.«[2] Kultur verbindet über unterschiedliche Interessen hinweg.

Die auf Arbeitsteilung und Spezialisierung setzende moderne Gesellschaft ist besonders angewiesen auf ein starkes kulturelles Fundament. Denn die wirtschaftlichen, technischen und politischen Eliten sind zunehmend einseitig gebildet. »Ein solch eindimensionaler Mensch kann ein großer Spezialist und ein großer Ungebildeter zugleich sein, denn seine Kenntnisse verbinden ihn nicht mit den anderen, sie verschließen ihn in seinem Fach.«[3]

Das ist überhaupt der gesellschaftliche Wert von Kultur: Sie weitet das Blickfeld, macht hellhörig und aufmerksam auf das, was um uns herum vorgeht. »Die wahre Bedeutung von Kultur besteht darin, den Verstand zu öffnen. Sich in Andere hineinzudenken. Sich, während man ein Buch liest, vorzustellen, ein Anderer, alle anderen zu sein.«[4] Kultur als Quelle der Neugier. Und Neugier ist eine Tugend.

Kultur vermittelt Werte und Maßstäbe. Unsere Gesellschaft ist auf Wachstum fixiert und glaubt darüber hinaus an eine Art Menschenrecht auf Spaß und Glück. Dabei verliert kulturelle Bildung an Wert. Eine Gesellschaft im Wandel benötigt die Haltegriffe, die nur kulturelle Bildung vermitteln kann. Kulturelle Bildung ist deshalb weit mehr als ästhetische Erziehung.

Weshalb ästhetische Erziehung
unverzichtbar ist

Ohne ästhetische Erziehung aber geht es nicht, weil sonst die Maßstäbe für den Wert von Dingen und Leistungen verloren gehen. Gute Musik, Bücher, Filme schulen das Unterscheidungs- und Urteilsvermögen. Was ist wertvoll, was nur nett, was überflüssig? Was ist überhaupt kulturelle Leistung? Ist sie daran zu messen, wer die größten Zuschauermassen (Helene Fischer) anzieht, die höchsten Gagen und Preise (Jeff Koons) erzielt? Hier zeigt sich, weshalb das Quotendenken nicht nur das Fernsehen betrifft, sondern als allgemein akzeptiertes Prinzip kulturellen Schaden anrichtet.

Wieder trifft Mario Vargas Llosa den entscheidenden Punkt. Heute »wird alles über einen Leisten geschlagen, und wir leben mit dem Schwindel, dass alles gleichwertig sei, so dass kein Mensch mehr mit einem Minimum an Objektivität unterscheiden kann, was in der Kunst schön ist und was nicht«.[5] Ästhetische Bildung hat »vor allem mit der Herausbildung der Urteilskraft zu tun«.[6]

Die Massenmedien haben großen Anteil daran, dass Urteilskraft schwindet und nur noch das zählt, was gerade »angesagt« ist. »Die mittlerweile als fortschrittlich geltende Position, dass keine ästhetischen Wertungen mehr getroffen werden dürfen, weil alle Äußerungsformen gleich gültig sind und jeder Versuch, ästhetische Qualitäten zu unterscheiden, eine Exklusion oder eine Diskriminierung bedeute, macht es zunehmend schwer, überhaupt noch einen Sinn für die Eigenart des Ästhetischen zu entwickeln.«[7] Wenn alles gleich gültig ist, ist es auch gleichgültig, was gesendet wird. Dann bleibt in der Tat Volksbelustigung das einzige Motiv.

Wenn alles gleich viel zählt, das Triviale wie das Tiefe, die Alltagskultur wie die Hochkultur, kommt es nicht mehr auf die Substanz der Dinge an, sondern auf ihren Marktwert. Ohne Hochkultur gibt es keine Instanz mehr, die uns lehrt, das Wichtige vom Unwichtigen, das Wertvolle vom Wertlosen zu unterscheiden.

Aufgabe von Kultur ist es, die Kritikfähigkeit zu stärken, eine in der Demokratie unverzichtbare Fähigkeit. Die der Quote unterworfene Kultur leistet dies nicht. Sie orientiert sich an den Moden, der Werbung, den Produkten des Zeitgeistes. Die Medien propagieren sie. »In« und »Out« bestimmt den Massengeschmack. So stehen die Medien dem autonomen Urteilsvermögen im Weg. »Die Weltkultur fördert den Einzelnen nicht, sie verblödet ihn, nimmt ihm Klarsicht und freien Willen, so dass er auf die Angebote dieser ›Kultur‹ konditioniert reagiert, wie Herdenvieh, wie der pawlowsche Hund beim Klang des Futterglöckchens.«[8]

So sind Konsumismus und Konformismus in der Kultur besonders innig miteinander verbunden. Festzustellen ist »ein egalisierender Druck, der auf dem öffentlichen Leben lastet und der die Unterschiede in Bildung, Kenntnissen, Format, Erfahrung und Geschmack erst ignoriert und dann auslöscht, während doch aus all ihnen allein ein zivilisiertes gesellschaftliches Leben, eine eigensinnige Sphäre der Selbstbehauptung und der Urteilskraft hervorgehen kann«.[9]

Kultur sollte das Gegenteil gefallssüchtiger Zerstreuung sein. Das Kulturverständnis, das sich nicht zuletzt dank der Massenmedien eingebürgert hat, zerbricht Maßstäbe, schafft Indifferenz.

Bildung und Erziehung kommen zu kurz, wenn sie nur dem Arbeitsmarkt dienen, meint der Philosoph Konrad Paul

Liessmann. So lautet denn auch das derzeitige Zauberwort der Bildungsplaner: »Kompetenzorientierung«.[10] Der Psychologe Stephan Grünewald stimmt dem zu und beklagt in diesem Zusammenhang zu Recht das »radikal vereinseitigte Bildungsideal der Effizienzgesellschaft«.[11]

Es fehlt ein klares Bekenntnis zu kultureller Bildung. Auf Kreativität legen die Schulen keinen großen Wert mehr. Musik, Literatur, Kunst werden an den Rand gedrängt, selbst an Gymnasien. Schulen verfehlen ihren Auftrag, wenn sie in Schülern nicht Individuen sehen, sondern nützliches Humankapital. Musik erleichtert Stressbewältigung, fördert Feinfühligkeit und soziale Kompetenz. Dennoch zählt Musik zu den bedrohten Schulfächern. Musikerziehung ist Privatsache geworden, also wieder eine Frage der finanziellen Möglichkeiten. Der Satz des früheren Bundesinnenministers Otto Schily aber gilt: »Wer Musikschulen schließt, gefährdet die öffentliche Sicherheit.«

Kultur stand nie außerhalb des Marktes, aber wenn nur noch Absatzzahlen zählen und der Marktwert eines Kunstwerks mit dem Kunstwert gleich gesetzt wird, verkommt Kunst zum Konsum – in der bildenden Kunst sogar zum Spekulationsgut.

Der öffentlich-rechtliche Rundfunk hat einen Kulturauftrag jenseits der Massenunterhaltung. Er kommt ihm auf vielfältige Weise nach. Deutsche Kinokultur etwa wäre ohne Koproduktionen mit ARD und ZDF kaum finanzierbar. Doch das Geld fließt auch in rein kommerzielle Unterhaltungsstreifen, die das Geld nicht nötig haben, weil sie ohnehin den Markt bedienen.

Deutschland ist in der Klassik Musikland Nummer eins auf der Welt, was auch den Rundfunkgebühren zu verdanken ist. Die Landesrundfunkanstalten leisten sich herausragende Orchester und Chöre. Doch spiegelt sich das Positive nicht im Kulturverständnis des Fernsehprogramms. Dort gilt: Kultur muss der Masse gefallen. Damit trägt Fernsehen zur kulturellen Spaltung bei, statt ihr entgegenzuwirken, was seine Aufgabe wäre. Beispielsweise wurde im ZDF der gelungene Versuch von Götz Alsmann, Klassik durchaus populär zu präsentieren, nach der 13. Folge eingestellt. »Die Show erfuhr zwar große Wertschätzung bei Künstlern und Presse, aber leider ist es ihr nicht gelungen, sich dauerhaft bei einem größeren TV-Publikum zu etablieren«, erklärte ZDF-Musikchefin Anca-Monica Pandelea im Dezember 2010.

Auch im Fernsehen darf die Vermittlung ästhetischer Erfahrungen und ihrer Objekte »nicht unter dem Diktat eines politischen, ökonomischen oder moralischen Nutzens« stehen. »Das freie Spiel der Einbildungskraft, der Phantasie, das, was wir Kreativität nennen, wollen und erleben wir um seiner selbst willen, nicht weil es Mittel für etwas anderes ist.«[12] Die Philosophin Martha C. Nussbaum sieht im Verschwinden von musischen und geisteswissenschaftlichen Inhalten aus den Lehrplänen sogar »eine essentielle Gefahr für die Demokratie«.[13] Das trifft auch für das Verschwinden dieser Inhalte aus dem Angebot der Gebührensender zu.

Und in den Bildungsprogrammen des Spartenfernsehens dominieren bei Weitem die Naturwissenschaften, die auf größeres Zuschauerinteresse stoßen. Solange aber Kultur selbst in den wenigen Kultursendungen zu kurz kommt, müssen wir uns die Hoffnungen auf Erfüllung eines umfassenden Bildungsauftrags des Gebührenfernsehens abschminken.

Soziale Spaltung

Ein Wort zum »Unterschichtenfernsehen« darf an dieser
Stelle nicht fehlen. Proll-TV spielt mit dem Elend der kulturell
Abgehängten und macht Ressentiments salonfähig. So trägt es
ebenfalls zur kulturellen Spaltung der Gesellschaft bei.

An Schulen, die doch eigentlich Orte sein sollten, an denen
unterschiedliche Schichten sich berühren und durchlässig
werden, sind die Folgen zu beobachten. Die Lehrerin Heide-
marie Brosche beschwerte sich: »Es ist Mode, sich über das
Prekariat lustig zu machen. Viele aus der angeblichen besseren Welt reagieren mit Verachtung auf Eltern, die sich gehen
lassen, und Kinder, die sich nicht zu benehmen wissen. Sie
zeigen mit dem Finger auf sie und ergötzen sich.«[14] Die Lehrerin empört sich über »Verachtung, die von den Gebildeten
kommt. Sie haben Kultur, sie haben gute Berufe, sie haben
Geld ... Sie lesen in Büchern, Zeitschriften und im Internet.
Sie tauchen in andere Welten ein, lernen Perspektivwechsel,
üben sich in Toleranz. Sie sind das Denken gewöhnt. Sie können ihr eigenes Verhalten reflektieren und korrigieren.« Damit sind die sozialen Vorzüge von Bildung gut beschrieben.

Eigentlich müsste sich diese Lehrerin über das Unvermögen von Schulen beklagen. Sie regt sich aber nur politisch korrekt über die »Gebildeteren« auf.

Als sich in einem *Tagesthemen*-Beitrag[15] ein Leipziger
Schulkind, unterstützt von seiner Mutter, über seinen Schul-
weg zum Gymnasium beschwerte, weil der ihn durch ein
»Assi-Viertel« führte, wurde die ARD von einem Shitstorm
erfasst. Sie hätte nach Auffassung vieler dieses Stück über ein
offenbar bestehendes Problem nicht senden dürfen. »Warum
gebt ihr solchen Leuten ein Forum?«, hieß es in Blogs und

Tweets. Die Redaktion kuschte und nahm den Beitrag eilfertig aus der Mediathek, statt daran eine breite Debatte zu führen. Die Deutschen halten an ihren romantischen Vorstellungen von einer klassenlosen Gesellschaft fest. An die glaubte man in der DDR, aber auch in der Bonner Republik galt die »nivellierte Mittelstandsgesellschaft« (ein Begriff des Soziologen Helmut Schelsky) als Errungenschaft der Marktwirtschaft.

Sie mag mehr Wunschdenken als Realität gewesen sein. Aber die Zuversicht war größer als heute. Obwohl es ein geringerer Teil der Jugendlichen zu höheren Bildungsabschlüssen brachte, konnten die Jüngeren selbstverständlich damit rechnen, dass es ihnen einmal besser gehen werde als ihren Eltern. Heute leiden auch Abiturienten unter Zukunftsängsten.

Jeder kann heute so viel Bildungsangebote in Anspruch nehmen, wie es seine Intelligenz und Leidenschaft zulassen. Doch zugleich sind die Chancen, aus Begabung und Motivation auch das Bestmögliche zu machen, ungerechter verteilt als noch vor wenigen Jahrzehnten. Die finanziellen Möglichkeiten der Eltern spielen eine entscheidende Rolle. So vertieft das deutsche Bildungssystem die ökonomische Spaltung.

Konformismus aus Angst: »Schwindelgefühl der Freiheit«

Andere Ursachen des Konformismus lassen sich besser psychologisch beschreiben. Das Unbehagen am unüberschaubaren Wandel der Welt, an damit verbundene Risiken und Ungewissheiten, korrespondiert mit dem Unbehagen an der Freiheit. Die Rede ist von Ängsten, die den Diskurs lähmen, Ängsten, die unabhängig sind von realen Gefahren.

Als 1981 die Nachrüstungsdebatte und eine Weltwirtschaftskrise das Land beunruhigten, schrieb der Schriftsteller Siegfried Lenz einen Artikel für das *Osloer Dagbladet*, der seinen Freund, den Bundeskanzler Helmut Schmidt, beeindruckte. Angst, von Kierkegaard als »Schwindelgefühl der Freiheit« definiert, erzeuge, so Lenz, nicht bloß Angst vor Verlusten, sondern auch Angst vor unseren Möglichkeiten. »Die Bitte, von der Angst, die sie beherrscht, befreit zu werden… wird an die Politik adressiert …die soll ein Zeitalter der Angstlosigkeit herbeiführen«, ja, es werde ein »Anspruch auf Angstlosigkeit« postuliert.[16] Diesen Anspruch kann Politik nicht einlösen.

Die Informationsflut, die uns aus allen Katastrophen- und Kriegsgebieten ständig umspült, trägt zu dieser Ängstlichkeit bei. Die Zuschauer fühlen sich den Ereignissen ausgeliefert.

Die Bilder führen aber keineswegs automatisch zu mehr Mitgefühl und Hilfsbereitschaft. Ein ganz anderer psychischer Mechanismus greift. Der Zuschauer gerät in empathischen Stress. »Wer in empathischen Stress gerät, ist sich selbst am nächsten, unter diesem Stress ist kein soziales Verhalten für die Gemeinschaft möglich, sondern man kümmert sich darum, dass es einem selbst besser geht«, so die Hirnforscherin Tania Singer.[17] Mit anderen Worten: Die Bilder rühren, aber sie rütteln nicht auf. Vor allem beunruhigen sie. Der empathische Stress mündet nicht in Mitgefühl, sondern in selbstbezogene Ängstlichkeit.

Das erklärt auch, dass quotenträchtiger TV-Journalismus nicht nur im Katastrophenfall auf die Macht der Gefühle setzt. Medien wollen Zuschauer rühren. Und Rührung ist das Gegenteil von Klarheit, weil Tränen in den Augen den Blick trüben, wie Walter Benjamin anmerkt.[18] Der Philosoph beschreibt am

Beispiel von Goethes Roman *Die Wahlverwandtschaften* »die kleine Rührung, die sich selbst genießt«. Diese Beobachtung trifft auf die Massenmedien vollständig zu. Rührung gehört zu dem Gefühlsspektrum, das auch Unterhaltung auslöst. Ob es sich um die beliebten Katzenvideos auf YouTube handelt, eine Liebesgeschichte oder Bilder vom Erdbeben in Nepal. Auf unheimliche, ja fast perverse Weise greifen Informationsbedürfnis und Unterhaltungsbedürfnis ineinander.

Was das Bombardement von schlechten Nachrichten im Publikum bewirkt, beschreibt der Trauma-Psychologe Georg Pieper: »Man fühlt sich zum passiven Zuschauer degradiert, der Abend für Abend beim Ansehen der Nachrichten ein Stück mehr Kontrolle verliert und verunsichert zurückbleibt.«[19] In seinem Inneren gären die Eindrücke weiter. »Wenn die Auseinandersetzung mit den meist plakativen Medienberichten immer nur kurz entflammt und die Themen Tod, Verlust, Verletzungen, Entbehrungen rasch wieder verdrängt werden, vollzieht sich eine Veränderung im emotionalen Zentrum des Gehirns … Wir lassen uns irritieren, glauben, in der gefährlichsten aller Welten zu leben, und misstrauen unseren Fähigkeiten, in einer solchen Welt bestehen zu können.«[20] (…) »Dieser Hang zum Ausblenden in Kombination mit der latenten Angst, an den immer komplexer werdenden Anforderungen des Lebens zu scheitern, lähmt viele Menschen schon beim kleinsten Anzeichen einer drohenden Veränderung.«[21] Dazu kommt, so Pieper, »dass viele Menschen ein starkes Bedürfnis nach Harmonie haben und Auseinandersetzungen eher scheuen«.[22] Demokratische Streitkultur kollidiert mit Harmoniebedürfnis. Die Wähler fürchten Reformen, während sie zugleich Reformbedarf spüren. Dieses Paradoxon ist Politikern bewusst. Deshalb scheuen sie davor zurück, ihre

Überlegungen und Pläne öffentlich und offen zu diskutieren. An den TTIP-Verhandlungen ist es zu sehen. Entscheidungsprozesse werden auch aus Angst vor der Angst der Wähler immer weniger transparent gemacht.

Die Angst sitzt längst in der Mitte der Gesellschaft, es ist die Angst davor, »ausrangiert, entrechtet und diskriminiert zu werden«[23], und sie reicht tief. Es sind, so der Soziologe Heinz Bude, Verlustängste der Mittelschicht. Verlustängste sind Zukunftsängste.

Angst ist Teil des Gemeinschaftsgefühls. Niklas Luhmann erkennt in der Angst sogar »das vielleicht einzige Apriori moderner Gesellschaften, auf das sich alle Gesellschaftsmitglieder einigen können. Sie ist das Prinzip, das absolut gilt, wenn alle Prinzipien relativ geworden sind.«[24] Diese Ängste sind Modernisierungsfolgen.

Quelle der Angst sind objektive Gefahren und Risiken. Schlimmer als das Risiko ist jedoch die Ungewissheit.[25] Risiken sind bekannt und lassen sich deshalb zumindest abschätzen; man kann ihnen vorbeugen. Die Welt hat es jedoch überwiegend mit Risiken zu tun, die plötzlich auftreten, unüberschaubar und zugleich unvorstellbar groß sind. Manche Ängste beziehen sich auf Risiken, von denen noch nicht einmal mit Sicherheit gesagt werden kann, ob es sie tatsächlich gibt. »Man weiß noch nicht einmal, wonach man zu suchen hat, möglicherweise auch, weil diese Information erst in einer unbekannten Zukunft entsteht.«[26] Weniger die Risiken als vielmehr die Ungewissheiten erzeugen Ängste.

Der amerikanische Verteidigungsminister Donald Rumsfeld etwa sprach im Zusammenhang mit dem von seiner Regierung angezettelten Irakkrieg von »unknown unknowns«. Sie hinderten ihn und seine Regierung jedoch nicht, ins Ungewisse zu rennen. »The War on Terror« wurde im Irak nicht gewonnen, vielmehr hat er die Lage weiter destabilisiert und die Glaubenskrieger mobilisiert. Die Republikaner haben daraus nichts gelernt. Aber wie soll man aus Ereignissen lernen, die sich nicht wiederholen?

Der israelische Universalhistoriker Yuval Harari macht auf einen grundsätzlichen Wandel aufmerksam: »Es ist zum ersten Mal fast unmöglich, zu sagen, wie die Welt in 30 Jahren aussehen wird. Wenn im Laufe der Geschichte ein Zehnjähriger gefragt hat, in welcher Welt er mit 40 leben wird, konnten ihm seine Eltern eine ziemlich gute Prognose geben. (...) Das Einzige, was wir dem Zehnjährigen sagen können, ist: Die Welt wird komplett anders sein.«[27]

Verhängnisvollerweise schafft die ins Unermessliche angeschwollene Fülle an Informationen keine bessere Orientierung. Aus der Informationsflut lässt sich kein schärferes, zuverlässigeres Bild der Welt gewinnen. Je mehr Informationen zur Verfügung stehen, desto bewusster wird uns nur, dass alles mit allem irgendwie zusammenhängt. Die enorme Zunahme an Komplexität vertieft die Ungewissheiten.

Früher galt Scheitern als Schicksal. In der säkularen, individualisierten Welt ist das anders. »Soweit in modernen Gesellschaften Ereignisse in stärkerem Maß Individuen als Folgen ihrer eigenen Entscheidungen zugerechnet werden, erscheint die Welt hingegen als viel riskanter und das Scheitern als allgegenwärtig.«[28]

Das Leben mit Ungewissheiten berührt unser Verhältnis zur Freiheit. Freiheit ist immer mit Risiken und Ungewissheiten verbunden. Scheinen die Risiken als unüberschau- und unkalkulierbar, gilt Freiheit selbst als riskant. Unbehagen an der Freiheit ist die Folge von Ungewissheit.

Die meisten Menschen ziehen Sicherheit der Freiheit vor. Sie lassen sich auf Flughäfen wie Vieh schikanieren und von ihrer Regierung zu Sozialstaatsuntertanen machen. Der Staat präsentiert sich als Vollkasko- und Überwachungsstaat, und genau das ist es, was die meisten Wähler von ihm verlangen. Aus der verunsicherten wird schnell auch eine entmündigte und überregulierte Gesellschaft. Im paternalistischen Staat der Deutschen regeln mehr als eine Million Vorschriften das Zusammenleben. Die Deutschen erdulden und akzeptieren die selbst verschuldete Unmündigkeit. Sie lieben Stabilität und Sicherheit in allen Lebenslagen mehr als ihre Freiheit und halten die Überregulierung für einen Garanten der »sozialen Gerechtigkeit«. Deshalb sind bisher alle Versuche gründlicher Entbürokratisierung gescheitert.

Wie halten es die Deutschen eigentlich mit der Freiheit? Der jährliche »Freiheitsindex«[29] des »John Stuart Mill Instituts für Freiheitsforschung« in Heidelberg basiert auf Umfragen und Analysen des »Instituts für Demoskopie Allensbach«. Im Jahr 2014 kamen die Forscher zu dem Ergebnis: »In der Medienberichterstattung tritt die Freiheit zunehmend in den Hintergrund. Gesellschaftliche Aufgaben werden vornehmlich als Staatsaufgaben fokussiert. Die Perspektive des Verbots überwiegt gegenüber der Perspektive der Selbstbestimmung.«

Die Deutschen sehnen sich immer wieder nach »der Überwindung ihrer Unruhe … daher streben sie eine abstrakte, verlässliche und perfekte Welt an, die nach der Präzision eines Uhrwerks funktioniert«.[30] Auch dafür ist der Staat zuständig.

Aus dieser Sehnsucht entsteht Konformismus. Der Mensch, so der Theologe Paul Tillich, »folgt den Moden, den Vergnügungen, den Erregungen und den Ressentiments der anderen mit jener Indifferenz, die nötig ist, um bei der nächsten

Welle wieder mit dabei sein zu können. Das äußere Mitmachen ohne innere Beteiligung ist hier die Methode, sich der Angst um sich selbst zu entledigen.«[31]

Eine weitere Quelle von Angst ist die Erschöpfung, sie manifestiert sich in der Burn-out-Mode. Sozialpsychologen weisen seit Langem auf die psychosozialen Folgen eines bis zum Anschlag auf Effizienz getrimmten Alltags hin. Die erschöpfte Gesellschaft ist eine überforderte Gesellschaft. Aus der Überforderung wächst weitere Verunsicherung.

Diesen Teufelskreis beschreibt Stephan Grünewald auf der Grundlage zahlreicher qualitativer Befragungen, die er in seinem Institut Rheingold durchgeführt hat. »Trotz aller individuellen Unterschiede gibt es jedoch gemeinsame Grundzüge, ein ähnliches Empfinden von Rastlosigkeit, Zweifel, Allmacht oder Ohnmacht (…) übergreifende Stimmungen, Erlebnisformen und Verhältnisse, die den Zeitgeist und das Gesellschaftsleben prägen.«[32] Die erschöpfte Gesellschaft stehe am Scheideweg. »Setzt sie weiterhin primär auf die Steigerung von Effizienz und Leistung oder auf die Förderung von Kreativität und Schöpferkraft? In den letzten Jahren hat Deutschland zunehmend auf ein Effizienzdiktat gebaut.«[33] Womit wir wieder bei der Bildung wären.

Der Zustand einer noch immer saturierten, doch ermüdeten und verängstigten Gesellschaft legt den Schluss nahe, dass die Neigung zum Konformismus ein Schutz gegen Unsicherheit und Risiken ist.

Je mehr die Gesellschaft von den Fliehkräften des Wandels erfasst wird, desto fester klammert sie sich an vermeintliche Gewissheiten. Sie klammert sich gewissermaßen an sich selbst. Und wird so erst recht unbeweglich. Was Aufklärung, was die Medien zu leisten hätten, liegt daher auf der Hand.

Die Seichtigkeitsspirale

ACHT

Wie die ökonomische Krise die Printmedien schwächt. Wozu Zeitungen gut sind, wenn sie gut sind. Weshalb auch im Netz die Gefallsucht dominiert. Und was die Demokratie davon hat.

Wir haben gesehen, wozu die Durchblutungsstörungen der demokratischen Öffentlichkeit führen. Der Konformismus kann die Spaltungen der Gesellschaft nicht verdecken. Und die Tragfähigkeit des kulturellen Fundaments lässt nach.

Wir haben damit weit ausgeholt. Aber nur so verstehen wir, weshalb die Medien so wichtig sind. Der dritte Teil des Buchs inspiziert nun die Medienlandschaft. Sie erlebt ungeheure Veränderungen. Die Branche ist sehr mit sich selbst beschäftigt, da bleibt wenig Kraft übrig für die gesellschaftlichen Aufgaben.

Am Ende werden deshalb aus meiner Sicht genau die Medien an Bedeutung gewinnen, die dem demokratischen Diskurs dienen. Das Gebührenfernsehen ist zwar momentan in einem Zustand, in dem es ohne großen Verlust für die Gesellschaft abgeschafft werden könnte, weil es zu wenig liefert. Aber es könnte höchst wertvoll sein. So wird dieses Buch mit einem Plädoyer für tief greifende Reformen von ARD und ZDF schließen. Doch so weit sind wir noch nicht.

Im Mainstream

»Stoppt Putin jetzt!«, ballerte das »Sturmgeschütz der Demokratie« (Rudolf Augstein über sein Magazin) und forderte ein »Ende der Feigheit« gegenüber Russland.[1] Der Titel erinnerte an die fetten Schlagzeilen eines anderen Blattes, das sich seit Jahrzehnten als Sturmgewehr des deutschen Spießers bewährt. Im Buhlen um Aufmerksamkeit macht sich das Qualitätsprodukt gemein. Und unübersehbar schrumpft im Mainstream auch die politische Distanz zwischen *Spiegel* und *Bild*. Da wundert es nicht, dass der Chef-Korrespondent des *Spiegel* in Berlin, Nikolaus Blome, auch wenn er nicht lange blieb, von *Bild* kam und wiederum der frühere Chefredakteur dieses *Spiegel*, Stefan Aust, beim Springer Verlag anheuerte.

Vermutlich neigen »Flanellmännchen« (Axel Springer über Verlagsmanager) zum Glauben, dass Überzeugungen, die nur einem Teil der Leser gefallen, dem Geschäft schaden könnten. Chefredakteure werden an Auflage und Rendite gemessen, nicht am publizistischen Gewicht.

Der Gründer des Monatsmagazins *Cicero* und ehemalige Chefredakteur der *Welt* und des *Focus*, Wolfram Weimer, sieht in dieser Entwicklung die tiefere Ursache der Zeitungskrise. »Wenn sich nämlich in immer mehr Diskursen alle auf einem winzigen Fleck konsensualer Mitte versammeln, dann wird es argumentativ ziemlich eng, dann werden nötige Debatten durch Wohlfühlplattitüden ersetzt. Denn der Drang in die politisch korrekte Mitte erzeugt einen Journalismus, der sich massen- und mehrheitskonform seicht dahin biegt. Wir haben hernach in vielen Debatten von der SZ bis zur *Bild*, von der FAZ bis zum *Spiegel* gleiche Meinungen und gleiche Themen.«[2] Der Herausgeber des *Handelsblatts* und der

Wirtschaftswoche, Gabor Steingart, sieht es ähnlich. »Wir sind zu eintönig geworden (...) Die Frontseite einer beliebigen Zeitung erscheint als das Derivat einer anderen, notdürftig getarnt durch unterschiedliche Schrifttypen und Bildgrößen. Wenn wir die deutsche Pressekultur unserer Tage in den Kategorien der Landwirtschaft zu erfassen hätten, müssten wir von Monokultur sprechen.«[3] Und selbst ein Politiker wie Bundesaußenminister Frank-Walter Steinmeier sorgt sich: »Reicht die Vielfalt in Deutschland aus? Wenn ich morgens manchmal durch den Pressespiegel meines Hauses blättere, habe ich das Gefühl: Der Meinungskorridor war schon mal breiter. Es gibt eine erstaunliche Homogenität in deutschen Redaktionen, wenn sie Informationen gewichten und einordnen. Der Konformitätsdruck der Journalisten scheint mir ziemlich hoch.«[4]

»Abschreiben und Fremddenkenlassen sind denn auch die aktuellen Deformationen des Berufs. Der Konformitätsdruck ist enorm. Gerne kämmt man die Gedanken nach den Moden der Zeit. Das ist doppelt gefährlich, denn das Internet und die sozialen Netzwerke sind, wie wir im Konflikt um die Ukraine anschaulich erleben, Schaubuden professioneller Desinformation und Manipulation geworden«, so *Stern*-Kolumnist Hans-Ulrich Jörges auf der Trauerfeier für Peter Scholl-Latour.[5]

Die im Alter von 90 Jahren gestorbene Reporterlegende zeichnete aus, dass sie ihre starken, durchaus nicht unumstrittenen Überzeugungen aus dem unmittelbaren Erleben schöpfte. Scholl-Latour verstand es, unangepasst und unabhängig zu berichten. »Bequemem, ja feigem Rudeljournalismus hat er sich verweigert – immer und unter allen Umständen.« Diese journalistische Charaktereigenschaft ist selten geworden unter den veränderten Arbeitsbedingungen. Der

Konformitätsdruck folgt dem ökonomischen Druck. Aber Mainstreamjournalismus ist die falsche Antwort.

Die Ratlosigkeit und die Nervosität in den Verlagshäusern scheinen groß zu sein. Es ist kein Zufall, dass die Chefredakteure der drei großen Wochenmagazine *Spiegel*, *Stern*, *Focus* innerhalb weniger Monate gefeuert wurden. Die ökonomische Schwäche der Printmedien droht sich zur Krise des Journalismus auszuwachsen – mit Folgen für die politische Kultur.

Wozu noch Zeitungen?

Wenn die Zeitung stirbt, geht die Welt nicht unter, höchstens ein Teil der Holz verarbeitenden Industrie. Diese Ansicht ist durchaus verbreitet. Immer mehr Konsumenten glauben, selbst wenn es einmal keine Journalisten mehr geben sollte, werde es immer noch Journalismus geben. Es fahren ja auch Züge, obwohl keine Heizer mehr zu sehen sind, und bald Autos ganz ohne Fahrer. Brauchen wir also noch Zeitungen? Würde es nicht genügen, der wunderbaren Kraft des Netzes zu vertrauen, darauf, dass alles Wichtige die mündigen und fündigen User ohnehin erreicht – nur gesteuert von intelligenten Maschinen?

Zeitungen halten, wenn es gut geht, Verlage und Druckereien profitabel. Das auch, aber doch noch viel mehr. Der frühere Chefredakteur der Wiener Tageszeitung *Die Presse*, Michael Fleischhacker, stellt in seinem noch auf Papier veröffentlichten Buch *Die Zeitung. Ein Nachruf* fest: »Die gedruckte Zeitung als der dreidimensionale Raum, in dem sich die gesellschaftliche Selbstverständigung auf bevorzugte Weise abspielt, ist klinisch tot.«[6] Medienexperten beugen sich

164

über das Lager der Todkranken und wiegen ernst die Köpfe. Die ökonomischen Fakten des Multiorganversagens sind unübersehbar. Die Auflage schrumpfte in zehn Jahren um ein Drittel, die Werbeeinnahmen um die Hälfte. Zwangsläufig machen die Verkaufserträge einen immer größeren Anteil am Umsatz aus, und die Gewinne nehmen dramatisch ab.

Wenn sich Verleger zuerst um eine Steigerung der Vertriebserlöse kümmern, müssen sie sparen, also Redaktionen schrumpfen, Journalisten entlassen. Dies geht auf Kosten der Qualität. Qualität kostet immer Geld. Wer billiger produziert, bekommt ein in jeder Hinsicht billigeres Produkt. In der Not jedoch pfeifen Verlage auf ihre gesellschaftliche Aufgabe.

Manches gefallsüchtige Verlagsmanagement glaubt, das Gedruckte sollte süffiger, bunter, leserfreundlicher sein, mehr Skandale, mehr Emotionen, mehr Promizirkus bieten, all das, was der vermeintliche Publikumsgeschmack begehrt.

Wer hält dagegen? Die Angst um den Arbeitsplatz hat selbstredend Einfluss auf das Selbstbewusstsein von Journalisten. Gruner + Jahr zum Beispiel begründete Entlassungen im besten Unternehmensberaterdeutsch: Zukünftig würden die Titel der *Brigitte*-Gruppe von einem »agilen, kreativen und flexiblen Kompetenzteam ausgedacht und produziert«[7]. Betriebswirtschaftlich gesehen, können die wenigen verbliebenen Blattmacher jede beliebige Geschichte auf dem freien Markt billiger einkaufen, als sie mit festangestellten Reporterinnen zu produzieren wären. Es herrscht ein Überangebot erstklassiger freiberuflicher Autoren und Fotografen, die ihre feste Stelle oder ihre zuverlässigen Abnehmer verloren haben. Die Lage der »Freien« schafft Unfreiheit. Gefragt ist Anpassung. Die Widerstandskraft gegen Sensationsgier und andere Formen der Gefallsucht aber schwindet in der Not. Nur gut bezahlte, selbstbewusste Angestellte können sich journalistisches Ethos leisten.

Die Folgen sind nicht zu übersehen. In Frauenzeitschriften, klagte etwa die Geschäftsführerin eines angesehenen Verlags, mag man keine Romane mehr mit schwierigen Frauenfiguren. »Die Heldinnen sollen hübsch, heiter und erfolgreich sein. Und es sollte auch nicht zu viel gestorben werden.« Das also sind die neuen Kriterien bei der redaktionellen Auswahl von Büchern, über die geschrieben wird. Ein winziges Beispiel nur, doch signifikant und im Übrigen nicht ohne Auswirkungen auf die Verlagsprogramme. Das Seichte frisst sich in alle Bereiche der Kultur. Am Ende hilft Nivellierung niemandem, weder Lesern noch Journalisten noch den Eigentümern.

Ein weiteres zentrales Problem, das die Krise verschärft und beschleunigt, ist die Werbung, die aus den Blättern ins Netz abwandert. Das Geschäftsmodell Zeitung wird schwieriger, aber Zeitungen werden nicht sinnlos.

Ihr Zweck ist es ja nicht, Werbende und Werbekunden zusammenzubringen, sondern die Gesellschaft miteinander ins Gespräch. Gemessen an Arthur Millers Satz »A good newspaper, I suppose, is a nation talking to itself« – guter Journalismus ist eine Nation im Gespräch mit sich selbst – muss die Krise der Zeitungen als Schwächung der Demokratie verstanden werden.

Wirtschaftliche Unabhängigkeit ist eine entscheidende Voraussetzung. Derzeit wird viel über staatliche Subventionen für Zeitungen diskutiert. Durch Crowdfunding finanzierte Medien bleiben Ausnahmeprojekte, sie müssen sich langfristig bewähren. Der Recherchepool von *Süddeutscher Zeitung*, WDR und NDR ist umstritten, weil dabei mit Gebührengeldern eine Zeitung subventioniert, also in den Wettbewerb eingegriffen wird. Die Rechtsprechung wird sich damit befassen.

Demokratische Entscheidungsprozesse setzen zwingend voraus, dass die Bürger nachvollziehen können, auf welcher Grundlage und mit welchem Ziel politische Entscheidungen getroffen werden. Wer soll die Bürger dazu ertüchtigen? Die Netzgemeinden etwa? Die Propagandamaschinerien der Parteien und Interessenverbände? Demokratien brauchen unabhängigen, professionellen Journalismus bestmöglicher Qualität. Orientierungshilfe im atemberaubenden Wandel der Welt können nur Medien bieten, die weder von Gefallsucht noch von ökonomischen Interessen dominiert sind.

Ohne Zeitungen kein Diskurs. Sie bilden ihn ab und sind selbst wesentliche Stimmen. Der Diskurs ist eine Aufgabe. Eine andere ist Kontrolle. Gegen Korruption und Machtmissbrauch gibt es kein besseres Mittel als gute Zeitungen.

Zur Kontrollfunktion kommen die Artikulationsfunktion (sie artikuliert Wünsche und Meinungen von Bürgern und Bürgergruppen) sowie die Transparenzfunktion der Presse. Der Blick hinter die Kulissen staatlicher Machtapparate, der Wirtschaft und anderer nichtstaatlicher Organisationen, die Interessen, Ideen, Glaubensinhalte vertreten, wird heute allerdings nicht nur von den alten Medien geleistet. Whistleblower bewegen sich auch im Netz.

Online-Journalismus

Die Verlage antworten auf die Printschwäche mit Online-Angeboten. Sie sind kein vollwertiger Ersatz für Zeitungen. Da sie meist kostenlos waren oder noch immer sind, verwöhnten sie das Publikum, das nun nicht leicht davon zu überzeugen ist, dass es Geld für journalistische Produkte bezahlen soll. Die Qualitätsunterschiede zwischen den Zeitungen und den Online-Diensten sind nicht zu übersehen. Der Kampf der alteingesessenen, mit besten Verträgen ausgestatteten Print-redaktion des *Spiegel* gegen die Gleichstellung der Online-Kollegen mutete anachronistisch an. Es ging aber nicht allein um Besitzstände, sondern auch um journalistische Standards.

Die Schnelligkeit des Online-Journalismus etwa ist Vorteil und Nachteil zugleich. Sie verführt zu Ungenauigkeiten und geradewegs auf den Boulevard. Das Netz ist ungestüm und macht Lärm. Das eher Leise ist in Zeitungen zu finden. Wichtiges und Banales, sorgfältig Erarbeitetes und Hingeschludertes stehen nur einen Klick voneinander entfernt. In mancher angesehenen Online-Redaktion werden Autoren nach der Zahl der Klicks honoriert, die ihre Beiträge generieren. Gefallsucht wird so programmiert.

»Und längst nutzen bestimmte Profis das Netz unter dem Deckmantel des Journalismus, um Ideologie, PR, Desinformation und Verschwörungsphantasien zu verbreiten. Immer schwerer lässt sich Wahrheit von Dichtung und Propaganda unterscheiden«, so der frühere Chefredakteur des *Spiegel*, heutige Online-Chef der *Frankfurter Allgemeinen Zeitung*, Mathias Müller von Blumencron.[8] »Schafft den Online-Journalismus ab«, fordert er deshalb, meint aber natürlich nicht das Netz als Medium. Vielmehr lehnt er es ab, im Netz andere Maßstäbe für guten Journalismus gelten zu lassen als in gedruckten Zeitungen. Diese Selbstverständlichkeiten werden im Online-Journalismus leicht vergessen.

Die Online-Produkte entwickeln sich von Wort-Medien zu Bild-Medien. Axel Springers *Creative Director Video* Robert

King sagte: »Ich glaube, es ist besser, eine Story visuell zu er-zählen (...) *Bild* ist eine mächtige Marke mit großartigen Mög-lichkeiten... Wir setzen zum Beispiel auf längere Dokumenta-tionen.«[9] Die Digitalisierung »macht uns alle zu Produzenten von Inhalten. Und mit alle meine ich nicht uns Journalisten, sondern alle Menschen, die über Geräte wie Smartphones verfügen, die mit immer besseren Kameras ausgestattet sind.« *Bild online* wird sich von einem Fernseh-Nachrichtenkanal nur noch durch den Verbreitungsweg unterscheiden.

Fragwürdige Boulevard-Portale wie Buzzfeed mit nichts als billigem Klatsch tummeln sich auf dem Online-Markt. Das kakofonische Geschrei ist ohrenbetäubend. Und jeder kann zum Produzenten werden.

80 Milliarden Videos werden jeden Monat auf YouTube an-gesehen; die meisten davon bieten Kurioses und Überflüssi-ges, und es wäre nicht weiter erwähnenswert, ginge die Zeit dafür nicht vom Budget der übrigen Mediennutzung ab. In den USA sind die Folgen zu beziffern. 17 Prozent der Zu-schauer gingen den vier TV-Networks im Jahr 2013 verlo-ren. Sie sahen stattdessen zum Beispiel Serien im Internet, geliefert von Streamingdiensten wie Netflix. Vom Netz sind Zeitungen ebenso tangiert wie Fernsehsender. Von Netflix die privaten Anbieter mehr als die Gebührensender, weil sie sich mit journalistischen Angeboten unterscheiden. Journalismus muss sich behaupten. Der Berufsstand der Journalisten als Ganzes ist nachhaltig betroffen. Tatsächlich ist die Berufsbe-zeichnung »Journalist« nicht geschützt, obwohl die allermeis-ten Journalisten heute akademisch und auch handwerklich solide ausgebildet sind. Professionelle Redaktionen können mehr leisten als einzelne Verfasser. Themen und Texte werden diskutiert und redigiert, ehe sie veröffentlicht werden. Redak-

tionen garantieren mit dem Namen ihrer Redaktion für journalistische Standards.

Demokratie im Netz

Die selbstbewussten Redakteure der Qualitätspresse und Fernsehanstalten sonnten sich lange in der Vorstellung, »Vierte Gewalt« im Staat zu sein. Heute kann jeder Mensch seine Ansichten und Einsichten öffentlich zum Besten geben. Besser habe sich die Gesellschaft noch nie mit sich selbst unterhalten als über Twitter und Facebook, meinen viele Leser und Zuschauer. Unterhalten schon – aber auch verständigt?

Sind die sozialen Netzwerke nicht ein Mittel der Emanzipation von selbst ernannten Welterklärern, Besserwissern, Klugscheißern und Wichtigtuern, die sich Journalisten nennen, Deutungshoheit beanspruchen und nicht kapieren wollen, dass sie überflüssig geworden sind?

Im Netz werden die Kontrolleure selbst zu Kontrollierten. Denn jeder, der mag, kann auch zum Medienkritiker werden. Und im Netz zeigt sich, wie hellhörig und misstrauisch das Publikum geworden ist, nicht zuletzt, weil es in der Lage ist, mit Informationen aus dem Netz die Berichte zu überprüfen.

Von der Demokratisierung des Journalismus im Netz ist die Rede, die meisten Texte stammen nicht von professionellen Journalisten. Es wird als Debattenmedium gerühmt.

Gewinnt der Diskurs im Netz? Menschen wollen »ihr kleines Ich in Beziehung zu Welt setzen«.[10] Die sozialen Netze liefern ihnen die Illusion, es zu tun. Sie ermöglichen öffentliche Kommunikation zwischen einzelnen Teilnehmern. Die digitalen Netzwerke machen aber den professionellen Journalismus der Massenmedien nicht überflüssig. Sie sind ein Hybrid aus Massenmedium und Instrument der Individualkommunikation. Mit allen Vor- und Nachteilen.

In Ländern ohne Meinungsfreiheit kommunizieren Regimegegner im Internet, organisieren Proteste, machen auf Missstände aufmerksam, warnen einander vor Repressalien der Behörden. Demokratiebewegungen vom Iran bis China sind auf das Netz angewiesen. Der Arabische Frühling in Tunesien, Ägypten, Libyen, auch der Aufstand auf dem Maidan in Kiew wären ohne Internet wohl nicht denkbar gewesen.

Die Regime reagieren mit Abschaltungen und Verboten. Auch sie bedienen sich des Netzes zur Desinformation und Überwachung. Den Sicherheitsapparaten erlaubt das Netz, in jedermanns Privatsphäre einzudringen.

Beispiel China. Dort knüpften sich so lange große Hoffnungen ans Internet, bis das Regime eine neue große Mauer baute, eine Firewall. Es verbot Twitter und Google, propagierte stattdessen das chinesische Netzwerk Weibo.

Sechs Millionen Follower fand der Gesellschaftskritiker Murong Xuecun, bis er 2013 festgenommen wurde. Wer ein »Gerücht« im Netz verbreitet, riskiert drei Jahre Haft. Auch in Hongkong funktioniert die Zensur im Netz. Instagram wurde gesperrt.[11] Der Verleger Bao Pu meint: »Das Internet dient also wahrscheinlich der KP mehr als ihren Gegnern.« Im Netz erfahren sie, »wen sie als Nächstes verhaften müssen«. Das Regime hat das Netz gekapert, inszeniert Gegenpropaganda. »Das chinesische Modell, die neoautoritäre Inbesitznahme des Netzes – im Moment funktioniert das prima. Und es strahlt aus: Andere nehmen sich ein Vorbild an Peking, dem Vorreiter in Sachen raffinierter Netzmanipulation. Vietnam, Russland, Saudi-Arabien.«

Digitale Streitkultur

Dennoch: »Nur in Opposition zu diktatorischen Regimen kann das Netz demokratisierend wirken«, schließt Habermas.[12] Hierzulande gibt das Netz ganz andere Probleme auf. »Das Internet hat sich zu einer gewaltigen Empörungsmaschine entwickelt, einer Gerüchteschleuder, einem Propagandavehikel für jede noch so obskure Theorie«, urteilt Mathias Müller von Blumencron. »Das Netz droht von einem Medium der Information zu einem Vehikel der Desinformation zu werden.«[13]

Das Getöse im Netz wäre nicht halb so beachtenswert, würde es nicht ausgerechnet von denen für wichtig genommen, die an soliden Debatten größtes Interesse haben müssten: Politiker und Medien. Die Hassattacken reichen bis zu Morddrohungen. »Wir Politiker haben Angst«[14], sagt Bodo Ramelow, Ministerpräsident von Thüringen, von der Partei der Linken. Politiker und Parteien glauben, im Netz an Wähler heranzukommen. Die »alten« Medien und die Politik laden zu Gezwitscher und Geschwätz ein, weil sie glauben, Wähler, Leser und Zuschauer für sich zu interessieren.

Die »sozialen« Netzwerke werden als Meinungsspiegel überbewertet. Wie wenig repräsentativ jedoch Stimmungen im Netz sind, zeigen Auswertungen, wonach im Netz die AfD mit 23,4 Prozent der Teilnehmer die stärkste Anhängerschaft zählt, gefolgt von der Linken mit 16,7 Prozent und den Piraten mit 15,7 Prozent. Das Netz erscheint als Auffangbecken der Unzufriedenen.[15]

»Wenn zwei Protestparteien zusammen mehr als 50 Prozent der Likes für Parteien insgesamt auf sich vereinen, dann lässt sich das als Symptom für eine dysfunktionale politische

Öffentlichkeit im Netz deuten«, wie Sascha Lobo zu Recht feststellt.

Der Glaube, Tweets und Facebook-Einträge spiegelten in ihrer Summe Volkes Stimme, trügt. Wäre es so, müsste man sich um den Gemütszustand des Volkes sorgen. Verglichen mit dem Netz ist der klassische Stammtisch ein Hort der Bedächtigkeit. Dort blieb man wenigstens unter sich. Im Netz kotzen sich alle aus, Rassisten wie Sexisten. Das Netz gibt Hass und Hohn ein Podium. Der elektronische Mob entfacht Shitstorms. Beleidigungen, Morddrohungen – alles folgenlos möglich. Die Grenzen der Meinungsfreiheit gelten im Netz nur theoretisch.

Das wesentliche Merkmal der Netzforen ist ihre Anonymität. Mit ihr schwinden die üblichen Schranken von Anstand und Höflichkeit. Pöbeln kostet nichts. Keine Behauptung muss belegt sein. Schon die guten alten Leserbriefseiten zogen Oberlehrer und Korinthenkacker an, aber die gaben sich wenigstens Mühe, blamierten sie sich doch in der Regel unter ihrem richtigen Namen.

Was Entrüstungsstürme im Netz ausrichten können, ist bemerkenswert. Selbst Großfürsten der Meinungsmacht knicken ein. Ein Beispiel: Als der stellvertretende Chefredakteur der *Bild am Sonntag*, Nicolaus Fest, seiner Meinung über den Islam freien Lauf ließ, hätte man über den Text trefflich streiten können. »Ist Religion ein Integrationshindernis?«, fragte er und antwortete selbst: »Beim Islam wohl ja… Mich stört die totschlagbereite Verachtung des Islam für Frauen und Homosexuelle.«[16] Fests Meinung war zwar zweifellos gedeckt durch die Meinungsfreiheit, aber das half ihm nicht, löste sein Artikel doch einen Entrüstungssturm im Netz aus. Fests Chefin Marion Horn entschuldigte sich im Namen ihrer Zeitung für den »Eindruck der Islamfeindlichkeit« und dafür, »Gefühle verletzt« zu haben.

Anstand wie Sache hätten es geboten, dass sich die Chefredakteurin hinter ihren Mitarbeiter stellte, der Artikel war ja nicht aus Versehen im Blatt gelandet. Die Schelte von Herausgeber Kai Diekmann in *Bild* kam einer öffentlichen Abmahnung gleich. Wenig später schied Fest tatsächlich aus. Bei Springer sei »kein Raum für pauschalisierende, herabwürdigende Äußerungen gegenüber dem Islam«. Nicht im eigenen Blatt, sondern per Twitter hatte Diekmann schon vorher mitgeteilt, Fests »Kommentar heute halte ich für falsch«. *Bild* ist nicht unbedingt liberaler geworden; es passt sich nur den herrschenden Stimmungen an. Womöglich hätte Diekmann Fests Artikel nach dem Anschlag in Paris akzeptiert. Dann hätte er zur Stimmungslage gepasst.

Bild war schon immer ein populistisches Blatt, das den Stammtisch bediente, nur dass heute das Netz als höchste Instanz erscheint. Als der Shitstorm gegen Fest wütete, sprang ihm niemand bei, auch keine andere Zeitung und kein Politiker. Fest ist kein Einzelfall. Ein weiteres Konformismus-Opfer ist etwa die Autorin des *Westfalen-Blattes*, die in einer Ratgeberkolumne einem Leser zugestimmt hatte, dem bei dem Gedanken nicht wohl war, seine beiden Töchter als Brautjungfern bei einer schwulen Hochzeit auftreten zu lassen. Dem Sturm der Empörung widerstand der Chefredakteur zwei Tage lang, dann erklärte er, sich von der Autorin zu trennen. Man mag die Meinung der Rat gebenden Journalistin für abwegig halten, verboten ist sie nicht und auch kein homophober Exzess, der in einem Atemzug mit Rassismus und Antisemitismus zu nennen wäre.

So steht den Eruptionen von Wut und Frust im Netz konformistische Trostlosigkeit gegenüber. Dies ist kein Widerspruch. »Bei Twitter und in anderen Teilen des sozialen Netzes herrscht ein Konformitätsdruck, der durch die Furcht ausgelöst wird, am virtuellen Pranger zu landen. Die Entwicklung gefährdet langfristig die Demokratie.«[17] Das Netz ist ein gewaltiger Meinungsverstärker. Der Gruppenzwang in der vernetzten Digitalära nimmt zu, bestätigt auch der Karlsruher Wissenschaftler Patrick Breitenbach, der von einer »Phase der Hyperzivilisierung durch maximale soziale Kontrolle«[18] spricht. Die Netzwerke verleiten dazu, prominenten Teilnehmern zuzustimmen. Kommentatoren wollen mit »Likes« belohnt werden.

Der gehobene Daumen zählt. Ob etwas gefällt oder nicht, ist wichtiger als das Warum. Ein Smiley genügt. Die Menge der Follower gilt als Maßzahl von Relevanz und Zustimmung. Der User bildet sich keine Meinung, sondern schließt sich einer Meinung an, teilt sie, wird selbst Teil von Stimmungswogen.

Christoph Hickmann nennt dies Symptome der Infantilisierung von Politik. »Es entsteht die Sucht, in jedem Augenblick zu gefallen, was aber ein ziemlicher Unterschied zum eher mühsamen Vorgang des Überzeugens ist. Zumal der Like-Button – viel mehr noch als die ebenfalls arg flüchtigen Umfragen – immer nur Momentaufnahmen der Momentaufnahmen von Momentaufnahmen hervorbringen kann.«[19] Die Diskussionen im Netz seien »willkommener Anlass, sein eigenes Weltbild zu stärken. Indem man es anderen belehrend überstülpt und en passant Nichtanhänger verächtlich macht«, urteilt Sascha Lobo.[20] Im Netz wollen die meisten Autoren nicht andere überzeugen, sondern Gesinnungsgenossen finden.

Twittersucht ist eine Form der Gefallsucht. Eine große Gefolgschaft zu haben gilt aus Ausweis von Popularität. Follower und »Freunde« zu gewinnen, ihnen zuzustimmen und Ansichten zu teilen ist ein schönes Gefühl, hat aber mit der Selbstvergewisserung der Gesellschaft nichts zu tun. Im Netz versammeln sich am liebsten Gleichgesinnte. »In Dresden kann man erkennen, wie eine Öffentlichkeit aussieht, die ihre Informationen nur noch aus obskuren Ecken des Netzes bezieht.«[21] Sogenannte Filter Bubbles, Filter- oder Informationsblasen, entstehen durch personalisierte Suchmaschinen in den sozialen Netzwerken. Was für Pegida zutrifft, gilt auch für die Teaparty-Bewegung in den USA. Sie wäre ohne Netz nicht möglich.

Im Netz schließen sich die Reihen. Die Gemeinden und Szenen igeln sich ein, zelebrieren »Bestätigungsrituale« und, so der Medienwissenschaftler Markus Linden, grenzen sich »vom herkömmlichen Medienpluralismus«[22] ab. So trägt das Internet bei uns nicht zur Erhaltung einer lebendigen Demokratie bei, sondern durchaus zur Fragmentierung der Gesellschaft.

Gefallsucht im Netz

Im Netz finden wir, was die Algorithmen der Konzerne für uns auswählen. Dabei geht es den Konzernen darum, Klicks zu generieren. Das Interesse der Klickenden ist leichter zu gewinnen, wenn das Angebotene auf Zustimmung, schwerer, wenn es auf Ablehnung stößt. Die Suchalgorithmen wählen Inhalte, die den User bestätigen. Anders als im klassischen Journalismus lautet die Regel nicht »Bad news are good news«, sondern umgekehrt: »Good news are good news.«

Ein Beispiel hat Michael Hanfeld beschrieben.[23] Nach der 1:7-Heimniederlage Brasiliens gegen Deutschland bei der Fußball-WM taten sich die Google-Algorithmen plötzlich schwer. Denn die brasilianischen User wollten und sollten nicht weiter mit Begriffen wie *Schande, Debakel, Triumph der Deutschen* etc. gedemütigt werden. Naturgemäß war das Bedürfnis der deutschen User umgekehrt. Über die Auswertung aller Äußerungen im Netz erfuhr Google, welche News besonders gefragt waren. Wie eine Reporterin des National Public Radio herausfand, manipulierte Google sein Angebot in dieser Situation in die harmonisierende Richtung. Die für Brasilianer schmerzhaften Begriffe wurden ausgefiltert, obwohl sie von deutschen Usern verstärkt nachgefragt worden waren. »Autovervollständigung in Echtzeit« heißt diese Methode, mit der das experimentelle Nachrichtenstudio von Google in San Francisco operierte.

Google automatisiert die Schmerzvermeidung. Gegensätze, Konfliktstoffe stören das globale Geschäft. Also glättet und filtert der Rechner. Software – welch schöner Doppelklang – sorgt für globale Political Correctness. Die nationalistischen Begleittöne der Fußball-WM wurden einfach ausgeblendet.

Manipulationen dieser Art dienen keiner politischen Absicht, sondern den Klickzahlen, dem Geschäft. Politisch wirksam sind sie gleichwohl. Bloß nicht die Stimmung verderben, bloß nicht zum Nachdenken auffordern, etwa über den Fußball-Nationalismus.

Die notwendige Debatte über solche Mechanismen wird dadurch verkürzt, dass sie überwiegend unter Eingeweihten geführt wird. Die Netzgemeinde versteht sich noch immer als Freiheitsbewegung. Wer nicht mitreden kann, ist selbst schuld. Jaron Lanier, Pionier und Kritiker der schönen neuen Welt im

Netz: »In der digitalen Kultur wird schnell diffamiert, wer sich nicht streng genug zum Dogma der ›offenen‹ Netzgemeinde bekennt… Entweder du schließt dich mit denen zusammen, die deine Meinung teilen, oder deine Meinung wird sofort von gewaltigen Klingen in den großen grauen Brei püriert. In der Online-Welt führen These und Antithese, eine Hand und die andere, nicht mehr zu einer höheren Synthese.«[24] Daraus folgert Lanier: »In Wirklichkeit können nur Medien außerhalb des Internet – insbesondere Bücher – Perspektiven und Synthesen aufzeigen. Das ist einer der Gründe, warum das Internet nicht zur einzigen Plattform der Kommunikation werden darf.«

Doch das im Netz eingeübte Verhalten hat auch außerhalb des Netzes Folgen. Seit Jahren fällt mir auf, dass Moderatoren und Autoren kritiklos verwenden, was sie im Netz finden. Sie verwechseln Recherchieren mit Googeln und halten, was sie bei Wikipedia finden, für zuverlässig und ausreichend. Jaron Lanier kommentiert: »Seltsamerweise ist für uns der Gedanke normal geworden, es gäbe nur einen Wikipedia-Eintrag für ein humanistisches Thema, für das es absolut nicht die eine optimierte Darstellung geben kann; die meisten Themen sind keine mathematischen Sätze. Im Zeitalter des Buchdrucks gab es viele verschiedene Enzyklopädien, von denen jede einen Blickwinkel vertreten hat, und doch gibt es im digitalen Zeitalter nur eine. Wieso muss das so sein?«[25] Bibliotheken sind also schon deshalb nicht von gestern, weil sie dem automatisierten Konformismus aus dem Netz entgegenwirken.

Das ZDF aber hat seine Bibliothek abgeschafft. Sie sei zu teuer und raumverschlingend, ließ die Anstaltsleitung verlauten. Müssen Fernsehredakteure unbedingt auch noch Bücher lesen?

Big Data

Mehr und mehr entscheiden Computer darüber, was Individuen kaufen, mit wem sie sich paaren und was sie denken. Algorithmen steuern das Konsumverhalten, machen Konsumenten zu Marionetten ihres bisherigen Kaufverhaltens.

Außerdem steht Big Data im Dienste von Big Money. Der Reichtum – steuerbegünstigt über Firmensitze im Ausland – kommt einer kleinen Elite der Finanz- und IT-Branche zugute. Sie schafft weit weniger Arbeitsplätze, als sie vernichtet. Lanier spitzt die Entwicklung auf den Satz zu: »Manchmal frage ich mich, ob wir unsere Demokratien an Technologie-Firmen outgesourct haben, damit wir nicht selbst zur Rechenschaft gezogen werden können. Wir geben unsere Macht und unsere Verantwortung einfach ab.«[26]

Das könnte auch für das politische Verhalten zutreffen. Was wir lesen, schreiben, denken, bleibt kein Geheimnis. Das Netz beliefert uns mit Informationen und Unterhaltung, die uns bestätigen und bestärken. Algorithmen können natürlich auch unsere politischen Stimmungen und Meinungen beeinflussen.

Was Datenkonzerne wie Google über ihre Kunden wissen und in Zukunft wissen werden, kann dazu missbraucht werden, in ihr Denken einzudringen und es zu manipulieren. Wir sind auf dem Weg, abhängig zu werden.

Die Teilnahme im Netz ist praktisch an die Angebote privater Konzerne geknüpft. »Wer sich gegen eine Anmeldung bei Facebook entscheidet, ist von viel mehr ausgeschlossen als dem Produkt an sich; für denjenigen bleibt die Tür zu einem wachsenden Teil der öffentlichen Debatte verschlossen. Die Hoheit über gesellschaftliche Debatten geht also über in den Machtbereich privater Konzerne.«[27]

Bei Wahlen ist das bereits ein Thema. Facebook gab bei den Kongresswahlen 2010 in den USA Facebook-Nutzern den Hinweis »It's election day«. Tatsächlich wies diese Gruppe eine höhere Wahlbeteiligung auf als der Durchschnitt der Bevölkerung. Entscheidend war nach Erkenntnissen von Forschern nicht die Wahlerinnerung an sich, sondern der damit geweckte Eindruck, dass die Facebook-Freunde wählen. Es entstand Gruppenzwang.[28] Inzwischen ist die Wahlerinnerung auch in anderen Ländern in sozialen Netzwerken üblich, etwa bei den Europawahlen. Fachleute befürchten eine Wahlbeeinflussung insofern, als nur eine bestimmte Gruppe, nämlich die der Facebook-User, auf diese Weise zur Stimmabgabe animiert wird, nicht aber die gesamte Wählerschaft.

In den USA degenerieren bereits Wahlen zu »Wettbewerben zwischen großen Computern«, warnt Lanier.

Es ist abzusehen, dass intelligente Apparate einmal das Denken und Fühlen der Bürger zu Meinungsbildern zusammenfassen, die genauer sind als heute repräsentative Umfragen. Dann wird sich auch die Frage stellen, wozu überhaupt noch aufwendige, umständliche Wahlen nötig sind. Das gläserne Volk ist jederzeit abstimmungsbereit. Superdemoskopen fischen Meinungs- und Stimmungsbilder aus dem Netz.

NEUN

Wie das Netz das Denken formt. Abkehr von der Schriftkul-
tur. Die Gutenberg-Parenthese. Was wir zu wissen glauben.

Als ich Journalist wurde, waren meine wichtigsten Werkzeuge
Fernschreiber und Schreibmaschine. Es gab noch kein Mobil-
telefon, geschweige denn Smartphone und Internet. Das
Telephon, das wir damals benutzten, schrieb man mit »ph«,
Photos machte man mit richtigen Filmen. Sie waren in der
Zeitung grundsätzlich schwarz und weiß und unverfälscht.
Setzer übertrugen die auf der Schreibmaschine getippten Artikel auf ihren Setzmaschinen in Blei. Metteure, ein anderer
ausgestorbener Beruf, bauten aus den Metallblöcken die Seiten zusammen. Man konnte nicht einzelne Wörter oder Sätze
per Mausklick ändern, sondern Artikel nur absatzweise von
hinten kürzen. Deshalb wurden sie so verfasst, dass das Wichtigste immer ganz oben stand, gefolgt vom Zweitwichtigsten
und so weiter, damit nur das Unwichtigste wegfiel, falls gekürzt werden musste.

Die technischen Bedingungen beeinflussen nicht nur die
Form der Darstellung. Meine ersten *Tagesschau-* und *Tages-*
themen-Filme produzierte ich noch auf Celluloid. Das bedeutete unter anderem, dass die Berichte einige Stunden vor der
Ausstrahlung abgedreht sein mussten, weil das Material vor
dem Schnitt erst noch entwickelt wurde. Die Reporter achte-
ten deshalb darauf, so wenig Filmmaterial wie möglich zu ver-
brauchen, nicht nur, weil es teuer und nur einmal verwend-

bar war, sondern weil Materialfülle Zeitaufwand bedeutete. Die einzelnen Einstellungen wurden mit einer Schere voneinander getrennt und in der gewünschten Länge und Reihenfolge wieder zusammengeklebt, ebenso wie die dazu synchron laufenden Magnetbänder mit dem Ton.

Im Radio gab es viel mehr Wortbeiträge als heute, und die Programme waren noch nicht auf »Durchhörbarkeit« getrimmt. Heute stellen Computer Musikteppiche in genau definierten »Farben« zusammen, damals legten Redakteure und Moderatoren Platten nach eigenem Gusto auf.

Doch will ich davon nicht wie ein Veteran vom letzten Krieg erzählen. Klar, dass heute alles schneller, brillanter, aufregender ist.

Abkehr von der Schriftkultur

Am Beginn großer Umwälzungen der Menschheitsgeschichte stehen immer technische Neuerungen. Der Ackerbau machte die Menschheit sesshaft, das Rad mobil, das Schießpulver das Töten zur Industrie, die Kernspaltung die Selbstauslöschung der Menschheit zur realen Möglichkeit. Die Entschlüsselung des Erbguts verspricht die Steigerung der Lebenserwartung, und die digitale Welt wird nicht nur Menschen und Märkte vernetzen, sondern auch Menschen und Maschinen.

Die Erfindung des Drucks mit beweglichen Lettern, Johannes Gensfleischs – Gutenbergs – Entwicklung vor mehr als einem halben Jahrtausend, war so ein gewaltiger Schritt. Die rasche und preiswerte Verbreitung von Texten ließ das katholische Glaubensmonopol bersten, revolutionierte die Bildung und führte damit zur Aufklärung und zur Entwicklung moderner Staaten. Stehen wir am Ende dieser Großepoche der Menschheitsgeschichte?

Wäre die Menschheit nicht alphabetisiert, wäre die Welt dunkler und ärmer geblieben. Rechtsordnungen bedürfen der Schriftform. Lesen und schreiben sind Alpha und Omega jeglichen Fortschritts. Malt schwarz, wer mit dem Ende der Schriftkultur um ein Fundament der Demokratie fürchtet?

Die Gutenberg-Galaxis: Diesen Begriff machte der kanadische Medienwissenschaftler Marshall McLuhan in den sechziger Jahren des vergangenen Jahrhunderts populär. Schon er, wie später auch der deutsche Medienphilosoph Norbert Bolz in seinem 1993 erschienen Buch *Am Ende der Gutenberg-Galaxis*, prophezeite das Heraufziehen des elektronischen Zeitalters und damit das Ende der auf gedruckten Massenmedien basierenden Kultur.

Gesellschaftshistoriker sprechen inzwischen von der Gutenberg-Parenthese und glauben, das halbe Jahrtausend der Printkultur sei nur ein Einschub, eine Anomalie in der Menschheitsgeschichte gewesen. Führt die digitale Technik an den Ausgangspunkt der Kultur zurück, bevor Druckschriften zur Basis von Bildung wurden? Denn nun treten wieder orale und auf Bilder gestützte Kulturtechniken in den Vordergrund. In der Tat erinnern die Ausdrucksformen der sozialen Medien, obwohl noch überwiegend schriftlich fixiert, eher an gesprochene Worte, an den flüchtigen Austausch von Gedanken.

Zwar wird heute jedes Jahr mehr Text produziert als früher in einem ganzen Jahrhundert, Lesen und Schreiben haben sich lediglich vom Papier gelöst – doch von welcher Art von Texten ist die Rede? Es sind doch zunehmend flüchtige, auf Schlagworte verkürzte Texte.

Dafür, dass sie ihr Smartphone als Führungswerkzeug

nutzt, war die Kanzlerin schon bekannt, ehe sich der amerikanische Geheimdienst NSA dafür interessierte. Auch Angela Merkel kommuniziert per Short Message Service. SMS verkürzt Argumente und ersetzt Gespräche. Einfacher und kürzer lassen sich Befehle nicht erteilen. Die Kurzmitteilung bedeutet nicht automatisch einen lockeren Kommunikationsstil. Der spontane Mitteilungsdrang neigt zu verstümmeltem Ausdruck, zum oft sogar aufs Emoticon reduzierten Gestammel.

Es kann kaum ein Zweifel daran bestehen, dass der Verfall der demokratischen Streitkultur in engem Zusammenhang mit dem Verfall der Sprachkultur steht. Sich in 140 Twitter-Anschlägen komplex zu äußern ist kaum möglich. Es wäre weltfremd zu glauben, dies hätte keine Auswirkungen auf Stil und Inhalt politischen Handelns. Das Gegenargument lautet: Aber wenigstens äußern sich im Netz die Leute, die früher gar nicht geschrieben haben.

Und wer schreibt noch mit der Hand? Einige Länder mit hohem Bildungsstand wie Finnland und Kanada ersparen Kindern bereits das mühsame Erlernen der Handschrift und gewöhnen sie sofort an die Tastatur. Wissenschaftlich erwiesen ist allerdings, dass die verbundene Schreibschrift mehr Hirnregionen anspricht, Konzentration fördert, sich Handgeschriebenes besser merken lässt. Wer Briefe schreibt, womöglich mit Tinte und Füller, gilt inzwischen als Exzentriker in einem verlorenen Kampf.

Auch deutsche Schüler haben immer größere Schwierigkeiten, mit der Hand zu schreiben. »Den meisten fehlt die Feinmotorik und die Übung. Das hat Auswirkungen auf die Lernleistung.«[1] Doch die meisten Zeitgenossen halten Widerstand für zwecklos und die Sorge für übertrieben. Der Verlust der Schreibschrift ist nur ein erster Schritt. Schon erkennen Maschinen Sprache. Bald wird es unnötig sein, selbst zu schreiben. Maschinen führen Diktate aus. Diktierte, also mündlich formulierte Sätze sind in der Regel weniger komplex als sorgfältig auf Papier zusammengefügte.

Wer liest noch selbst? Die Buchindustrie will da nicht hinterherhinken, setzt aufs Hörbuch und gibt damit vermutlich Leser verloren. Führt der Weg der Literatur zurück zum Geschichtenerzählen wie in voralphabetisierten Gesellschaften? Literatur, dafür gemacht, vorgelesen zu werden, ist eine andere. Wie viel Ausdruckskraft entfiele dabei! Eine wachsende Zahl junger Leute empfindet Lesen schon als zu mühsam. Und im Alltag wird es nicht mehr lange dauern, dann sprechen wir auch mit allen Geräten und sie mit uns, Autos, Kühlschränke, Online-Medien.

Für viele Tätigkeiten, etwa die Reparatur von Flugzeugen oder Computern sind längst audiovisuelle Gebrauchsanleitungen üblich. Sie führen vor, statt umständlich und missverständlich Details zu erklären. Es gibt Felder, auf denen dies sinnvoll ist. Selbst Ärzte lernen besser und schneller aus Lehrfilmen mit echten Patienten als aus Lehrbüchern. Bilder informieren effizienter als schriftliche Anweisungen. Bedienungsanleitungen gelten als Handelshemmnisse. Von der Produktion bis zum Konsum sparen interkulturell verstehbare Bilder Zeit und den Aufwand der Übersetzung. Lediglich abstrakte Inhalte bedürfen des Textes.

Die Arbeiterinnen, die in Bangladesch Textilien zusammennähen, müssen nicht schreiben können, die Alphabetisierungsquote dort beträgt nur 47 Prozent. »Man muss weder Marxist noch Volkswirt sein, um zu verstehen, dass der Kapitalismus an gebildeten Menschen kein Interesse haben kann. Er bemisst die Qualifikation der Menschen funktional und nicht kulturell.«² Mit auf Sprache angewiesenen Informationen, etwa gesetzlichen Vorschriften, wird nur noch eine kleine lesekundige Elite zu tun haben, zu der Juristen und Politiker zählen. Aus dem Alltag aber wird die Schrift ebenso verschwinden wie das Geld.

Wäre Schrift nur ein Mittel der Kommunikation, müssten wir uns vor der audiovisuellen Zukunft nicht fürchten. Doch Schrift ist mehr. Wo die Schriftkultur schwindet, sinkt das intellektuelle Niveau.

Unter diesen Vorzeichen wird auch der Markt für hochklassige journalistische Texte nur noch eine Minderheit ansprechen. Schon heute laufen auf Online-Seiten immer mehr Videos. Sie werden Texte in den Hintergrund rücken.

Wir kommen einer Welt immer näher, »in der die Masse dumm gehalten, zur reinen Funktionalität erzogen und zugleich mit Unterhaltung fortwährend betäubt wird«.³

Das Auge des Pfaus

Warum den Untergang des Abendlands an die Wand malen? Der Fortschritt hat sich niemals aufhalten lassen. Die Vorteile des Internets werden immer wieder mit der positiven Kraft des Buchdrucks verglichen. Nun also steht das gesamte Weltwissen nicht in staubigen Bibliotheken herum, sondern jedermann zu jedem beliebigen Zeitpunkt fast überall zur Verfügung (sieht man vom grassierenden Wikipedia-Konformismus ab). Da wurde ein Traum wahr, noch größer als der des Fliegens.

Wissen, das per Mausklick bereitsteht, muss nicht mehr erlernt werden. Müheloses Wissen aber führt zu einem anderen Verhältnis des Nutzers zum Wissen. Es ist keine Leistung, mehr zu wissen als andere. Man eignet sich Wissen nicht an, man konsumiert es. Das Netz macht bequem. Die Verfügbarkeit von Wissen ist das eine, die Fähigkeit des menschlichen Gehirns, das Wissen zu verstehen und einzuordnen, etwas ganz anderes. Wer will, kann über viel mehr Wissen verfügen, als er verarbeiten kann.

Das Netz liefert Wissen, aber auch die Illusion zu wissen. Das verfügbare Wissen zu prüfen nimmt heute kaum weniger Zeit und Mühe in Anspruch als früher die Suche nach brauchbaren Informationen. Deshalb sind wir auf Experten unseres Vertrauens angewiesen, die erklären und interpretieren, die uns vor allem sagen, wie die Wissensfülle zu ordnen ist.

Es ist etwas anderes, ob man das Buch eines Autors in der Hand hält, vor- und zurückblättert, Anmerkungen hinzufügt, Stellen markiert oder schnell mal googelt. Ein Griff zum guten, alten Lexikon wird zum Abenteuer, weil man eben selten nur nachschlägt, vielmehr zu Abschweifungen, zum Vergleichen mit anderen Texten und Autoren verführt wird. Surfen im Netz ist eine andere, von Suchmaschinen beeinflusste Bewegung. Wer sich überwiegend im Netz aufhält, entwickelt eine andere Aufmerksamkeitsökonomie. Schnelligkeit geht vor Gründlichkeit, Masse vor Klasse.

Offensichtlich verändert die Nutzung des Internets eine zentrale Denkfähigkeit: das Gedächtnis. Jeder weiß, dass das Gedächtnis ständigen Trainings bedarf. So, wie durch den Gebrauch von Taschenrechnern die Fähigkeit zum Kopfrechnen verkümmert, so verringert sich auch die Merkleistung.

Verblüffenderweise nutzen Menschen die Maschine nicht nur als Wissensspeicher, sondern vergessen zugleich diesen Umstand. Sie nehmen den Computer quasi für einen Körperteil. Die Harvard-Psychologen Daniel M. Wegner und Adrian F. Ward fanden es heraus. Die Versuchspersonen ihres Experiments wurden aufgefordert, 40 einfache Wissensfakten (zum Beispiel: das Auge eines Pfaus ist größer als sein Hirn) in einen Computer einzugeben. Der einen Hälfte der Gruppe wurde gesagt, der Computer werde die Fakten speichern, die andere Hälfte ging davon aus, dass dies nicht der Fall sein würde. Es überrascht nicht, dass diejenigen, die davon ausgingen, der Computer würde die Fakten speichern, sich später wesentlich schlechter an diese erinnern konnten.

Das Auge des Pfaus: Die simple Wissensfrage aus dem Experiment ist zugleich ein schönes Bild. Des Users Auge hat eine größere Kapazität als sein Hirn. Letzteres kann die Fülle der Informationen nicht mehr verarbeiten.

Erstaunlicher noch sind die folgenden Experimente. Die Testpersonen wurden gefragt, wie sie ihr Gedächtnis selbst einschätzten. Das Ergebnis: Personen, die sich bei der Beantwortung der Wissensfragen auf den Computer stützten, beurteilten ihr eigenes Gedächtnis besser als diejenigen, die allein auf ihr Gedächtnis angewiesen waren.

Um sicherzugehen, dass sich die computerunterstützten Testpersonen nicht nur deshalb stärker fühlten, weil sie mehr richtige Antworten geben konnten, wurde denen, die keine Suchmaschine benutzten, ein falsches Feedback gegeben. Sie mussten glauben, fast alle ihre Antworten seien richtig. Beide Gruppen waren also gleichermaßen der Meinung, exzellent abgeschnitten zu haben. Dennoch war die Google-Gruppe mit ihrer Gedächtnisleistung zufriedener als die Gruppe ohne Hilfsmittel.

Das heißt, der Unterschied zwischen eigenem und aus dem Netz bezogenem Wissen wird offenbar nicht mehr wahrgenommen, das Angelesene für das Gewusste gehalten. »Google gibt den Leuten das Gefühl, dass das Internet Teil ihres eigenen Wahrnehmungsapparats geworden ist.«[4] Die nachhaltigen Folgen dieser Selbsttäuschung liegen auf der Hand. Es schwächelt auch das Immunsystem, das vor Manipulation schützen soll.

Ein einleuchtendes Beispiel dafür, wie Fähigkeiten verkümmern können, folgt man blind der Maschine, ist der Orientierungssinn. Der Gebrauch von Stadtplänen und Landkarten erfordert eine gewisse Übung, ein Gespür für Himmelsrichtungen, ein bestimmtes Maß an Erfahrung und praktischer Intelligenz. Wer beim Gebrauch von Navigationsgeräten das Mitdenken einstellt, kann sich trotzdem verirren. Wir wissen immer sofort, wohin wir kommen, aber haben keine Ahnung mehr, wo wir sind. Wer blind und gefügig Automatenstimmen folgt, verliert mit der Zeit die Fähigkeit der Orientierung. Vielleicht wird sie nach wenigen Generationen auch genetisch verkümmert sein.

Marvin Minsky, der bedeutende Pionier künstlicher Intelligenz, träumte davon, die fehlbare, leicht verderbliche, zum Sterben verdammte menschliche Hardware des Gehirns mit einer Schnittstelle auszustatten. Seine Hoffnung war es, die Software des Menschen – die Programmierung des Gehirns – in Zukunft auf unzerstörbare Speichermedien kopieren zu können, also quasi unsterblich zu machen. Die technische Entwicklung lässt diesen Traum verblassen. Es sieht ganz so aus, als könne der Mensch seine verderbliche Hardware nicht durch Computer ersetzen. Wie er das einzigartige Gebilde in seinem Kopf aber noch nutzt, steht auf einem anderen Blatt. Intelligente Computer machen die menschliche Software weitgehend überflüssig.

So besteht die Gefahr, zwar nicht mehr den Kopf zu verlieren, aber den Verstand. Wenn einmal Gehirn und Maschine, Intelligenz und künstliche Intelligenz miteinander vernetzt sind, wird der konformistisch veranlagte Mensch der Manipulation aus dem Netz nicht mehr viel entgegensetzen.

Wir verzichten auf den Gebrauch unseres Verstandes, weil es bequem ist. So bekommt Kants Definition von Aufklärung einen neuen Sinn. »Aufklärung ist der Ausgang des Menschen aus selbst verschuldeter Unmündigkeit. Unmündigkeit ist das Unvermögen, sich seines Verstandes ohne Leitung eines anderen zu bedienen.« Das Unvermögen des Menschen, sich seines Verstandes ohne Anleitung von Rechnern zu bedienen, führt zu neuer Unmündigkeit. Es wird Zeit. Nicht für Maschinenstürmerei, das wäre dumm, doch für eine neue Aufklärung. Der Mensch muss lernen, der Maschine auf Augenhöhe zu begegnen.

ZEHN

Kleine Bilanz des Privatfernsehens. Was Quoten wirklich sind. Die seltsamen Methoden der Programmplaner. Rankingshows, Hitler-Dokus und Krimis.

Ja, da waren Hoffnungen mit der neuen Konkurrenz der Medien verbunden, aus heutiger Sicht auch naive Illusionen. Die Privaten werden uns Beine machen, glaubten wir, als Mitte der achtziger Jahre Sat.1 an den Start ging. An der neuen Konkurrenz könnten wir wachsen und reifen. Zugegeben, sie fing billig an, aber es würde nicht so billig bleiben. Redeten wir uns ein. Ich besuchte Amerika, Ted Turner und sein CNN, ich konnte mir vorstellen, zu den Privaten zu wechseln.

Was die privaten und öffentlich-rechtlichen Sender inzwischen verbindet? Die Anbetung der Zahlen. Sie sind unsere Religion. Und das, was verharmlosend *Konvergenz* genannt wird. Konvergenz: »Annäherung, Übereinstimmung von Meinungen, Zielen u. ä.« (*Duden*). Hat Konvergenz gar mit Konformismus zu tun? Weil Konvergenz zu weniger Vielfalt führt, die Profile schleift? Der bessere Begriff wäre: Seichtigkeitsspirale.

Der privaten Konkurrenz folgte inzwischen eine zweite. Sie kommt aus dem Netz und hat alle Medien erfasst. Wir haben sie gerade gewürdigt. Es sieht so aus, als ginge es auch mit dieser Umwälzung weiter bergab. Fernsehkultur – ein Auslaufmodell?

Privat: banal, trivial, egal

Privatfernsehen in Deutschland verdankt seine Entstehung neuen Kabeltechnologien. Nach gut drei Jahrzehnten kann sich die ökonomische Bilanz durchaus sehen lassen. Wie anders wäre es zu erklären, dass der Vorstandsvorsitzende von ProSiebenSat.1 Thomas Ebeling im Jahr 2014 27 Millionen Euro verdient hat?[1]

Richtet man den Blick auf den gesellschaftlichen Nutzen, ist Ebbe in der Kasse. Das Kind ist erwachsen, doch infantil geblieben. Doch wahr ist auch, was schon immer wahr gewesen ist: Im Seichten kann man nicht ersaufen.

Im Sturm gegen die Bollwerke öffentlich-rechtlicher Biederkeit haben die Privaten immer wieder versucht, mit Tabubrüchen Schneisen zu schlagen. Primitives wurde gesellschaftsfähig. Grenzdebiles Landvolk, größenwahnsinnige Gesangsnieten, geistlose Comedians, prekäre Expromis tragen ihr Elend zu Markte. Die Spitzenleistungen des Privatfernsehhumors sind überwiegend ein Trauerspiel.

Es begann mit *Tutti Frutti*, der Busenschau. Der harmlose Spaß verendete unfruchtbar. Eine Sendereihe, die sich halbwegs intelligent und kritisch mit Sexualität und mit der Sexualisierung der Gesellschaft befasst, ist nirgends zu sehen. Kaum ist ein Tabu gebrochen, verliert sich der Kitzel des Anstößigen.

Vom *Big Brother*-Container geht es ab ins *Dschungelcamp*. Auch dort schmeckt das Maden-Menü schon fad. *Joko & Klaas* foltern einander auf Quote komm raus. Die Grenzen sind medizinisch wie geschmacklich im Nu erreicht. Wie wär's mit einer Spielshow »Auf Leben und Tod«? Alles schon gewesen, die Älteren erinnern sich. In Wolfgang Menges *Millio-*

nenspiel wurde vor Jahrzehnten schon alles dazu gesagt. Es hat nur nichts genützt.

In grauer Vorzeit genügte es, prominent zu sein. Heute schafft es jeder Depp zum Star für ein paar Sendeminuten. Hausgenossen der Privaten werden zu »Superstars« ernannt. Die echten Stars heißen jetzt »Megastars«. Nicht wenige schaffen es zur »Legende«.

Wenn gar nichts mehr geht, geht immer noch GV und Sozial-Porno. Über ertappte Autobahnraser freut sich der TV-Spießer, ebenso über Messies, unfähige Pleite-Kneipiers und andere verpeilte Versager. Aber auch immer mehr Dokus und Reportagen bei ARD und ZDF begleiten Zöllner, Autobahnpolizisten, Gerichtsvollzieher und anderes Ordnungspersonal. Meist sind diese »wahren« Geschichten schlichter erzählt, als es die Polizei erlaubt. Die Vollpfosten vor den Schranken seltsamer Gerichte taugen noch nicht einmal mehr zur Lachnummer. Es lebe das *Königlich bayerische Amtsgericht* selig, das noch von prallem Leben strotzte. Prall ist an Scripted Reality nichts, auch wenn die depperte Familie Geiss die Quote ihres Senders rettet. Menschenverachtende Castingshows machen Schadenfreude salonfähig. Von Laiendarstellern vorgetäuschte Wirklichkeit, billig und schnell zusammengehauen. Ob getürkt oder authentisch – es kommt darauf nicht mehr an.

Gewiss: *Schlag den Raab* oder *Wer wird Millionär?* sind Quiz- und Spielshows, wie sie früher, nicht so aufgetakelt, nicht ganz so cool, auch im Monopolfernsehen zu finden waren. Der Ehrgeiz der Privaten, auch Qualität zu liefern, vor allem mit fiktionalen Eigenproduktionen, war bemerkenswert. Aber die Flamme ist fast erloschen. Jurys haben Mühe, den einen oder anderen Preis auch noch an Privatsender zu vergeben. Wollen die nur noch Kohle machen? Oder schlotternd vor Angst auf Netflix warten?

Wo bleibt die Aufklärung? *Mario Barth deckt auf.* Was deckt er auf? Das Humorniveau seiner Fankurve? Als RTL-Investigativ-Journalist ist der Brachial-Comedian so überzeugend besetzt wie John Wayne als Märchenprinz. Fachleute für Klamauk treten heute überall auf, wo sie nichts zu suchen haben, auch im Gebührenfernsehen.

So sieht das Elend aus: *The Biggest Loser* auf Sat.1 ist nur zu toppen von der Extrastaffel mit fetten Jugendlichen. Als Ausgleich zu Heidi Klums Hungerhaken gibt's Abspeck-TV. Unter Wettbewerbsstress Kilos loszuwerden ist Psychofolter. Oder Kuppelshows: Es gibt sie auch splitternackt, angeblich mit »zurückhaltender Kameraführung«. Kennenlernen unten ohne und oben ohne wohl auch, denn wer sich für dieses »soziale Experiment« von RTL casten lässt, hat ein Problem im Kopf. Die Not nach TV-Ruhm ist epidemisch. Noch schamloser ist das »Beziehungsexperiment« auf Sat.1: *Hochzeit auf den ersten Blick.* Einander Unbekannte treffen sich im Standesamt zum ersten Mal zur medialen Zwangsehe. Mein Beziehungsexperiment zu den Privaten ist gescheitert.

Experimente zur Schmerzempfindlichkeit ehemaliger Beinahepromis, Zickenzirkus mit Sumpfschnepfen, die sich zum Affen machen lassen: Menschen in Not – ob auf dem Konto oder im Kopf. Auch die Würde von Beschränkten sollte unantastbar sein. Doch die Trashlawine ist gesellschaftlich akzeptiert. Und davon kommt das, was Wissenschaftler »downward comparison« nennen. Zuschauer erfreuen sich am sozialen Vergleich nach unten. Sogar die Kulturwächter in den Feuilletons verzichten ausnahmsweise aufs Kammerkonzert und den Lyriksalon und blocken ihre Abende für die Madenshow im

Ekelcamp. Wie Moraltheologen, die YouPorn herunterladen, oder Veganer, die heimlich Blutwurst spachteln. Der Büchermensch auf Abenteuerurlaub im Unterschichtenland. Nein, es gibt kein Unterschichtenprogramm.

Mehr Vielfalt – mehr Einfalt

Hat das Private das Fernsehen demokratisiert, weil die Zahl der Kanäle unüberschaubar geworden ist? Zu sehen ist, abgesehen von Pay-TV und dem einen und anderen Spartenprogramm, nur mehr vom Gleichen. Bestürzende Einfalt statt Vielfalt. Der unterhaltungssüchtige Konsument wird mit gestrecktem Stoff beliefert. Natürlich muss mit ausgestrecktem Zeigefinger immer auch aufs öffentlich-rechtliche Fernsehen gezeigt werden. Kein Wunder, dass trotz der Fülle die Menge derer zunimmt, die auf »Free TV« verzichten.

Der wahre Tabubruch der Privaten ist ihre Verabschiedung aus der gesellschaftlichen Verantwortung. Die Zutat Politik ist im Privatkuchen kaum herauszuschmecken, dies war auch die Absicht der Parteien, die sich für das Private einst starkmachten. Kaum noch nachweisbar: Kultur. Abgesehen von Alexander Kluges Interviews, die als unantastbares Feigenblättchen keine Zuschauer brauchen. Die privaten Nachrichten sind von unterschiedlicher Qualität, doch alle sind sie auf dem Boulevard unterwegs. Dort, wo in »gebührendem« Abstand ARD und ZDF folgen. Ein guter Moderator wie Peter Klöppel macht noch keine Sendung, die hinreichend vermittelt, was die Welt bewegt. Ausnahmen auch hier: Das *RTL Nachtjournal* bietet solide Kost, während das ZDF das späte Nachrichtenmagazin abgeschafft hat und *Heute+* von allen guten Nachrichtengeistern fluchtartig verlassen worden ist.

Natürlich waren und sind da auch Glanzlichter wie Harald Schmidt, der zwischen ARD und Sat.1 wechselte, hier nicht besser war als dort. Als Imagefaktor wurde er im Privaten eine Zeit lang geschätzt, bis seine Sendung am Ende den Quotentod starb.

Dass es privat auch anders ginge, beweist zum Beispiel das ganz und gar private Servus-TV des Red-Bull-Unternehmers Dietrich Mateschitz in Salzburg. Quersubventioniert, gewiss; doch rechnet sich eben auch Imagegewinn für eine Firma. Warum leisten sich Bertelsmann und ProSiebenSat.1 nicht jeweils einen Kulturkanal im Free-TV und treiben dort ARD und ZDF vor sich her?

Auf Verflachung, Sensationsgier, Moralgetöse und Promigestöber kann sich der Zuschauer bei den Privaten verlassen. Die Gebührensender zeigen dagegen immer wieder die Folgen ihres schlechten Gewissens. Sie behaupten, unvergleichlich anspruchsvoller zu sein als die private Parallelgesellschaft. Dabei müssen sie noch nicht einmal rot werden vor Scham. Es ist so. Nur auf welchem Niveau halten sie noch Abstand?

Fernsehen folgt gemeinhin dem Dogma: Wir müssen die Leute dort abholen, wo wir sie finden. Dieser Spruch wird jedem eingehämmert, der Fernsehsendungen macht. Abholen bedeutet doch nicht, vor dem Abzuholenden niederzuknien, sondern ihn voranzubringen.

Es ist ja richtig, die Zuschauer möglichst nicht zu überfordern. Schlimmer aber ist es, sie zu unterfordern. Zu viele Programme orientieren sich am unteren Niveau des Publikums. Einen guten Teil des Publikums jedoch unterschätzen die Anstalten und verfehlen es.

196

Es geht nicht zuerst darum, dass das Fernsehen Zuschauer gewinnt. Zuerst sollten die Zuschauer durch Fernsehen gewinnen. Sonst holt das Fernsehen sie nicht ab, sondern lässt sich zu seinem Publikum herab. Wenn Zuschauer nur anschalten, um abzuschalten, sind Gebühren nicht gerechtfertigt.

Es ist wie mit den Nichtwählern. Bei Weitem nicht alle sind Politikverächter. Sie finden nur keine Partei, die sie guten Gewissens wählen könnten. Wie versuchen ARD und ZDF, Nichtseher zu gewinnen? Nur der kleinste Teil sind harte TV-Verächter. In den Hauptprogrammen nehmen ARD und ZDF die Fernsehabstinenz einer hochaktiven, gesellschaftlich wichtigen Gruppe in Kauf. Eigentlich sind sie mit dem Vorsatz angetreten, Programm für alle zu machen. Aber nicht alle zählen gleich viel. Der unterstellte Massengeschmack zählt mehr. Die Minderheit der »Bildungsbürger« hat das Nachsehen. Soll sie eben Arte gucken oder 3sat oder gleich lesen statt glotzen.

Die Traumschiffkapitäne von ARD und ZDF haben ihre Luxusliner an den Felsen der Quote gerammt. Wer nur an der Hebung der Marktanteile arbeitet, versenkt zwangsläufig seine Bedeutung.

Was richtet der Quotenwahn innerhalb der Anstaltsmauern an? Wo bleibt die Selbstachtung der Redakteure?

Wer sich am Seichten orientiert, erspart sich geistigen Aufwand, konzentriert sich auf Fragen der Verpackung, der Präsentation und des Marketings. Das Ringen um Inhalte geht verloren. Viele Redakteure denken nicht mehr wie Journalisten, sondern wie Produktmanager. Bestenfalls imitieren sie, weil es sicheren Erfolg verspricht, erfolgreiche Vorbilder, etwa der BBC, kaufen Formate ein, statt sie selbst zu entwickeln.

Wer im Quotenrennen mithalten kann, braucht sich für gesenkte Ansprüche nicht zu rechtfertigen. Rechtfertigen muss sich nur der, der seine Quotenvorgaben nicht erreicht. So gut wie jede Redaktionskonferenz und Redaktionsleitersitzung hält sich mit der Verlesung und Kommentierung der Quoten auf.

Überhaupt: Zahlen! Es ist wie in der Wirtschaft. Zahlenfetischismus ist eine Krankheit. Aber nicht alles lässt sich in Zahlen fassen. Dem Belanglosen wird applaudiert, solange es nur »funktioniert«.

Es ist das am meisten gebrauchte und missbrauchte Wort aller Redaktionskonferenzen: Funktionieren. Eine Sendung funktioniert, wenn sie Quote macht. Weshalb, spielt keine Rolle. Der Zuschauer funktioniert als Gewohnheitstier. Entspricht eine Sendung nicht dem Gewohnten, zappt er weg. Deshalb zeigen die Programme überwiegend das Gewohnte.

Natürlich fährt nicht alles, was gut ist, schlechte Zahlen ein, und nicht alles, was gute Quoten erntet, ist schlechtes Fernsehen. Grundsätzlich aber sind Qualität und Quote zwei voneinander ziemlich unabhängige Größen.

Die Quote hängt nicht nur vom Gebotenen ab. Mitentscheidende Faktoren sind der Sendeplatz, die Attraktivität der Gegenprogramme, der Vorlauf der Sendung, das, was danach kommt, schlechtes Wetter, das die Zuschauer ans Haus fesselt, gutes Wetter, das sie aus dem Haus treibt.

Was Quote bedeutet

Der Glaube an die Quote ist zum Wahn geworden. Die Zahlen beziffern keineswegs zuverlässig die Zustimmung der Zuschauer. Sie sagen nichts darüber aus, wie sehr eine Sendung fesselt oder langweilt, welche Gedanken und Gefühle sie auslöst. Die Wirkungsforschung kann nicht einmal ganze Programme bewerten, geschweige denn einzelne Sendungen. Lediglich über die langfristige Wirkung von Fernsehen überhaupt gibt es Erkenntnisse. Möglich ist nur, »die Wirkung der aktuellen Berichterstattung als einen Teil der politischen Sozialisation ihrer Rezipienten zu betrachten«[2].

Um die Wirkungsforschung zu verbessern, wird neuerdings versucht, Tweets zu analysieren, die zum laufenden Fernsehprogramm im Netz kursieren. Aber die meisten Programmmacher interessieren sich gar nicht für die wahre Wirkung ihrer Sendungen. Ihnen reichen die zwei großen Zahlen. Wie groß ist der Marktanteil? Wie viele Zuschauer saßen vor der Scheibe?

Die Gesellschaft für Konsumforschung in Nürnberg hat 5640 Haushalte mit insgesamt 10500 Personen (deren Identität streng vertraulich bleibt, um Korruptionsversuche zu unterbinden) mit GfK-Metern ausgestattet. Sie repräsentieren die Gesamtheit der etwa 70 Millionen deutschen Zuschauer ab dem dritten Lebensjahr. Ausländer sollen erst ab 2016 ins Panel einbezogen werden.

Damit repräsentiert jede Messperson jeweils etwa 7000 Zuschauer. Die Auserwählten müssen sich, wenn sie mit dem Fernsehen beginnen, es unterbrechen oder beenden, per Tastatur an- und abmelden. Die zuverlässige Handhabung kann nicht überprüft werden. Zweifellos beeinflusst die Teilnahme an diesem Verfahren das Sehverhalten. Für diese privilegierten Zuschauer ist Fernsehen nichts Beiläufiges mehr, sondern ein Akt von Bedeutung und Wirkung, auch, wenn sich der Effekt mit der Zeit verliert. Besonders skeptische und anspruchsvolle Zuschauer sind dennoch nicht leicht davon zu überzeugen, ihr Sehverhalten überwachen zu lassen. Seit einiger Zeit wird auch die Online-Nutzung erfasst, aber die Messungen sind noch unpräziser als die der Fernsehdaten.

Als das Schweizer Fernsehen den Anbieter der Quotenmessung wechselte und damit auch die Methode, änderten sich die Quoten um rund 20 Prozent. In den USA konkurrieren mehrere Firmen, die Quoten werden deshalb mit unterschiedlichen Verfahren gemessen. Absolut genau sind die Zahlen nie und nirgends. Dennoch entscheiden schon geringe Veränderungen über Erfolg oder Misserfolg, Sein oder Nichtsein von Sendereihen und Formaten. Die Ungenauigkeitsspannen sind so groß, dass sie die Vergleichbarkeit der gemessenen Werte stark einschränken. Fachleute rechnen bei einem Marktanteil von 10 Prozent mit messungsbedingten Abweichungen von rund 0,8 Prozent. Da es immer mehr Programme gibt, zerfällt die Gesamtheit aller Zuschauer in immer mehr kleinere Segmente. Je schmaler das Kuchenstück ist, desto ungenauer ist die Messung.

Dennoch bestimmen die Zahlen immer mehr auch die Programmgestaltung der Nebenprogramme, deren Marktanteile selten drei Prozent übersteigen. Auch bei ZDF-Info und Phoenix sitzen inzwischen Quotenjunkies.

Die Zahlen taugen allenfalls als relative Größe zur Festsetzung von Werbeeinnahmen. Für werbefreie Programme und Sendungen außerhalb der Werbezeiten (bei Gebührensendern nach 20 Uhr und an Sonn- und Feiertagen) sind Quotenmessungen überflüssig.

Doch zu viele profitieren vom einmal eingeführten Quotenmesssystem. Die Sender, ihre Vermarktungstöchter, die Mediaplanungsagenturen, die Kreativagenturen, die Werbetreibenden. Es ist ein geschlossener Kreis von Abhängigen. Einmal im Jahr treffen sie sich alle zur großen Sause in Cannes. Und würde man die kleinen Programme von der Quotenmessung befreien, stünde das ganze System infrage.

Das lange unverdrossen behauptete Dogma, ältere Konsumenten seien für die Werbewirtschaft nicht mehr relevant, ist als Legende entlarvt. Sie geht auf propagandistische Behauptungen des ersten RTL-Programmdirektors Helmut Thoma zurück. Aber auch öffentlich-rechtliche Programmmacher haben jahrelang daran geglaubt. Sie halten jüngere Zuschauer immer noch für wertvoller als ältere. Ihre Quoten werden eigens ausgewiesen.

Alle Anstrengungen zielen deshalb darauf, jüngere Zuschauer zu gewinnen. Dem Gebührenfernsehen will es dennoch nicht gelingen, das Durchschnittsalter des Publikums merkbar zu senken. Es ist machtlos gegenüber den veränderten Sehgewohnheiten der Jungen, die, soweit sie nicht Pro7 und RTL vorziehen, lieber im Internet unterwegs sind, und der generellen Alterung der Gesellschaft.

Es gilt offenbar als ausgemacht, dass Jüngere weniger interessiert seien an Politik, Wirtschaft und Kultur, was zu bezweifeln ist. Programme sind für Zuschauer aller Generationen attraktiv, wenn sie abwechslungsreich, überraschend, anregend sind statt routiniert, altbacken und mutlos. Es fällt zum Beispiel auf, dass in Deutschland kaum fiktionale Programme mit politischen Inhalten produziert werden. *Kanzleramt* im ZDF war ein Flop – aber auch nicht gut. Nun dreht die ARD *Die Stadt und die Macht*. Regisseur Christoph Fromm konstatierte: »Wir könnten weiter sein auch im internationalen Vergleich –, wenn es mehr Freiheit gäbe.«[3]

Zusätzliche Angebote von ARD und ZDF für Jugendliche wird es deshalb vernünftigerweise nur im Netz geben.

Der lange geplante Jugendkanal scheiterte am Einspruch der Ministerpräsidenten. Der erfolgreichste Jugendkanal ist ohnehin längst die Mediathek.

Streamingdienste wissen ungleich mehr über ihre Zuschauer als Fernsehsender. Algorithmen übernehmen dort die »Programmplanung« für jeden Zuschauer individuell. Der Computer schließt aus dem, was jeder Kunde bisher gewählt hat, auf das, was er in Zukunft sehen will. Amazon lässt grüßen. Netflix ordnet jede einzelne Produktion einem von zahllosen Subgenres zu, um zu spezifizieren, wofür sich die Kunden interessieren. Tatsächlich wählen Netflix-Nutzer zu 75 Prozent das, was ihnen der Empfehlungsalgorithmus vorschlägt. Dieses Verfahren führt dazu, dass Netflix-Kunden immer mehr vom Gleichen konsumieren. Davon werden sie gewiss nicht klüger. Fremdes, Unerwartetes erscheint gar nicht erst an ihrem Horizont. Der gläserne Zuschauer ist ebenso wenig Utopie wie der gläserne Staatsbürger.

Wer Zuschauer fragt: Was würden Sie gerne sehen?, kann keine gültigen Antworten erwarten. Von Zuschauern sollte nicht verlangt werden, einfallsreicher zu sein als Fernsehmacher. Zuschauer können sich nur für und gegen das entscheiden, was sie tatsächlich zur Auswahl vorgesetzt bekommen. Woher sollen sie wissen, was möglich wäre? Sie können nur angeben, ob sie noch mehr von dem wollen, was sie schon kennen. Niemand weiß, wie das ankommen würde, was in den Programmen gar nicht vorkommt, weil es aus Furcht vor schlechten Quoten nicht produziert wird. Natürlich werden auch Pilotformate gescreent. Sie können ankommen oder durchfallen. Aber auch Piloten sind bereits auf den vermeintlichen Publikumsgeschmack zugeschnitten. Nachfrage ließe sich mit anspruchsvolleren Produktionen durchaus schaffen.

»Es sind nicht die schwierigen Filme, denen die Zuschauer ausweichen, sondern die schlechten«, sagte der über Jahrzehnte hoch erfolgreiche Produzent Günter Rohrbach.[4] Angebote, die nicht gleich »funktionieren«, werden schnell abgesetzt, bekommen keine Gelegenheit, zu reifen.

Die Vollstrecker

Vollstrecker des Quotenwahns in den öffentlich-rechtlichen Anstalten sind die Programmplaner. Sie platzieren die Sendungen und nehmen damit auch Einfluss auf die Produktionen. Das funktioniert zum Beispiel so: Eine aufwendige, 90-minütige Fernsehdokumentation wird produziert, sagen wir zu einem historisch bedeutenden Jahrestag. Die Pflicht kann zum Anlass für eine besondere Programmanstrengung genommen werden – oder eben in bloßer Pflichterfüllung münden. Die Programmplaner warnen nun vor schwachen Quoten. Auf ihr Betreiben wird der Film auf 75 Minuten gekürzt und nicht wie vorgesehen um 20 Uhr 15, sondern erst nach 22 Uhr gesendet. Operationen dieser Art geschehen in aller Stille.

Die rigorosesten Programmänderungen sind König Fußball geschuldet. Entscheidend ist: Je mehr Fußball läuft, desto mehr Fläche für Information und Bildung geht verloren oder muss in die Nacht verschoben werden. Gerade, da ich dieses Buch fertigstelle, ist der Fußball in einem eigentlich EM- und WM-losen Sommer in einem Maß im Hauptabendprogramm präsent, dass man sich fragen muss, ob die Programmmacher von ARD und ZDF überhaupt kein Schamgefühl mehr haben. Gerade ist die Bundesliga in der Sommerpause, und die letzten sensationellen Länderspiele – ein Freundschaftsspiel gegen die USA und ein EM-Qualifikationsspiel gegen den Fußballriesen Gibraltar – sind absolviert, da gibt es nun doch eine WM (Frauenfußball) und eine EM (U 21), die ausführlich übertragen und begleitet werden müssen. Was ist schon der drohende Grexit gegen das 10:0 der deutschen Frauen gegen die Elfenbeinküste, was sind schon die wieder aufflammenden Kämpfe in der Ostukraine gegen das 1:1 der deutschen Jungkicker gegen Serbien. Und nicht unterschlagen sollte man in diesem Zusammenhang den Hinweis, dass Hunderte von Millionen – über die Jahre Milliarden – Euro aus Gebühren in den gefräßigen Schlund der korrupten FIFA geworfen worden sind, obwohl es den »Experten« doch eigentlich klar war, dass das ganze System mafiös organisiert ist.

Für jeden, der Nachrichtensendungen für essenziell hält, sind die Ausgaben in den Halbzeitpausen von Fußballspielen ein Ärgernis. Eine halbe Stunde *Tagesthemen* oder *Heute-journal* schrumpfen zu zehn Minuten. Aber die Redaktionen sind bereits getröstet, darf die in die Pause gequetschte Miniausgabe doch mit außergewöhnlich hohen Zuschauerzahlen rechnen. Fußball als Köder? Die Zahlen sagen nichts darüber, wo und wie dic Zuschauer die Pinkelpause verbringen. Es ist die übliche Selbsttäuschung der Quotenjunkies: Sie schließen von der Zahl auf die Aufmerksamkeit und auf die eigene Bedeutung.

Der Auftrag – das Publikum solide zu informieren – kann mit einem Pausenjournal natürlich nicht erfüllt werden. Es wäre möglich, die ganze Sendung nach dem Fußballspiel nachzuholen. Dann müssten aber die belanglosen Interviews, überflüssigen Analysen und Gesprächsrunden verschwinden, die die Übertragung strecken, um die Minutenpreise der sündteuren Fernsehrechte statistisch zu senken.

Absurderweise beeinflusst der Fußball nicht nur das Programm des übertragenden Senders. Auch der fußballlose Sender ändert sein reguläres Programmschema und kontert etwa mit einem zusätzlichen Krimi. Man nennt dies »Sonderprogrammierung«. Sie gibt es vor allem auch rund um Feiertage. Dann laufen schon einmal zwei Folgen *Traumschiff* hintereinander, gefolgt von einer *Traumschiff*-Doku. Oder es sind drei Krimis am Stück zu sehen, gefolgt von einem Katastrophenfilm und nur gelegentlich unterbrochen von Kurznachrichten.[5]

Fußballübertragungen und Sonderprogrammierungen sind verantwortlich dafür, dass Magazine und Kulturprogramme ausfallen oder aus der Primetime an den Rand des Programms in die Nacht geschoben werden. Vielen Zuschauern ist das dann zu spät. Gerade anspruchsvolle Programme erfordern aber wache Zuschauer. Sie spät zu senden ist deshalb eine sich selbst erfüllende Prophezeiung. Kultur »funktioniert« eben nicht, heißt es dann.

Was zählt, ist die Gesamtquote des Abends, die durch die Verschiebung des Anspruchsvollen nach hinten verbessert werden kann. Was mehr Zuschauer verspricht, kommt früher. Es ist ein einfaches Prinzip.

Besonders das von Quotenjunkies ungeliebte Kulturmagazin wird häufig weiter in die Nacht befördert. Nicht immer, aber immer öfter. Von einer regelmäßigen, verlässlichen Sendezeit kann nicht mehr die Rede sein, was Zuschauer verprellt.

Programmplaner sagen einem dann, wenn die Sendung schon so spät läuft, müsse sie eben auch leichter und unterhaltsamer daherkommen. Damit wird das Stammpublikum doppelt frustriert. Sein Programm läuft später, und seichter wird es auch noch. So verliert man auf Dauer die mobilen unter den Stammsehern.

Die Programmplanung hingegen legt Wert auf einen guten *Audience Flow*. Gut ist der Audience Flow, wenn Zuschauer zwischen dem Ende der vorhergehenden und dem Beginn der nachfolgenden Sendung nicht um- oder abschalten. Es gilt daher als ausgemacht, dass jede Sendung versucht, Zuschauer vom Umschalten abzuhalten. Deshalb sollte die beginnende Sendung möglichst geschmeidig ans vorhergehende Programm anschließen. Kultursendungen des ZDF kommen seit einiger Zeit nach der *Heute-show* oder anderen Comedy-Formaten von nicht selten zweifelhafter Qualität. (Meine Nummer eins zum Fremdschämen: *Vier sind das Volk*, direkt vor *Aspekte*). Nach der Audience-Flow-Regel müssen die Kultursendungen also Comedy-Publikum »abholen«. Comedy-Publikum liebt es aber schrill. Literatur kann aber nicht zum Tralala werden, nur weil gerade Leute unterwegs sind, die vom Tralala kommen.

Substanzverluste, Volume I

Die Intendanten halten den Vorwurf, Information und Bildung kämen bei ARD und ZDF unter die Räder, für abwegig. Gemessen in Sendezeit entfällt auf Nachrichtensendungen, Dokumentationen, Reportagen, Magazine, eine Flut von Talkshows und natürlich auch Boulevardformate wie *Leute heute* sowie *Brisant* – also alles, was als »Information« gilt – etwa die Hälfte der Sendezeit. Das ist viel. Mit dieser Zahl geben sich die Aufsichtsgremien, aber auch Medienkritiker und Medienwissenschaftler meist zufrieden. Viel zu wenig wird über den Substanzverlust dieser Genres diskutiert. Nicht in jeder Flasche, auf der *Kultur* oder *Politik* steht, ist noch viel *Kultur* oder *Politik* drin.

Substanzverlust ist allerdings nicht in Stunden und Minuten zu messen.

Die Boulevardisierung hat aber, wir haben es gesehen, vor keiner Ecke im Programm haltgemacht, nicht vor Nachrichten, Magazinen, Reportagen, nicht einmal vor Kultursendungen. Was aber nützt es, wenn zum Beispiel ein Kulturmagazin wie *Aspekte* 15 Minuten Sendezeit dazubekommt, die gewonnene Zeit aber mit Auftritten von Popgrößen verplempert wird, für kritische, in die Tiefe gehende journalistische Beiträge aber weniger Zeit bleibt als zuvor?

Bleiben wir noch einen Augenblick bei der Kultur. Denn der Substanzverlust ist überall zu spüren. Und gerade dort ist er am schmerzlichsten, wo das Anspruchsvolle an Wert verliert.

Das Massenmedium unterwirft sich der Kommerzkultur selbst in der letzten Nische der Hochkultur. Ein beliebiges Beispiel: Im November 2014 begann *Titel Thesen Temperamente*, das Kulturmagazin der ARD, mit einem Stück über Herbert Grönemeyers neue CD. *Aspekte* im ZDF stellte die neue Hervorbringung der Toten Hosen heraus. Beide Sendungen dienten als Reklameplattform der Popindustrie. Warum gaben die beiden einzigen Kulturmagazine in den Hauptprogrammen ihre spärliche Sendezeit dafür her? Zählten neue Hit-Scheiben zu den herausragenden Kulturereignissen dieser Woche? Das glaubten die Redaktionen selbst nicht. Sie sprangen auf den Zug des Populären auf, weil sie hofften, er werde ihnen Zuschauer in die Sendung spülen. Werch ein Illtum! Niemand schaltet wegen Grönemeyers Auftritt ein Kulturmagazin ein. So verlieren Kulturmagazine ihre Besonderheit und machen sich selbst überflüssig. Grönemeyer und Campino treten und traten überall auf, in den Morgenmagazinen, bei *Lanz* und in anderen Talkshows.

Das Gegenargument lautet: Wenn wir Lena Meyer-Landrut interviewen, können wir uns danach einen Beitrag über das Theaterfestival leisten. Aber in Wahrheit wertet dieser Kontrast die Hochkultur ab, weil den Zuschauern systematisch abgewöhnt wird zu unterscheiden. Alles zählt gleich, und so ist es egal, solange es nur »funktioniert«. Die Folgen dieser Haltung habe ich bereits in Kapitel sieben skizziert.

Nichts gegen gute Populärkultur. Aber sie sollte Hochkultur nicht auch noch auf den wenigen, schmalen Programmplätzen verdrängen, die es für diese noch gibt. Noch einmal Vargas Llosa: »Der wesentliche Unterschied zwischen der vergangenen Kultur und dem heutigen ›Entertainment‹ ist, dass früher ein Werk beanspruchte, die Gegenwart zu transzendieren und zu überdauern, in den kommenden Generationen lebendig zu bleiben, während die neuen Produkte hergestellt werden, um augenblicks, wie Kekse oder Popcorn, konsumiert zu werden und zu verschwinden.«[6] Die Seichtigkeitsspirale hat längst auch das Populäre erfasst.

Ein großes Unterhaltungsgenre der Vergangenheit, die Oper, spielt in den Hauptprogrammen des Fernsehens so gut wie keine Rolle mehr. Das ZDF schämte sich nicht, Ausschnitte (!) aus *Carmen* als »Übertragung« aus der Arena in Verona anzupreisen. Nur noch ein Wunschkonzertfragment blieb von dieser Oper übrig. Musikfreunde lassen sich so nicht veralbern, neue Opernfans nicht gewinnen.

Was das Fernsehen hier langfristig anrichtet, hat am Ende auch Auswirkungen auf den Konzertbetrieb und die Musikindustrie. Diese Wunschkonzertmentalität schadet auf allen

Ebenen. Die Bandbreite des Repertoires wird enger. 20 Mal Brahms verkauft sich leichter als einmal Schostakowitsch. »Aber nur deshalb, weil die Leute gar nicht wissen, was sie sich an Schönem zumuten können«, so Konzertveranstalter Andreas Schessl.[7] Woher sollen sie es auch wissen, wenn es ihnen niemand sagt? Die Mentalität, immer nur aufs Populäre, Bekannte, Vertraute zu setzen, wirkt sich negativ auf die gesamte Kultur aus. Weniger Vielfalt, mehr Einfalt. Nicht nur in der Kultur. Intellektuelle Bequemlichkeit lähmt alle Bereiche der Gesellschaft.

Von Bildung kann in solchem Bildungsfernsehen kaum mehr die Rede sein. »Denn kein Mensch ist mehr gebildet, wenn alle es zu sein glauben oder wenn der Inhalt dessen, was wir Kultur nennen, so verwässert ist, dass alle mit gutem Recht davon ausgehen können, dass sie gebildet sind.«[8]

Substanzverluste, Volume II

Was etwa ist das altehrwürdige *Auslandsjournal* noch wert, wenn weniger Außenpolitik geboten wird, stattdessen ein Kessel Buntes aus der großen weiten Welt? Wie am Tag des Ukrainegipfels in Minsk und des Griechenlandgipfels in Brüssel.[9] An diesem herausragenden Tag der Außenpolitik machte das *Auslandsjournal* mit einer Reportage über Masernimpfung in den USA auf und endete mit Trüffelsuchen in der Provence. Kurz vor dem Referendum im Schottland musste sich der Reporter bei den Highland Games beim Baumstammschleudern blamieren. Die Anliegen der Schotten wurden als Folklore veralbert. Das *Auslandsjournal* ist stolz auf solchen Quatsch der Rubrik »Außendienst«.

Und warum gibt es im ZDF keine regelmäßige journalistische Auseinandersetzung mit den großen Themen der Wirtschaft mehr? *WISO* heißt der Sendeplatz seit Jahrzehnten. Ein Magazin für Bausparer und Schnäppchenjäger. Über Banken, Konzerne, Wirtschaftspolitik ist kaum etwas in *WISO* zu erfahren.

Bis vor wenigen Jahren fanden innenpolitische Dokumentationen ins ZDF-Programm. Für jeden einzelnen Film musste erst ein Sendeplatz erstritten werden. Das hat sich geändert. Es gibt nun feste Dokumentationsplätze im ZDF. Aber keine politischen Analysen mehr.

Nicht zu Unrecht werden die politischen Magazine von ARD und ZDF in einer im Juli 2015 vorgelegten Untersuchung der gewerkschaftlichen Otto Brenner Stiftung als zu unpolitisch kritisiert, als zu sehr fixiert auf Einzelschicksale statt auf Zusammenhänge. Der Bedeutungsverlust der einst gefürchteten Politikmagazine zeigt beispielhaft den Verlust journalistischer Substanz im öffentlich-rechtlichen Kerngeschäft.

Weil es offenbar die Mehrheit des entpolitisierten Publikums nicht interessiert und auch in der Sache wenig hergibt, sind kaum noch ausführliche Dokumentationen über den Wettbewerb der Parteien zu sehen. Stattdessen laufen zu bester Sendezeit bei der ARD Filme über den vollkommen irrelevanten Kampf anderer Giganten: »Lidl gegen Aldi« oder »Burger King gegen McDonald's«. Konsumquark. Eine Beleidigung für politisch wache Zuschauer. Unterschichtenfernsehen gibt es also doch. Öffentlich-rechtlich.

Dokumentationen sind, wie fast alle Sendungen, inzwischen auch noch streng *durchformatiert*. Das heißt, Bild, Text, Musik, die ganze Aufmachung und die Dramaturgie folgen den immer gleichen, vertrauten Strickmustern. Journalistisch sinnvoller wäre es, die Form am jeweiligen Inhalt auszurichten und unterschiedliche Handschriften und Sichtweisen von Autoren zuzulassen. Mit »Format« im Sinne unverwechselbarer Qualität hat *Formatierung* nichts zu tun. Man braucht keine Autoren von Format fürs Formatfernsehen. Heute kommt es auf die Popularität von »Presentern« an, nicht auf Reportagekunst als eigenes Genre der Fernsehkultur wie noch vor Jahrzehnten etwa die Prachtreihe *Unter deutschen Dächern* in der ARD. Dieser, sagen wir es böse, Formatstalinismus hat Anteil am Substanzverlust.

Immer kräftiger muss gesalzen werden. Als Geschmacksverstärker wird eine Art Musik in die Instantsuppe gekippt. Ob Geschichte oder wilde Tiere: Keine Doku ohne penetrante Dauerbeschallung. Selbst während gesprochen wird, wabern fette Klangwolken. Zu dick, zu plump, zu laut.

Atemlos schnell geschnitten sind die meisten Dokus und zugetextet mit atemberaubend schlichten Sätzen. Eisernes Gesetz, wie gesagt: Bloß nicht den Zuschauer überfordern. Der Unterhaltungstrieb geht so weit, dass sogar wahren Heldinnen und Helden der Geschichte so dümmliche Texte in den Mund gelegt werden, wie man sie aus schlechten Vorabendserien kennt. In der sonderbaren ZDF-Serie *Frauen, die Geschichte machen* mussten Jeanne d'Arc, Kleopatra und Katharina die Große reden, als säßen sie beim Friseur in Wanne-Eikel.

Substanzverluste, Volume III

Das Bedeutende gilt als bedeutend, weil es beliebt ist. Dieser Irrtum leitet zahlreiche Programmideen. Das Beliebte als das

Wichtige auszugeben ist zum Beispiel die Methode der Rankingshows. Sie zählen zu den dämlichsten Hervorbringungen des Unterhaltungsfernsehens, unabhängig davon, ob das Ranking einwandfrei zustandegekommen ist oder nicht.

So gut wie alles auf dieser Welt kann in Rangfolgen gebracht werden. Wie bei Hitparaden geht es auch bei Rankingshows nicht um Qualitätsvergleiche, sondern um Popularität und Bekanntheit. Meistgehört, meistgelesen, meistverkauft. Auf die Welt gekommen ist »Ranking« als Marketing-, in Mode gekommen als Unterhaltungsinstrument.

Nebenbei bemerkt: Bestsellerlisten schaden auch der Literatur, weil sie fälschlich für Bestenlisten gehalten werden. Bestseller werden in den Buchhandlungen verkaufsfördernder platziert als Bücher, die es nötiger hätten, obwohl sie besser sind.

Was wird nicht alles gerankt: Universitäten, Ärzte, Leberknödel – dabei geht es wenigstens noch irgendwie um Markttransparenz. Der ADAC ruinierte seinen Ruf mit der Manipulation von Umfragen nach den beliebtesten Autotypen. Wenn schon Automarken nicht ganz einfach miteinander zu vergleichen sind, wie dann erst einzigartige Persönlichkeiten aus so unterschiedlichen Feldern wie Politik, Sport, leichte Muse und Medien?

In der Rankingshow *Unsere Besten* konkurrierte Goethe mit den Geschwistern Scholl um die Krone des populärsten Deutschen. Das Publikum durfte darüber entscheiden, ob es Friedrich den Großen oder Alice Schwarzer für den größten »Pionier« des Landes halten wollte.

Es kommt auf das Ergebnis gar nicht an, weil das Spiel allein der Unterhaltung dient. Wenn aber das Ergebnis egal ist, dann ist es auch egal, ob es manipuliert wird.

Manche Sender pfuschten beim Prominentenranking. Das ZDF wertete willkürlich auf, wer als Studiogast eingeladen war, etwa den eigenen Nachrichtenmann Claus Kleber. Abgewertet: Peter Klöppel von RTL. Als die Sache aufgeflogen war, beklagte der Programmdirektor die »grobe Verletzung der Programmrichtlinien«, und der Unterhaltungschef des Senders musste gehen. Aber was sind das für Programmrichtlinien, die ein Mittel der Zuschauerverblödung grundsätzlich gutheißen?

Der eigentliche Skandal bestand doch darin zu suggerieren, die Promiparade sei von irgendeiner Gültigkeit. Wer Politiker, Sportler, Fernsehmoderatoren miteinander in einen Bedeutungstopf wirft, nimmt weder die Politik noch den Sport noch die Unterhaltung so ernst, wie es jede Sphäre für sich verdient hätte.

Das Signal, das von solchen Sendungen ausgeht, lautet: Alles ist gleich, alles ist egal, ob einer in einer Partei Karriere macht oder im Fernsehen. Denn am Ende kommt es doch nur darauf an, wie die Promis ankommen. Bedeutend ist, wer mit seinem Namen Publikum/Wähler/User generiert.

Substanzverluste, Volume IV

Das Elend der Gefallsucht hinterlässt selbst in verdienstvollen Bildungsprogrammen Spuren. Beispiel: Geschichtsfernsehen. Darauf ist man im ZDF besonders stolz, gilt das Genre doch geradezu als Ei des Kolumbus zwischen Bildungsauftrag und Quotenerfolg. Und manche Produktion, etwa die Filme mit dem australischen Historiker Christopher Clark, verdienen Anerkennung.

Das Geschichtsbild einer Gesellschaft ist von grundlegender Bedeutung für das Verständnis von Politik. Darf also Geschichte Unterhaltungsstoff sein? Warum nicht! Geschichte ist ein unerschöpfliches Reservoir saftiger Stoffe. Als Bildungsfernsehen, das das Verständnis des Publikums für historische Entwicklungen hebt, ist Histotainment jedoch von beschränkter Qualität. Es wird ja auch nicht besser gegessen in Deutschland, weil in Kochshows von früh bis spät auf allen Kanälen kalt gepresstes Olivenöl in Mengen vergossen wird.

Nicht um die großen Zusammenhänge geht es im Historyzirkus, sondern um dramatische und leicht darstellbare Schlüsselmomente der Geschichte, gern auch als Hitliste von Geschichtshäppchen. Unser Lieblingsherrscher, unsere Lieblingsrevolutionen. Welcher »Durchstarter made in Germany« macht das Populismus-Rennen? Silvia von Schweden, Lena Meyer-Landrut oder Kardinal Ratzinger?

Der Fall der Berliner Mauer mit Uwe Barschel in der Wanne und dem tödlichen Unfall von Lady Di in ein und demselben Geschichtsmagazin. Redakteure erklärten dazu, man setze auf »Mitnahmeeffekte«. So, als könne das Schicksal von Lady Di die Zuschauer an tiefere Fragen des Weltgeschehens heranführen.

Noch einmal: Die Rede ist nicht vom Seichten, das auch seicht sein darf, sondern vom Seichten, das sich als anspruchsvoll ausgibt.

Substanzverluste, Volume V

Terror, Bürgerkriegsgemetzel, Ebola-Elend: Wir sind nah dran am Sterben. Tote ohne Zahl, in den Nachrichten, in den fik-

tionalen Programmen. Nur wenige Zuschauer (die den Welt-
krieg noch erlebten) haben schon einmal einen getöteten
Menschen in der Wirklichkeit gesehen. Über die Wirkung dieser Überdosis Gewalt ist unendlich viel geschrieben und spe-
kuliert worden. Eine abstumpfende Wirkung ist nicht auszu-
schließen. Wer an Schreckensbilder gewöhnt ist, kann besser
wegsehen. Die Dosis des Schreckens auf dem Bildschirm wird
immer weiter gesteigert.

Täglich laufen Dutzende von Krimis in so gut wie allen
Programmen, oft mehrere hintereinander. Allein das ZDF hat
2014 452 Krimis erstmals ausgestrahlt. Eine größere Zahl von
Wiederholungen kommt dazu. Und Kinokrimis. Ein Drittel
der Primetime zwischen 20 Uhr 15 und 22 Uhr wurde nach
Angaben des Senders allein mit Krimis gefüllt. Krimis »funktionieren« fast immer. Krimis und Fußball. Da kann ein Programmdirektor nicht viel falsch machen. Für ein öffentlich-
rechtliches Programm aber ist das ein Armutszeugnis.

Weshalb kriegen die Zuschauer nicht genug davon? Serien-
killer, Kinderschänder, Leichen in der Pathologie: Offenbar berührt die Begegnung mit dem Bösen und dem Tod Urängste,
die mithilfe populärer Identifikationsfiguren gebannt werden.
So ähnlich wie im Märchen. Krimis sind die Märchen unserer
Zeit.

Die Programmmacher behaupten, Kriminalfilme befassten
sich auf kritische Weise mit gesellschaftlichen Brandherden.
Das mag von Fall zu Fall so sein, ist aber keine annähernd
hinreichende Entschuldigung dafür, dass bei ARD und ZDF
fiktional fast nur noch Kriminalfilme produziert werden. Andere Genres haben in Fernsehspiel- und Serienredaktionen
kaum noch eine Chance.

Die Monokultur des Krimis deutet auf Mutlosigkeit und

auf geistige Verarmung der Fernsehkultur. Weil überwiegend Krimis gezeigt werden, findet vieles andere keinen Platz mehr auf dem Schirm.

Medium der Bequemlichkeit

Es muss die Frage gestellt werden, ob alles, was an Unterhaltung läuft, dem Rundfunkstaatsvertrag genügt, wonach auch Unterhaltung dem »öffentlich-rechtlichen Angebotsprofil« entsprechen soll.

Was heißt das? Massenkultur darf nach den heute geltenden Maßstäben nicht die geringsten Kenntnisse voraussetzen. Kultur dient im Fernsehen ausschließlich der Zerstreuung, dem Zeitvertreib, nicht der geistigen Auseinandersetzung. Anschalten, um abzuschalten: dazu taugt das Fernsehen gut.

Nach der Unterhaltungslogik schließen Vergnügen und geistige Mitarbeit einander aus. Jeder kennt die Lust, die mit Anstrengung, ja, Verausgabung verbunden ist. Beim Kicken, Joggen, Wandern, Gärtnern darf und soll man sich verausgaben. Fernsehen aber gilt offenbar nicht als Aktivität, sondern bloß als passiver Konsum, und Schwitzen im Kopf gilt als unzumutbar, wenn die Glotze läuft. Unterhaltung wird als das definiert, was keinerlei Anstrengung von den Konsumenten erfordert.

ARD und ZDF begründen das Regime der Quote mit der Legitimität der Gebühr. Nur messbare Akzeptanz rechtfertige Gebühren. Ich halte dieses Argument für einen fundamentalen Irrtum. Gebühren können ausschließlich mit der Qualität des Programms begründet werden, mit Programm, das es nicht gäbe, würde es nicht mit Gebühren finanziert werden.

Gebühren gebühren dem Fernsehen nur, solange es sich von anderen Angeboten wesentlich und nicht nur auf einzelnen Sendeplätzen unterscheidet. Nur Krimis und Fußball senden könnten die Privaten auch.

Wer seinem Publikum nichts zumutet, sondern ihm nachläuft, wird selbst mutlos. Wer Programmerfolge berechnet, verrechnet sich leicht, weil er die Zuschauer verliert, die überrascht werden wollen. Ein großer Teil des Programms macht nicht mehr neugierig.

Das Fernsehen sei zum »Medium der Bequemlichkeit« geworden, beklagte der Fernsehjournalist Günter Gaus bereits vor einem Vierteljahrhundert in Heinrich Breloers Jubiläumsfilm zu 25 Jahren Grimme-Preis. Im Jubiläumsfilm von Dominik Graf zu 50 Jahren Grimme-Preis 2014 sprechen erfolgreiche Fernsehmacher vom »Verlust an Selbstbewusstsein« des öffentlich-rechtlichen Fernsehens (Filmproduzent Günter Rohrbach) und von »Auflösungsprozessen« (BR-Fernsehdirektorin Bettina Reitz). Warum ändert sich dann nichts?

ELF

Warum die Macht der Quote beendet werden muss. Weshalb das Gebührenfernsehen abgeschafft werden sollte. Und was dann? Notwendige Reformen: Unabhängigkeit, Programmqualität, Unternehmenskultur, institutionelle Reform.

Fassen wir diese Überlegungen zusammen. Zwischen Medien und Politik hat sich eine fatale Allianz gebildet. Sie kommt nicht von politischer Nähe zwischen Journalisten und Politikern. Vielmehr ist sie die Folge der Gefallsucht auf beiden Seiten. Die einen sind auf der Jagd nach Reichweite und Auflage, die anderen nach Zustimmung von politikmüden Bürgern. Die Medien werden von denselben Strömungen bewegt und geformt, die auch unsere politischen Parteien und Institutionen prägen.

Es ist das große Paradox dieser demokratischen Gesellschaft: Im Sturmwind tief greifenden Wandels verkümmert der politische Diskurs. Weil sie Stimmungen folgt statt Haltungen, versagt die politische Klasse. Die Große Koalition ist ein Regierungsbündnis und zugleich Sinnbild einer verlotterten Debattenkultur. Deutschland, eine doch ganz freie, offene Gesellschaft, erstarrt in Konformismus. Ein Mainstream wälzt sich auch durch das breite zentrale Tal der Medienlandschaft zum Schaden der Lebendigkeit und Modernisierungsfähigkeit unserer Demokratie. Doch ist die sich in moralinsaurer Selbstgefälligkeit suhlende Wohlfühlgesellschaft keineswegs in Glück und Zufriedenheit gebettet, sondern in Wahrheit verunsichert und von Zukunftsängsten gebeutelt. Der Konformismus ist nur der Lack, mit dem Medien und Politik diese Wagenburg vermeintlich wetterfest anstreichen.

Dieser Zustand ist der Ausgangspunkt meiner Politik- und Medienkritik, vor allem des öffentlich-rechtlichen Rundfunks. Den gibt es nur deshalb, weil er eine Aufgabe zu erfüllen hat. Der pluralistischen Gesellschaft eine Bühne zu bieten, die sie für ihre Selbstvergewisserung benötigt. Die beiden entscheidenden Fragen lauten deshalb: Ist angesichts der Vielzahl analoger und jetzt auch digitaler Medien öffentlich-rechtlicher Rundfunk überhaupt noch nötig? Und falls er es ist: Erfüllt er seine Aufgabe?

Legitimation über Gebühr

Nach dem Vorbild der BBC wurde im Nachkriegsdeutschland (West) der öffentlich-rechtliche Rundfunk aufgebaut. Weil damals Übertragungswege fehlten, fehlte es ihm zu Beginn an privatwirtschaftlicher Konkurrenz. Das System expandierte. Zu den Rundfunkanstalten der Länder und ihrer Arbeitsgemeinschaft (ARD) kam das ZDF, kamen die dritten Programme, 3sat, Phoenix, Arte und schließlich, als es längst – seit Ende der achtziger Jahre – auch privatwirtschaftlich organisiertes Fernsehen gab, ein zusätzliches Bündel digitaler Programme.

Am Auftrag des öffentlich-rechtlichen Rundfunks hatte sich nichts geändert. Am Verhalten der Sender jedoch fast alles. Sie konkurrieren seitdem mit den privaten Anbietern um Marktanteile. Die Privaten müssen auf die Quote setzen, finanzieren sie sich doch allein aus Werbeeinnahmen. Und obwohl doch Werbung, deren Preisfindung von der Reichweite abhängt, für die Gebührensender ARD und ZDF nur ein Zubrot ist, akzeptieren diese den Totalitarismus der Quote ebenfalls als Maß aller Dinge.

Ihren »Erfolg« messen auch die öffentlich-rechtlichen Sender nicht mehr an der journalistischen Qualität, am Beitrag zur gesellschaftlichen Debatte, in der Erfüllung ihres Bildungsauftrags. Diese Kriterien sind nicht objektiv messbar, doch sie gehören unverzichtbar zum Wesen, sie sind gewissermaßen die DNA der Öffentlich-Rechtlichen. Stattdessen ist die Quote zum Götzen verkommen, obwohl doch die Gebühren sie vom Wettbewerb um die Reichweite befreien sollten. ARD und ZDF haben vergessen, wozu es sie gibt.

Das Ergebnis habe ich beschrieben. Die Hauptprogramme sind zu Monokulturen verkommen. Es dominieren Sport (vor allem Fußball), Krimis, Talk. Politische Nachrichten und Magazine passen sich dem vermeintlichen Publikumsgeschmack und dessen Lust am Skandal, Personenkult oder Moralisieren an. Kultur wird, wie alles Anspruchsvolle, an den Rand gedrängt. Formatfernsehen ersetzt Fernsehen mit Format. Themenauswahl, Gewichtung, Präsentation über Musik und Schnitt bis zu monochromen Erzählweisen in dokumentarischen und fiktionalen Programmen, Gleichschaltung auf einen politisch korrekten Mainstreamjournalismus: Der Quotenwahn hat eine Seichtigkeitsspirale in Gang gesetzt. Das Niveau des öffentlich-rechtlichen Fernsehens unterscheidet sich nur deshalb noch von dem der Privaten, weil auch diese es immer weiter senken.

Das erste Argument zur Verteidigung der Quote lautet: Nur die Quote kann die Gebühren legitimieren. Natürlich ist auch Gebührenfernsehen ohne populäre Sendungen unvorstellbar.

Auch ich wünsche mir ARD und ZDF nicht ins Zeitalter trockener Volksbelehrung zurück. Das Populäre darf aber nicht zu populistischer Anbiederung verkommen. Die Hauptprogramme von ARD und ZDF sind zu zappelnden Illustrierten geworden, die alles Unbequeme, Unruhe stiftende, Anstrengende in die Nacht oder auf den »long tail« der Nebenkanäle verbannen.

Das zweite Argument lautet: Aber es gibt doch – und genau dazu brauchen wir sie – auch die Qualitätsprogramme, die Spartenkanäle, die die Defizite der Hauptprogramme, die nur von einer Minderheit von Zuschauern überhaupt als Defizite empfunden werden, mehr als nur kompensieren. Doch werden diese ebenfalls zunehmend dem Primat der Quote unterworfen. Außerdem ist das Argument falsch.

Ein Beispiel zur Begründung: Das wöchentliche Kulturmagazin *Aspekte* im Hauptprogramm am späten Freitagabend im ZDF. Reichweite: etwa eine Million Zuschauer. Das tägliche Kulturmagazin *Kulturzeit* auf 3sat, zwischen *Heute* und *Tagesschau* glänzend platziert, findet nur etwa ein Viertel so viele Zuschauer, obwohl es mindestens so gut ist wie *Aspekte*. Weshalb? Weil die *Kulturzeit* überwiegend Zuschauer anspricht, die Kultur gezielt auf dem Spartensender 3sat (*special interest*) suchen, während *Aspekte* eine große Zahl Zuschauer hat, die aus verschiedenen Gründen das Hauptprogramm ZDF (*general interest*) eingeschaltet haben. Genau das aber ist doch die zentrale Aufgabe des Gebührenfernsehens: Leute mit Inhalten zu fesseln, mit denen sie eigentlich nichts am Hut haben. Es wäre deshalb fatal, Kultur ganz den Spartenkanälen zu überlassen. Der Kulturauftrag von ARD und ZDF beweist sich gerade in den Hauptprogrammen. Dort aber stören die wenigen Reste von Kultur am Rand des Programms die Programmmanager, weil ja doch eine Krimiwiederholung oder eine weitere Comedy-Show weit mehr als eine Million Zuschauer brächte. Statt glücklich zu sein über die eine Million *Aspekte*-Zuschauer, von denen die wenigsten ins Theater und ins Konzert gehen, verziehen die Quotenjunkies das Gesicht wegen der schlechten Marktanteile des Kulturmagazins. Bei der ARD sieht es nicht besser aus: *TTT* beziehungsweise die Literatursendung *Druckfrisch* werden am Sonntagabend ab 23 Uhr und oft noch später gesendet.

Spätestens seit der Debatte um die Umstellung der GEZ-Gebühren auf eine Haushaltsabgabe ist der öffentlich-rechtliche Rundfunk in schweres Debattenwasser geraten. Plötzlich ist er aufgerufen, sich zu legitimieren. Doch womit nur? Dass er für die Mehrheit der Zuschauer Fußball und Olympische Spiele einkauft und sendet? Dass er den Privaten TV-Stars für Millionengagen abwirbt? Dass er quotenträchtige skandinavische, britische, amerikanische Krimiserien erwirbt? Das wird auf Dauer nicht verfangen. Was also tun mit einem in die Jahre gekommenen Dinosaurier, der mächtig brüllend auf brüchigen Knochen durch die Landschaft tappt?

Wozu öffentlich-rechtliches Fernsehen?

Es mag sich illusorisch oder verrückt anhören, in Zeiten des World Wide Web ausgerechnet aufs Fernsehen zu setzen. Sollte der Staat nicht besser Buchverlage, die Qualitätsliteratur und gesellschaftlich relevante Sachbücher verlegen, subventionieren, statt mittels Gebühren Fernsehen zu finanzieren? Ist Fernsehen nicht genau das falsche Medium, um der Demokratie Beine zu machen?

Ich will mich nicht damit abfinden, dass ausgerechnet jetzt, wo rückgratlose, gefallsüchtige Politiker fast aller Couleur alles tun, die Bürger ruhigzustellen, auch noch der öffentlich-rechtliche Journalismus versagt. Ausgerechnet jetzt, wo angesichts der verblassenden Bedeutung der Schriftkultur – wie beschrieben – die große Zeit der audiovisuellen Medien erst noch bevorsteht, wenn auch wohl nicht im klassischen TV-Kanal.

Es kommt dann umso mehr auf die Qualität der Bildmedien an. Fernsehen für Analphabeten? Wenn es sein muss! Je weniger gelesen wird, desto wichtiger werden audiovisuelle Medien, also auch das »Fernsehen«, auf welchen Verbreitungswegen seine Inhalte auch immer genutzt werden. Ein großer Teil von Bildung und Information wird dem Fernsehen überlassen. Was für aufregende Zeiten für das Medium. Aber auch, was für eine gesellschaftliche Verpflichtung! Deshalb ist diese Streitschrift keine Attacke auf das öffentlich-rechtliche Fernsehen, sondern seine Verteidigung gegen diejenigen, die es gefallsüchtig missbrauchen.

Ich halte Trivialisierung und Boulevardisierung nicht für eine Seuche, der die Gesellschaft hilflos ausgeliefert ist. Der Verfall der Fernsehkultur ist kein Naturgesetz, auch wenn die Quotenapologeten uns dies mit einem Schulterzucken weismachen wollen: So sei er eben, der Publikumsgeschmack. Richtig ist vielmehr: Das Medium Fernsehen hat unter besonderer Mitwirkung des Gebührenfernsehens sein Image ruiniert. Aber es taugt keineswegs nur zur Zerstreuung und Verdummung. Es kommt ganz darauf an, wie und wozu Fernsehen (unabhängig davon, ob als lineares Programm oder »on demand« aus dem Netz) genutzt wird. Sein Potenzial als Medium des demokratischen Disputs und der Bildung wird nur deshalb nicht ausgeschöpft, weil die Quotenjunkies daran kein Interesse haben.

Das Kommerzfernsehen ist allein auf Profit aus und interessiert sich nicht für irgendeinen gesellschaftlichen Auftrag. Es ist nicht der Gesellschaft verpflichtet, sondern den Profitinteressen seiner Eigentümer. Wer also sonst, wenn nicht das öffentlich-rechtliche Fernsehen, sollte dem Verlust an Bildung, Kultur und demokratischer Streitkultur entgegenwirken? Die Schulen? Die Familien? Das öffentlich-rechtliche Fernsehen kann deren Defizite sicher nicht auffangen. Aber es wäre viel gewonnen, böte es wenigstens Anreize zu mehr als nur Zerstreuung. »Die richtigen Fragen zu formulieren, das so scheinbar Selbstverständliche nicht für selbstverständlich zu halten, das Fantasieren und das Transformieren bringen uns weiter als reines Faktenwissen. Kreativität entsteht nicht innerhalb der immer enger gesteckten Grenzen der Fachdisziplinen, sondern nur durch konsequente Grenzüberschreitung.«[1] So formulierte der »Psychologe der Nation« (FAZ) Stephan Grünewald das, was der Kern des Bildungsauftrags von ARD und ZDF sein sollte. Ein auf Marktführerschaft zielendes Medium aber kann schlecht solche Fähigkeiten vermitteln.

Wer das Fernsehen reformieren will, muss also zuallererst seine Abhängigkeit von der Quote beenden, den Quotenidioten muss das Heft aus der Hand genommen werden. Das öffentlich-rechtliche Fernsehen ist noch immer die meistgenutzte Quelle der politischen Information. 68 Prozent aller repräsentativ Befragten über 16 Jahre »nutzen es häufig«.[2] Auf den Plätzen folgen die Lokalzeitung (56 Prozent), persönliche Gespräche (39 Prozent), öffentlich-rechtliche Radiosender (38 Prozent) und das Privatfernsehen (33 Prozent). Das Internet wird zwar immer mehr genutzt, allerdings überwiegend nicht zu diesem Zweck. Selbst die Dreißigjährigen wählen häufig das öffentlich-rechtliche Fernsehen als Informationsquelle (40 Prozent), vor dem Privatfernsehen (33 Prozent), der Lokalzeitung (27 Prozent) und den sozialen Netzwerken (21 Prozent). Auch deshalb bleibt öffentlich-rechtliches Fernsehen auf absehbare Zeit unverzichtbar.

Eine Umfrage des ZDF stellte fest, dass die Nachrichtensendungen der öffentlich-rechtlichen Anstalten für bei weitem glaubwürdiger gehalten werden als die der privaten Konkurrenten RTL und Sat.1. Eine schiere Selbstverständlichkeit. Alles andere wäre eine Katastrophe. Tageszeitungen und wöchentliche Magazine wie der *Spiegel* werden, was das Gesamtangebot angeht, für glaubwürdiger gehalten. Die Unverzichtbarkeit von ARD und ZDF wird vor allem deutlich, wenn man die schlechte Glaubwürdigkeit der »sozialen« Medien betrachtet. »Nach Oben besteht übrigens durchaus noch Spielraum«, stellt ZDF-Intendant Bellut zutreffend fest.[3]

Fernsehen dient der Demokratie

Das Interesse an Politik und Kultur zu wecken und aufrechtzuerhalten zählt zu den vornehmsten Aufgaben des Mediums. Trotz aller Einwände: Mit gutem Fernsehen funktioniert Demokratie besser als ohne.

Was geschehen kann, wenn es kein starkes öffentliches Fernsehen gibt, ist in den USA zu sehen. Dort wird die demokratische Öffentlichkeit fast ausschließlich über das Kommerzfernsehen und das Internet definiert, da es eine Zeitungskultur nur noch in wenigen Städten gibt. Die Folge beschreibt der Chefredakteur der Online-Zeitung *The Globalist*, Stephan Richter: »Die Medien in den USA, besonders das Fernsehen, verhalten sich in dieser Hinsicht als verheerende Verstärker. Sie allein bestimmen das nächste Thema der Debatte und legen fest, was die furchtsamen Amerikaner als Nächstes erregt. Aus der Perspektive der Medien ist dies zweifellos legitim. Erstens als Teil des Quotenwettbewerbs, zweitens als Bemühen, dem Publikum zu geben, was es will.«[4]

Wie das Fernsehen in den USA als Brandbeschleuniger wirkt, war zu beobachten, als die Ebola-Gefahr im fernen Afrika durch das Geschrei im Fernsehen eine Hysterie auslöste.

Der Kolumnist Eliot Weinberger sieht, wie ich, einen klaren Zusammenhang zwischen der Qualität des Fernsehens und dem Verfall der politischen Kultur: »Es ist eben eine bestimmte Art von Fernsehen – die Fox-Nachrichten mit ihrer Sensationsgier. Dadurch kommen auch obskure Randgestalten in die Öffentlichkeit wie dieser Typ aus Florida, der eine sogenannte Kirche hat und vermutlich so um die zehn Leute, die ihm folgen. Und er kündigt an, er werde den Koran verbrennen. Normalerweise wäre das nicht mal eine Nachricht – irgendein Verrückter, der irgendwo an einer Ecke steht. Aber plötzlich wird das ein großes Ding im Fernsehen und führt zu weltweiten Demonstrationen. So verwandelt sich Sensationsgier in Nachrichten. Und deshalb sind auch die meisten Kandidaten der Republikanischen Partei Verrückte. Leute, die im Grunde genommen die gesamte Regierung abbauen wollen – es gab in den USA immer irgendwelche Randfiguren im Untergrund, die das gefordert haben, aber jetzt stehen sie im Rampenlicht.«[5] Ein ähnliches Phänomen war in Deutschland – wie beschrieben – bei der Berichterstattung über Pegida zu beobachten.

Insgesamt ist Deutschland aber ein positives Beispiel. Nach dem moralischen, politischen und ökonomischen Totalschaden der Hitler-Diktatur hätte die Demokratie ohne das öffentlich-rechtliche Fernsehen nicht so rasch und nachhaltig etabliert werden können. »Tatsächlich hätte sich die deutsche Demokratie wohl anders entwickelt, wenn es keinen öffentlich-rechtlichen Rundfunk gäbe«, urteilt sogar die dem Gebührenfernsehen nicht unbedingt verfallene FAZ, um dann weiter zu fragen: »Hängt das Gedeihen der freiheitlich-demokratischen Grundordnung tatsächlich heute so sehr am öffentlich-rechtlichen Rundfunk, dass es einer Demokratie-Abgabe bedarf?«[6]

Die Frage ist falsch gestellt. Sie müsste lauten: Tragen ARD und ZDF zum Gedeihen der Demokratie heute genug bei? Gelegentlich erinnern sich die Anstalten an ihre Aufgabe, meist dann, wenn sie etwas von der Politik wollen – zum Beispiel einen neuen Jugendkanal. Der ARD-Vorsitzende Lutz Marmor und der ZDF-Intendant Thomas Bellut schrieben an die Vorsitzende der Rundfunkkommission der Länder, die rheinland-pfälzische Ministerpräsidentin Malu Dreyer, der neue Kanal »soll der Gesellschaft als demokratiestiftendes Leitmedium für die Altersgruppe zwischen 14 und 29 Jahren dienen und im öffentlich-rechtlichen Rundfunk Innovationsimpulse setzen. Es soll eine unabhängige Urteilsbildung ermöglichen und hierzu die Pluralität der von der jungen Zielgruppe vertretenen Positionen mit der Unabhängigkeit von Einzelinteressen und der Verpflichtung auf das gesellschaftliche Gemeinwohl verbinden.«[7] Das hört sich gut an, ist aber wenig glaubwürdig. In ihren Hauptprogrammen hätten sich die Sender längst als »demokratiestiftendes Leitmedium« beweisen können.

Aus guten Gründen waren ARD und ZDF dieser Gesellschaft enormen Aufwand wert. Dass es diese guten Gründe auch heute noch gibt, müssen sie jetzt, da man sie so dringend braucht, neu beweisen. Die entscheidende Frage ist also: Wie lässt sich die schleichende Entwertung des öffentlich-rechtlichen Fernsehens stoppen? Ist die Seichtigkeitsspirale aufhaltbar? Oder gar umkehrbar? Wie ließe sich der Wert von ARD und ZDF wieder steigern?

Reformen sind auf drei Feldern notwendig. Im Programm selbst, in der Art des Journalismus. In der auf die Quote hin orientierten Unternehmenskultur der Sender. Und schließlich sind institutionelle Reformen unausweichlich, ohne die die Programmqualität und die Unternehmenskultur nicht zu ändern sind.

Politische Unabhängigkeit

Das Urteil des Bundesverfassungsgerichts zur Staatsferne des ZDF fand 2014 breite Zustimmung. Der Anteil der Politiker in den Aufsichtsgremien wurde begrenzt. Staat und Parteien stellen künftig nur noch ein Drittel der Mandate. Diese Regelung trifft jedoch nicht die Kernfrage: Stemmen sich die Aufsichtsgremien gegen den Quotenwahn und erzwingen sie eine Reform, mit der man die Gebühren überzeugend legitimieren kann?

Sie murren an der einen oder anderen Stelle, aber die Debatte wird nicht mit dem nötigen Nachdruck geführt. Die Gremien könnten und sollten in dieser Hinsicht viel mehr bewirken. Der grassierenden Boulevardisierung fast aller journalistischen Programme leisten sie keinen wirkungsvollen Widerstand. Auch die Gremien akzeptieren insgesamt die Gefallsucht der Programme und applaudieren der Marktführerschaft, ohne nach dem Preis dafür zu fragen. Dabei unterscheiden sich Berufspolitiker in den Gremien nicht von anderen Mitgliedern.

Je beschäftigter Aufsichtsräte sind, desto weniger Zeit bleibt ihnen, Programm zu beobachten und es fundiert zu beurteilen. Das spricht dafür, nicht überbeschäftigte Partei- und Staatsfunktionäre in die Gremien zu entsenden. Die Kompetenz zur Beurteilung publizistischer Leistungen aber hat nichts damit zu tun, für welche Partei oder Organisation jemand in den Gremien sitzt. Nach meiner Erfahrung sind manche Politiker freier in ihrem Urteil als Verbandsfunktionäre, die ja doch meist ebenfalls einer Partei angehören und in einem der »Freundeskreise« sitzen. So wird im Fernsehrat des ZDF das genannt, was in Parlamenten Fraktionen sind. Im Fernsehen dürfte es diese »Freundeskreise« also gar nicht geben. Es sind nicht Parteibücher, die über Haltungen entscheiden. Das gilt für Journalisten wie für Fernseh- und Rundfunkräte.

Der Fall des ZDF-Chefredakteurs Nikolaus Brender hatte die zum BVG-Urteil führende Klage ausgelöst. Die Verlängerung seines Vertrags war vom Verwaltungsrat abgelehnt worden. Vor allem der seinerzeit amtierende hessische Ministerpräsident Roland Koch hatte Brender mit dem Vorwurf attackiert, die Nachrichtensendungen des ZDF litten an Quotenschwund. Koch tarnte mit dem Quotenargument seine politische Abneigung gegen den Journalisten und ein parteipolitisch motiviertes Wechselspiel an anderer Stelle. Der unabhängige Exchefredakteur wird seitdem als Widerstandskämpfer gegen Machtmissbrauch von Politikern verehrt. Als

Widerstandskämpfer gegen die Übermacht der Quote ist er allerdings nicht in Erinnerung geblieben.

Die Mitgliedschaft oder Nähe eines Journalisten zu einer Partei bedeutet heute weniger das Bekenntnis zu einer politischen Grundhaltung als zu einer Karriereseilschaft. Weltanschauliche Fundamente zählen nicht mehr viel. Aber Angela Merkel weiß sehr wohl, auf wen sie sich in den Sendern verlassen kann. Opportunisten sind im Journalismus so fehl am Platz wie unvermeidbar.

Die Wahl von Intendanten und Programmdirektoren geschieht noch immer nach den Regeln der politischen Farbenlehre. Dennoch haben es Programmverantwortliche, wenn sie nur wollen, heute leichter, sich den Wünschen einer Partei zu verweigern. Auch das liegt an der Macht der Zahlen. Sie sind oft auch in der Diskussion mit Politikern das entscheidende Argument. Es ist einer der wenigen Vorteile, die Intendanten davon haben, wenn sie sich der Quote verschreiben. Mit ihrer Hilfe lassen sich politische Debatten, ja inhaltliche Debatten jeder Art ersticken.

Insgesamt aber ist festzustellen: Der Griff der Parteien hat sich kaum gelockert. Die Sender haben sich nur zusätzlich unter die Herrschaft der Quote begeben. Den Teufel haben sie nicht ausgetrieben, sondern sich zusätzlich auch noch mit dem Beelzebub eingelassen.

Unabhängigkeit von kommerziellen wie von politischen Interessen ist eine der Grundbedingungen guten Fernsehens, ja guten Journalismus überhaupt. Wenn die früher ständig verbreitete Kritik mangelnder Ausgewogenheit heute kaum noch zu hören ist, ist dies weniger Resultat größerer parteipolitischer Ausgewogenheit als vielmehr Ausdruck eines Mangels an Profil. Wichtiger als Ausgewogenheit ist Unabhängigkeit. Auf die Vielfalt starker Meinungen kommt es an.

Früher hielten sich »Rotfunk« (Westdeutscher Rundfunk) und »Schwarzfunk« (Bayerischer Rundfunk) die Waage. Es gab auf beiden Seiten umstrittene Magazine und Sendungen. Ausgewogen war keine von ihnen, langweilig waren sie selten. Die Unterschiede belebten den politischen Diskurs. Kontroverse Haltungen nützen dem Programm mehr als haltlose Konformisten. Starke Meinungen sind auf dem Bildschirm nur noch selten zu erleben. Umstrittene Köpfe wie Franz Alt (grün), Gerhard Löwenthal (schwarz), Klaus Bednarz (rot) hätten heute keine Chance mehr, auf den Schirm zu kommen. Haltung ist übrigens nicht nur eine Aufgabe des politischen Journalismus. Sportreporter wie Ernst Huberty und Harry Valérien verstanden sich noch nicht als Mitarbeiter einer Unterhaltungssparte, sondern als Journalisten, die mit pointierter Kritik brillierten. Die jüngeren Redakteure wissen nicht viel über das öffentlich-rechtliche Berufsethos früherer Tage. Sie bekommen es meist nur als Karikatur überliefert. Danach waren ARD und ZDF Monopolisten, deren selbstherrliche Redakteure sich als Oberlehrer der Nation aufspielten und mit dem Rücken zum Publikum saßen. Sie glauben, erst die Einführung des Privatfernsehens habe die Rundfunkbeamten aufgeweckt und zur Räson gebracht. Natürlich erscheint heute vieles von dem, was in alten Tagen über die Schirme flimmerte, ungelenk, behäbig, steif, angestrengt – aber schaut man genauer hin auch weniger glatt, beliebig, oberflächlich und angepasst als heute.

Programmreform

In der digitalen Zukunft spielen die Schemata der Programme eine viel geringere Rolle. Inhalte werden weniger als heute unter der verhängnisvollen Fuchtel der Programmplaner stehen. Die Richtung der notwendigen Programmreform ist leicht zu erkennen.

Kultur: Der Kulturauftrag der Sender wird ausgebaut. Mindestens ein Fünftel der Hauptabendprogramme besteht aus Kulturformaten. Vorrang hat nicht das Populäre, sondern das künstlerisch Wertvolle. Warum bieten ARD und ZDF zwar in jeder Nachrichtensendung einen Sportblock und Börsennews – aber keine regelmäßige Berichterstattung aus der Welt der Kultur? Kultur wird zum bunten Allerlei geschlagen. Nice to have – falls noch ein paar Sekunden übrig bleiben. Dieser Zustand ist skandalös.

Bildung: Indifferenz ist Gift für den demokratischen Diskurs. Urteilsvermögen ist seine Voraussetzung. Dessen Entwicklung ist das erste Ziel von Bildung. In diesem Sinne ist Bildung eine Querschnittsaufgabe durch alle Programmsparten.

Information: Informationsprogramme setzen nicht mehr auf das Laute, Schnelle, Sensationelle. Sie vertiefen, bemühen sich mehr um die Zusammenhänge. Dafür brauchen sie mehr Zeit. Warum gibt es in den Programmen von ARD und ZDF keine »Seite Drei«? Jeweils ein »Thema des Tages« als große Reportage? Warum gibt es kaum noch gute, klare Kommentare, stattdessen unendliches Geschwafel?

Generell ist es Aufgabe des Programms, der Komplexität der Welt zu entsprechen und nicht nur Komplexitätsreduktion im Sinne der Bekömmlichkeit zu betreiben. Die andauernde Versimplifizierung für die »Simpel« da draußen ist zynisch. Es geht nicht darum, Zuschauern und Hörern die Welt einfach zu erklären, sondern Hilfen zur Orientierung im schwer Durchschaubaren zu geben. So ein Programm wirkt dem Konformismus entgegen und setzt auf ausgeprägten Meinungspluralismus.

Insgesamt heißt das: weniger Krimis, weniger Sport, weniger Seichttalk. Aber mehr Dokumentationen und Reportagen und wirkliche Expertengespräche über die wirklich wichtigen Dinge. Über die Gesellschaften und Ökonomien in den Ländern Europas. Über die Zustände in den Ländern, aus denen die Flüchtlinge kommen. Über die Banken. Darüber, was mit der Digitalisierung der Welt auf uns zukommt. Über die großen globalen Prozesse. Darüber, was mit dem wissenschaftlich-technischen Fortschritt (Biowissenschaften, Medizin, Hirnphysiologie usw.) auf uns zukommt. Das wäre alles andere als langweilig. Also: Mehr Harald Leschs um 20 Uhr 15, mehr *Pelzig* (einer der besten Polit-Talks im deutschen TV) um 20 Uhr 15 – Lichtblicke heutigen Fernsehens, die zeigen, dass Wissenschaft und Politik durchaus unterhaltend präsentiert werden können. Und wo es Sport gibt: Kritischer Sportjournalismus ist fast ausgestorben; Doping und Korruption werden erst dann Thema, wenn der Skandal schon auf dem Tisch liegt – frisch aufgetischt vom FBI, nicht von Recherchenetzwerken der Öffentlich-Rechtlichen.

Für eine neue Unternehmenskultur ohne Primat der Quote

Noch vor 20 Jahren ging die Diskussion um nichts anderes als um den politischen Druck auf die Sender. Ich habe selbst erlebt, was politischer Einfluss bewirkt, als mich Kanzler Kohl aus Bonn entfernen ließ. Und dennoch würde ich heute sagen: Mir war der politische Druck lieber als der Quotenwahn heute. Mit Politikern konnte man wenigstens streiten. Gegen Zahlen ist nichts zu machen.

Das ist das Schlimmste: In den Sendern wird nicht mehr über das Programm gestritten. So bewirken die Zahlen, wie wir gesehen haben, den Konformismus des Denkens. Warum gibt es unter den zahlreichen Programmdirektoren, Chefredakteuren, Intendanten keinen, der gegen den Quotenwahn aufbegehrt? Weil niemand mehr Intendant, Chefredakteur oder Programmdirektor wird, der sich dem Dogma der Quote widersetzt.

Wer die Qualitätsansprüche an das Programm reduziert, senkt unvermeidbar auch das Diskussionsniveau in den Redaktionen. Es ist unvermeidbar. Programmmacher werden, solange sie den Quotenwahn akzeptieren, selbst zu intellektuellen Couch-Potatoes. Die Debatten in den meisten Redaktionskonferenzen sind bestürzend ärmlich geworden, weil es nur noch darum geht, wie Sendungen »funktionieren«. Der Quotendruck hat sich inzwischen stark ins Bewusstsein der Fernsehschaffenden gefressen. Die meisten Kolleginnen und Kollegen sind keine Quotenjunkies, akzeptieren aber den Quotendruck. Der Quotenwahn macht es gerade den Besten und Kreativsten schwer. Journalistisches Ethos, Genauigkeit, Gewissenhaftigkeit zahlen sich nur noch selten aus.

Das ist in vielen Zeitungsredaktionen noch anders. Auch die stehen unter dem Druck des Marktes, aber die Auflage wird nicht im Minutentakt gemessen, und es wird nicht bei jedem einzelnen Artikel gefragt, wie er angekommen ist. Nur in den Online-Redaktionen, wo Klickzahlen entscheiden, ist es ähnlich wie beim Fernsehen. So sehen die Beiträge oft auch aus.

Redakteure, die sich ganz und gar auf die Logik der Quote eingelassen haben, sind zu bedauern. Sie wissen durchaus, dass das, was sie »Erfolg« nennen und woran sie gemessen werden, nur in geringem Maße an ihrem Können und ihrer Kreativität liegt. Selbst wenn sie für das Ethos der Aufklärung nur noch ein mildes Lächeln übrig haben sollten, sind sie am Ende doch ratlos. In einer solchen Unternehmenskultur beginnen nicht wenige, am Sinn ihres Tuns zu zweifeln, andere werden zu Zynikern.

Aus der Managementlehre sind vergleichbare Frustrationen bekannt. Denn fraglos ist auch der Erfolg auf den Märkten nicht nur überragendem Leadership zu verdanken und Misserfolg nicht immer dem Versagen des Managements zuzuschreiben. Fortune kann man auch bei McKinsey nicht kaufen und das Selbstwertgefühl nicht nur am Gehalt ausrichten. Fernsehredakteure bekommen keine Boni für Quotenerfolge. Das wäre ja noch schöner. Die meisten empfinden gute Quoten aber durchaus als Belohnung. Was motiviert die, die trotz guter Arbeit keine guten Zahlen ernten, weil sie der Gefallsucht widerstehen und in schwierigem Programmumfeld operieren?

Und wie steht es mit denen, die vom Quotenwahn nichts halten, obwohl ihre Zahlen stimmen? Sie finden Bestätigung und Motivation durch die Reaktion von Zuschauern. Nicht durch die anonyme Zahl, sondern von Einzelnen, die auf Sendungen direkt reagieren. Sie hoffen, meist vergebens, auch auf die eine oder andere Resonanz der Medienkritik – die jedoch ebenfalls oft genug Erfolg mit Quotenerfolg gleichsetzt.

Wenn immer nur über Zahlen geredet wird, fühlen sich nicht nur Quotenskeptiker unterfordert. Sie sitzen die Stunden in den Konferenzen ab. Den Quotenwahn zu kritisieren ist vergebens. Gelegentlich lassen sie ein paar abwertende Bemerkungen fallen, die lächelnd abgetan werden. Was sollen sie tun? Resignieren? Wer die Quotenjunkies entmachten will, muss den Mund aufmachen. Die Debatte um den öffentlich-rechtlichen Rundfunk im digitalen Wandel muss auch in den Sendern selbst geführt werden. Dort aber sind ernsthafte Reformbemühungen nicht zu erkennen. In den Führungsetagen muss niemand einen Aufstand gegen den Quotenwahn befürchten.

Fernsehen ohne Werbung

Das einzige Argument, das für den Vorrang der Quote spricht, sind die Werbeeinnahmen. Deshalb wird die Debatte oft auf die Frage verkürzt, ob die Programme von ARD und ZDF vollständig von Werbung befreit werden sollten. Die kommerziellen Sender würden es begrüßen. Die Werbefreiheit von ARD und ZDF findet unter den zuständigen Ministerpräsidenten wachsende Zustimmung, verfehlt jedoch den Kern des Problems. Ist doch das Gebührenfernsehen auch außerhalb der Werbezeiten der Quote verfallen. Dass die Hauptsendezeit so gut wie werbefrei ist, führt bei ARD und ZDF nicht dazu, mehr Kultur und weniger Krimis zu senden. Der Wegfall der Werbung im Vorabendprogramm würde also nicht automatisch eine stärkere Profilierung am Abend erzwingen. Lediglich die finanzielle Ausstattung im sinnlosen Wettbewerb gegen die Privaten würde etwas knapper.

Die Mängel des Programms sind nicht der Werbung anzulasten, sondern dem Quotendruck, der täglich 24 Stunden lang das Programm beeinflusst. Trotzdem plädiere ich für einen generellen Werbeverzicht beim Gebührenrundfunk. Denn es entfiele die Notwendigkeit, Quoten zu messen, um Reichweiten zu belegen. An einen Verzicht der Quotenerhebung denkt leider niemand bei ARD und ZDF.

Alles, was dazu beiträgt, den mächtigen Griff der Quote zu lockern, ist sinnvoll. Noch einmal: Hierin liegt aus meiner Sicht *der* Schlüssel der Reform. Dann würde endlich wieder über Qualität gestritten. Zugespitzt könnte man sagen: Mit einem Verzicht auf die Quotenmessung würde eine Kulturrevolution in den Sendern eingeleitet.

Ein öffentlich-rechtlicher Sender – finanziert aus Steuermitteln

Gibt es ARD und ZDF nur noch, weil es sie gibt? Der Grund des Fortbestehens liege weniger am Zweck als an der Trägheit der Institution, meint der Kultursoziologe Gerhard Schulze. Nach dieser Logik wäre die Pensionskasse die beste Lebensversicherung des ZDF.[8]

Doch sollten sich die Anstalten nicht darauf verlassen, dass die Selbstverständlichkeit ihrer Existenz ausreicht, um das Fortbestehen auf immer und ewig zu garantieren. Das Beispiel Energiewende zeigt, wozu Politiker fähig sind, wenn der Zeitgeist kräftig weht – bei den als unberührbar angesehenen »Energieriesen« herrscht seitdem Heulen und Zähneklappern. Noch steht ja nicht das ganze öffentlich-rechtliche System zur Debatte. Aber bevor es so weit kommt, müsste es kräftig reduziert werden. Denn der Koloss ist zu groß und unbeweglich geworden. »Too big to fail« gilt nicht bis zum Jüngsten Tag, nicht einmal für ARD und ZDF. Deutschland verfügt über zwei gebührenfinanzierte Fernsehkonzerne mit zwei Hauptprogrammen, insgesamt 22 bundesweit zu empfangenden TV-Kanälen und 67 Radioprogrammen nebst digitalen Zusatzprogrammen zum stolzen Preis von bisher mehr als 7,5 Milliarden Euro. Es ist viel Geld, aber wegen der steigenden Festkosten (Personal, Verwaltung, Pensionsrückstellungen) bleibt immer weniger fürs Programm. Sind beide öffentlich-rechtlichen Senderfamilien, die beide kaum voneinander und immer weniger stark vom Kommerzfernsehen zu unterscheiden sind, wirklich notwendig? Die Debatte darüber hat längst begonnen – und sie wird weniger mit den Betroffenen geführt werden als über ihre Köpfe hinweg, solange sie sich nicht selbst freiwillig bewegen.

Gehen wir die Vorschläge, die bisher in der Debatte sind, durch. Die meisten Reformvorschläge zeigen eine rein ökonomische Perspektive. So auch das stark beachtete »Düsseldorfer Gutachten« von Justus Haucap et al.[9] Es geht von »ausreichender medialer Vielfalt« aus, weshalb öffentlich-rechtliche Sender nicht mehr notwendig seien. Vielfalt muss aber mehr sein als nur eine Menge einfältiger Sender, die alle das Gleiche anbieten. Bildung und Kultur können nach meiner Meinung nicht allein dem Markt überlassen werden.

Vorschlag Privatisierung: Ob und welche Privatisierungserlöse zu erzielen wären, gingen ARD oder ZDF in private Hände über, kann niemand auch nur annähernd abschätzen. Privatisieren hieße: ARD und ZDF müssten sich auf dem Markt finanzieren. Sie könnten sich dann lediglich – so wie in Neuseeland – wie alle anderen Marktteilnehmer auch um Subventionen für gesellschaftlich bedeutsame Produktionen bewerben, die von einer Stiftung vergeben werden, die mit den Privatisierungserlösen gegründet würde.

Reformbeispiele gibt es in Nachbarländern. In den Nie-

238

derlanden zum Beispiel, ähnlich wie zuvor schon in Belgien, soll der öffentlich-rechtliche Rundfunk besser und kreativer werden. Deshalb wird dort das Budget für die öffentlich-rechtlichen Sender halbiert. Von 2016 an werden sich die Programme vor allem um Information, Bildung und Kultur kümmern. Sendungen, die nur Unterhaltung bieten, werden den Privaten überlassen. Produzenten können sich für passende Projekte um Subventionen bewerben.

Modelle dieser Art werden inzwischen auch in Deutschland diskutiert. Ein Gutachten des Wissenschaftlichen Beirats beim Bundesministerium der Finanzen fand 2014 breite Aufmerksamkeit. Das Papier »Öffentlich-rechtliche Medien – Aufgabe und Finanzierung« stellt die Frage, ob dort, »wo das privatwirtschaftliche Angebot klare Defizite aufweist«, unbedingt öffentlich-rechtliche Sender einspringen müssten. Eine Alternative wäre auch die »Auslobung und Subventionierung« solcher Inhalte im privaten Sektor. Es gäbe »kaum noch Gründe, warum der Rundfunkmarkt wesentlich anders organisiert sein sollte als der Zeitungsmarkt«.

Es ist allerdings naiv zu glauben, die privaten Sender seien mithilfe öffentlicher Geldspritzen dazu in der Lage, bessere Qualität zu liefern als ein reformierter öffentlich-rechtlicher Sender. Dafür haben sich die Privatsender bisher nicht qualifiziert. Bisher!

Schaut man auf andere Medienbereiche wie Zeitungen oder auch Bücher, beide privatwirtschaftlich organisiert, so zeigt sich, dass in Verlagen trotz Margendruck (= Auflagendruck, was der »Quote« entspricht) und der auch dort zu beklagenden Boulevardisierung und Verflachung immer noch Hochliteratur produziert wird. Dank Quersubventionierung – U finanziert E mit. Auf das Fernsehen ist dieses Prinzip allerdings nicht so einfach übertragbar. Denn die Produktionskosten sind ungleich höher. Qualität kostet im Fernsehen viel Geld.

Der Sinn einer Budgetkürzung wäre es, die Anstalten zu zwingen, sich ihres Auftrags zu besinnen. Eine Halbierung der tatsächlichen Programmkosten (nicht der Gebühren) wäre möglich, wenn sich die Anstalten im Wesentlichen auf Information und Bildung beschränken würden. Das fiktionale Programm müssten dann überwiegend Privatsender liefern. Außerdem herrscht an qualitativ guten fiktionalen Programmen kein Mangel, wie immer mehr Serien belegen, die auf Abo-Kanälen wie Netflix angeboten werden. Viele Mediennutzer sind heute schon bereit, dafür zu bezahlen. Allerdings kommen solche Premiumangebote überwiegend aus dem angelsächsischen Raum. Der englischsprachige Markt ist eben ungleich größer, was die Refinanzierung enorm erleichtert. Inwieweit und wie ein »beschnittener« öffentlicher Sender auch solche deutschsprachigen fiktionalen Programme herstellen und verbreiten sollte, wäre zu diskutieren.

Mit der Pflicht zur sogenannten Grundversorgung der Bevölkerung mit Information, Bildung, Unterhaltung rechtfertigen die Anstalten auch die Ausgaben für sündteure Sportrechte. Die Übertragung von Champions-League-Spielen usw. ist keine Leistung, und schon gar keine, zu der nur öffentlich-rechtliche Sender in der Lage wären. Die Privaten könnten die Rechte mit Werbung refinanzieren, was den Gebührensendern an Sonn- und Feiertagen und nach 20 Uhr weitgehend verwehrt bleibt. Außerdem sind die Fans bereit, für Fußball im TV extra zu bezahlen, wie die inzwischen schwarzen Zahlen für Sky belegen. Wenn Sportrechte in Zukunft noch mehr Geld verschlingen, weil etwa die Bundesliga finanziell zu Englands Premiere League aufschließen möchte, die deutlich höhere Fernseheinnahmen erlöst, werden die Gebührensender ohnehin an Grenzen stoßen. Es kann ja nicht sein, dass alle Haushalte den deutschen Profifußball durch ihre Rundfunkgebühr mittelbar subventionieren, also auch die Spitzengehälter von Trainern und Starkickern. Auch Profi-Boxabende haben im Gebühren-TV nichts zu suchen. Die ARD wurde vom Rundfunkrat des WDR gezwungen, Übertragungen der quotenträchtigen, sportlich jedoch fragwürdigen Darbietungen einzustellen.

Der hohe Anteil für Sport, etwa ein gutes Viertel aller Gebühren, ist in dieser Dimension so wenig mit dem Programmauftrag zu begründen wie die Millionengage für Thomas Gottschalk. Für den Sport aber gilt, dass allein mit ihm Marktführerschaft nach dem Gesetz der Quote möglich ist. In Jahren mit Fußball-WM und Olympischen Spielen sind ARD und ZDF deshalb unbezwingbar. Die anderen medialen Lagerfeuer sind in der fragmentierten Gesellschaft erloschen. *Wetten, dass …?* wäre auch mit einem Moderatorengenie nicht zu retten gewesen.

Populistische Politiker, so zeigen Debatten um Theater versus Schwimmbäder, Opernhäuser versus Kindergärten, werden die Zukunft der Sender nicht über die Qualität der Programme diskutieren, sondern über die Höhe der Gebühren. Die Umstellung der Gebühr auf eine Abgabe pro Haushalt statt pro Empfangsgerät spült im Moment zusätzliche Mittel in die Haushalte, trotz der geringfügigen Senkung der Abgabe um einen halben Euro. Die Finanzierungsfrage hat die Debatte belebt, aber am Ende darf es nicht ums Geld gehen, sondern um den Auftrag der Sender. Die Diskussion über die Gebühren führt, fürchte ich, nicht ans Ziel, auch wenn sie mit aller populistischen Hingabe betrieben wird. Die Kürzung der Gebühren zu fordern bleibt so populär, wie es unpopulär ist, das Verschwinden der Bundesliga, des *Tatorts* und des *Traumschiffs* zu fordern.

Solange die Gebühr bleibt, werden die Anstalten sie auch für Programm ausgeben, das mit ihrem gesellschaftlichen Auftrag nichts zu tun hat. Wer Gebühren kassiert, kann immer mit der Quote argumentieren, indem man die Gebührenzahler zu Kunden erklärt, denen man eben »liefern« muss.

Deshalb wäre es sinnvoll, auf die Gebühr ganz zu verzichten, ebenso wie auf Werbung. Das öffentlich-rechtliche Fernsehen müsste dennoch nicht abgeschafft werden. Ganz im Gegenteil. Wenn es von zentraler Bedeutung für die Demokratie ist, und das ist meine Auffassung, dann ist dies eine Aufgabe, die aus Steuermitteln finanziert werden müsste – so, wie der Staat auch die »Stiftung Preußischer Kulturbesitz« finanziert, für die er ja auch keine »Kulturgebühr« erhebt.

Solche Vorschläge gibt es ebenfalls. Etwa den, eine nationale Medienstiftung zu gründen, in der ARD und ZDF aufgehen. »Der neue Sender muss zwingend politischer werden: investigativ und aufklärend, provozierend und nicht skandalisierend. Als Verteidiger und Protegé von Meinungsfreiheit und Pluralismus schafft er im besten Fall sogar eine neue politische Partizipation, neue Dialogformate und Serviceangebote.«[10]

Das müsste keineswegs bedeuten, einen solchen Sender zu einem Staatssender zu machen und die Behördennatur noch zu verschlimmern. Die »Stiftung Preußischer Kulturbesitz«, aber auch viele Theater, Opernhäuser, Museen, Filmfestivals, Universitäten etc. sind staatliche Einrichtungen, aber niemand muss fürchten, dass sich Politiker in ihr Programm einmischen. Die Programme würden nicht von den Parlamenten, sondern von unabhängigen Gremien kontrolliert, denen überwiegend unabhängige Fachleute angehören, die sich als Autoren, Produzenten, Journalisten, Wissenschaftler dafür qualifiziert haben.

Die Programme eines solchen bundesweiten Senders und, wenn es denn in unserem föderal organisierten Staat sein muss, mehrerer regionaler Sender würden in einem solchen Modell von Stiftungen getragen, die im Zuständigkeitsbereich der Länder liegen. Die Zahl der Programme würde reduziert, der Finanzbedarf neu berechnet und als Budget zu Verfügung gestellt. Oberster Maßstab wäre die Sicherstellung höchster Qualität auf den Feldern der Information, der Kultur und der Bildung.

Noch verwechseln die Anstalten Lautstärke mit Hörbarkeit, das Grelle mit dem Erhellenden, das Alberne mit Witz, Reichweite mit Bedeutung. Helmut Schmidt hat einmal gesagt, er halte das Fernsehen für gefährlicher als die Kernenergie. Reaktoren kann man abschalten. Von einem Tag auf den anderen war der Ausstieg beschlossene Sache.

Um im Bild zu bleiben: Vor allem die Sender sollten jetzt schleunigst auf alternative Energien setzen. Denn es ist unbestreitbar, dass ARD und ZDF, vor allem in ihren Hauptprogrammen, Geld und Geduld ihrer Zuschauer über Gebühr verschwenden und ihren Auftrag verfehlen.

So, wie es ist, macht sich das öffentlich-rechtliche Fernsehen selbst überflüssig.

So, wie es sein sollte, wäre es unverzichtbar.

DANK

Besonders danke ich einigen Kolleginnen und Kollegen. Sie haben die Rohfassung mit gutem Rat begleitet und mit wertvollen Anmerkungen bereichert. Ich danke den ZDF-Kollegen und -Kolleginnen Susanne Biedenkopf, Armin Conrad, Marita Hübinger und Matthias Hügle. Ich danke dem Journalisten und Politikberater Jürgen Merschmeier, dem Stuttgarter Kommunikationswissenschaftler Prof. Wolfgang Schweiger und dem Wiener Psychologen und früheren Journalisten Prof. Michael Schmitz. Sie haben mich uneigennützig vor Irrtümern bewahrt, zugleich ermuntert, ohne meine Ansichten in jedem Punkt zu teilen. Wertvolle Hinweise verdanke ich dem Allensbacher Meinungsforscher Thomas Petersen. Wolfgang Ferchl hat das Buch nicht nur verlegt, sondern unermüdlich mit zahllosen Anregungen bereichert. Nicht zuletzt dank meiner Lektorin Britta Egetemeier ist das Buch pünktlich zu meinem Ausscheiden aus den Diensten des ZDF erschienen.

ANMERKUNGEN

Einleitung

1 Auch wenn der Intendant betont und betonen muss, »klar sind wir stolz darauf, aber Marktführerschaft war und ist nicht unser Hauptziel«. (Thomas Bellut, Etatrede Herbst 2013)
2 »Edel sei der Volkswille«, *Frankfurter Allgemeine Zeitung*, 21.01. 2015
3 Luhmann, Niklas: *Die Realität der Massenmedien*, Wiesbaden 2009, 4. Auflage, S. 9
4 FAZ, 29.03.2015

Eins

1 *Heute*, 09.12.2014
2 Luhmann, Niklas: a.a.O., S. 49
3 Ebd., S. 40
4 Zitiert nach Stefan Niggemeier: »Die 20-Uhr-Wirklichkeit«, *Frankfurter Allgemeine Sonntagszeitung*, 01.02.2015
5 Zitiert nach Dietrich Creutzburg: »Die Deutschen fühlen sich gerne schlecht«, FAZ, 21.07.2014
6 Das Phänomen haben bereits Thomas E. Patterson und Robert D. McClure in *The unseeing eye* (1976) beschrieben.
7 http://www.zeit.de/wissen/gesundheit/2014-02/who-studie-krebs-erkrankungen-weltweit (06.06.2015)
8 Rheinisch-Westfälisches Institut für Wirtschaftsforschung, *Unstatistik des Monats*, 13.02.2014
9 http://www.sueddeutsche.de/medien/studie-zur-tagesschau-im-bildersturm-1.1839035 (19.06.2015)
10 Roth, Gerhard: zitiert nach ebd.
11 *Tagesthemen*, 12.08.2014
12 Alan Posener: »Herzlich willkommen im Club der toten Sender«, *Die Welt*, 13.08.2014
13 Vargas Llosa, Mario: *Alles Boulevard. Wer seine Kultur verliert, verliert sich selbst*. Berlin 2013, S. 79 f.

14 https://www.youtube.com/watch?v=aZ8klHkwUqE (23.06.2015)

15 Siehe beispielsweise den mit zahlreichen Zitaten aus den USA gespickten Artikel von Jens-Christian Rabe, »Klug und böse«, in der SZ vom 13.06.2015

16 Elizabeth Stoker zitiert nach ebd.

Zwei

1 *Günther Jauch*, 15.03.2015

2 http://www.spiegel.de/politik/deutschland/guenther-jauch-ist-die-hassfigur-der-linken-fleischhauer-kolumne-a-1034407.html (06.06.2015)

3 Ich war Gastgeber der ZDF-Talkshow *Live* aus der Alten Oper in Frankfurt, Vorläufer der Illner-Show, und weiß, nicht frei von Reue, wovon ich rede.

4 FAZ, 05.01.2015

5 http://www.spiegel.de/kultur/gesellschaft/das-undemokratische-zdf-markus-lanz-und-sahra-wagenknecht-a-945361.html (06.06.2015)

6 SZ, 14.11.2014

7 http://www.bild.de/politik/inland/bundestagswahl/keiner-schlaegt-den-raab-32074632.bild.html (23.06.2015)

8 http://www.sueddeutsche.de/politik/bundestagspraesident-norbert-lammert-die-zeit-der-langen-reden-ist-vorbei-1.2221579 (06.06.2015)

9 Thomas Meyer: »Mediokratie – auf dem Weg in eine andere Demokratie?«, in *Politik und Zeitgeschichte,* B15-16/2002

10 Kepplinger, Hans Mathias: *Die Demontage der Politik in der Informationsgesellschaft*, Freiburg 1998, S. 162

11 Ebd., S. 158 f.

12 Wulff, Christian: *Ganz oben, ganz unten*, München 2014, S. 95

13 Minkmar, Nils: *Der Zirkus*, Frankfurt/Main 2013, S. 90

14 Habermas, Jürgen: *Strukturwandel der Öffentlichkeit*, Frankfurt/Main, 13. Auflage der Neuausgabe, S. 33

15 Steinbrück, Peer: *Vertagte Zukunft*, Hamburg 2015, S. 113

Drei

1 Luhmann, Niklas: a.a.O., S. 99

2 Ebd., S. 98 f.

3 Ebd., S. 44

4 Ebd., S. 46

5 Interview mit Jonathan Haidt im *Spiegel*, 2/2013

6 Vargas Llosa, a.a.O., S. 141

7 Hegel, G.W.F., zitiert nach Popper, Karl: *Falsche Propheten. Die offene Gesellschaft und ihre Feinde*, Bd. 2, Bern 1958, S. 41

8 Grünewald, Stephan: *Die erschöpfte Gesellschaft: Warum Deutschland neu träumen muss*, Frankfurt am Main 2013, S. 56

9 Luhmann, Niklas: a.a.O., S. 97 f.

10 *Frankfurter Allgemeine Sonntagszeitung*, 16.11.2014

11 http://www.faz.net/aktuell/politik/inland/peer-steinbrueck-im-gespraech-bundeskanzler-verdient-zu-wenig-12009203.html (23.06.2015)

12 Zitiert nach Wulff, Christian: *Ganz oben, ganz unten*, München 2014, S. 11

13 Interview im *Spiegel*, 21.07.2014

14 Siehe Wulff, Christian, a.a.O., S. 48 f.

15 *Spiegel*, 09.01.2012

16 *Süddeutsche Zeitung*, 05.01.2012

17 *Maybritt Illner*, 24.07.2014

18 Vargas Llosa: a.a.O., S. 141

19 Steinbrück, Peer: a.a.O., S. 64 ff.

Vier

1 *Spiegel*-Leitartikel 52/2014

2 http://torstenh.de/oeffentlich-rechtliche-propagandaschau/ (06.06.2012)

3 http://www.bildblog.de/62427/die-nicht-unumstaendlichen-pegida-umfragen/ (06.06.2015)

4 Seifert, Heribert: »Ärger mit der ›Lügenpresse‹«, *Neue Zürcher Zeitung*, 17.02.2015

5 FAZ, »Ein Anschlag auf die Freiheit«, 08.01.2015

6 Umfrage im Auftrag des Berliner »Forschungsverbund SED-Staat«, zitiert nach Kaube, Jürgen: »Volkes Stimme«, *Frankfurter Allgemeine Zeitung*, 25.02.2015

7 Seibt, Gustav: »Die Herrschaft des Verdachts«, *Süddeutsche Zeitung*, 20.12.2014

8 Dass die Gebühreneinzugszentrale GEZ nicht mehr existiert und mit dem Wechsel zur Haushaltsabgabe »Beitragsservice« heißt, war bei Pegida noch nicht richtig angekommen.

9 Globales Korruptionsbarometer 2013

10 *Maybrit Illner,* 11.12.2014

11 *Heute-journal,* 17.01.2015

12 »›Respect for religion‹ has become a code phrase meaning ›fear of religion‹. Religion like all other ideas, deserve criticism, satire, and, yes, our fearless disrespect«, zitiert nach: http://www.english-pen.org/campaigns/salman-rushdie-condemns-attack-on-charlie-hebdo/ (23.06.2015)

13 Zitiert nach *Süddeutsche Zeitung,* 09.01.2015

14 Žižek, Slavoj: *Blasphemische Gedanken. Islam und Moderne,* Berlin 2015, S. 11

15 Ebd., S. 25

16 Interview im *Spiegel,* 12/2015

Fünf

1 Zitiert nach Stefan Locke, »Masse und Ohnmacht«, FAZ, 20.12. 2014. In der Kommunikationswissenschaft ist dieser Mechanismus als »Framing« bekannt und wurde bereits in den zwanziger Jahren von Walter Lippmann (*Public Opinion,* 1925) beschrieben.

2 Luhmann, Niklas,: a.a.O., S. 83

3 Ebd., S. 122

4 ARD, 20.05.2015

5 FAZ, 30.03.2014

6 FAZ, 30.03.2014

7 Thomas Petersen, *Eine Theorie sozialer Konditionierung durch Massenmedien,* unveröffentlichtes Manuskript, 2013

8 Experiment 1996, ebd.

9 Pauen, Michael; Welzer, Harald: *Autonomie,* Frankfurt/M. 2015, S. 50

10 Ebd., S. 119

Sechs

1 Zitiert nach Decker, Frank: »Die populistische Herausforderung«, in: Ders.: *Populismus. Gefahr für die Demokratie oder nützliches Korrektiv?,* Wiesbaden 2006, S. 26

2 Die Kommunikationswissenschaft spricht von »horse race journalism«.

3 *The New Yorker,* 01.12.2014

4 Vgl. *Handelsblatt,* 19.06.2015

5 Zitiert nach *Spiegel,* 07.06.2015

6 http://www.spiegel.de/spiegel/print/d-129095167.html   (10.06. 2015)

7 Das Nudging-Modell haben Richard Thaler und Cass Sunstein in ihrem Buch *Nudge: Improving Decisions about Health, Wealth and Happiness,* Yale University Press 2008, zuerst beschrieben.

8 http://www.sueddeutsche.de/wirtschaft/verhaltensforschung-am-buerger-politik-per-psychotrick-1.2386755-2 (23.06.2015)

9 Jun, Uwe: »Populismus als Regierungsstil in westeuropäischen Parteiendemokratien«, in Decker, Frank (Hrsg.): *Populismus,* Wiesbaden 2006, S. 238

10 Crouch, Colin: *Postdemokratie,* Frankfurt 2008, S. 8 f.

11 Ebd., S. 10

12 Jun, Uwe, a. a. O.; S. 238

13 http://www.ndr.de/nachrichten/schleswig-holstein/Albig-Es-ist-schwer-gegen-Merkel-zu-gewinnen,albig548.html (24.07.2015)

14 *The New Yorker,* 01.12.2014

15 *Frankfurter Allgemeine Sonntagszeitung,* 03.08.2014

16 Hank, Rainer: *Links, wo das Herz schlägt,* München 2015, S. 219

17 FAZ, 07.04.2011

18 Ebd.

19 Encke, Julia: *Charisma und Politik,* München 2014, S. 164

20 Ferguson, Niall: »Wir löschen unseren Erfolg«, *Die Zeit,* 19.03. 2013

21 Volkmann, Uwe: »Die draußen bleiben«, FAZ, 23.03.2015

22 Decker, Frank: a. a. O., S. 26

23 Ebd., S. 26

24 Meyer, Thomas: a. a. O., S. 88

25 Ebd., S. 94

26 Ebd., S. 91

Sieben

1 Pieper, Georg: *Überleben oder Scheitern,* München 2013, S. 69

2 Vargas Llosa, Mario: a. a. O., S. 70 f.

3 Ebd., S. 71

4 Amos Oz im Gespräch mit dem Autor; *Blaues Sofa,* ZDF

5 Vargas Llosa, Mario: a. a. O., S. 71

6 Liessmann, Konrad Paul: *Geisterstunde. Die Praxis der Unbildung,* Wien 2014, S. 176

7 Ebd., S. 177

8 Vargas Llosa, Mario: a. a. O., S. 26

9 Meyer, Thomas: a. a. O., S. 92

10 Liessmann, Konrad Paul: a. a. O., S. 45

11 Grünewald, Stephan: a. a. O., S. 169

12 Liessmann, Konrad Paul: a. a. O., S. 174

13 Nussbaum, Martha C.: *Warum Demokratie Bildung braucht*, Überlingen 2012, zitiert nach Liessmann, K. P.: a. a. O., S. 169

14 http://www.sueddeutsche.de/bildung/bildungsbuergertum-versus-prekariat-schantall-in-der-schule-1.2067811 (10.06.2015)

15 *Tagesthemen*, 10.07.2014

16 Magenau, Jörg: *Schmidt – Lenz, Geschichte einer Freundschaft*, Hamburg 2014, S. 168

17 Zitiert nach Raether, Till: »Gerührt ist nicht Geschüttelt«, *Süddeutsche Zeitung Magazin*, 22.05.2015

18 Ebd.

19 Pieper, Georg: a. a. O., S. 22

20 Ebd., S. 36

21 Ebd., S. 23

22 Ebd., S. 24

23 Bude, Heinz: *Gesellschaft der Angst*, Hamburg 2014, S. 16

24 Zitiert nach Bude, ebd., S. 11

25 Auf den Unterschied wies zuerst der Ökonom Frank Knight in seinem Klassiker *Risk, Uncertainty and Profit*, Chicago 1961, hin.

26 Beckert, Jens: »Die Ungewissheit der Moderne«, in: Flick, Corinne Michaela (Hrsg.), *Rechnen mit dem Scheitern: Strategien in ungewissen Zeiten*, Göttingen 2014, S. 48

27 http://www.sueddeutsche.de/digital/universalhistoriker-yuval-harari-wir-werden-gewaltige-ungleichheiten-erleben-1.2337102 (10.06.2015)

28 Beckert, Jens: a. a. O., S. 62

29 http://www.hochschule-heidelberg.de/fileadmin/srh/heidelberg/pdfs/an_institute/mill_institut/Ergebnisdossier_Freiheitsindex_Deutschland_2014_John_Stuart_Mill_Institut.pdf (10.06.2015)

30 Grünewald, Stephan: a. a. O., S. 53

31 Zitiert nach Bude, Heinz: a. a. O., S. 156

32 Grünewald, Stephan: a. a. O., S. 45

33 Ebd., S. 157

Acht

1 *Spiegel,* 31/2014
2 http://www.spiegel.de/kultur/gesellschaft/wolfram-weimer-zur-zeitungsdebatte-a-915759.html (14.06.2015)
3 Rede vom 14.11.2013 vor dem »Future-Summit 2013« von W&V
4 »Voll auf die Presse«, FAZ, 15.11.2014
5 Am 11.09.2014 in Berlin
6 Fleischhacker, Michael: *Die Zeitung. Ein Nachruf,* Wien 2014, S. 35
7 http://www.spiegel.de/kultur/gesellschaft/gruner-jahr-brigitte-entlaesst-alle-textredakteure-a-999935.html (23.06.2015)
8 http://www.faz.net/aktuell/feuilleton/20-jahre-online-journalismus-13148307.html (14.06.2015)
9 Interview in der *Neuen Zürcher Zeitung,* 24.11.2014
10 Fleischhacker, Michael: a.a.O., S. 141
11 Kai Strittmatter in der *Süddeutschen Zeitung,* 25.10.2014
12 Jürgen Habermas zitiert in Linden, Markus:»Im Netz der Wutbürger und Verschwörungstheoretiker«, FAZ, 03.02. 15
13 http://www.faz.net/aktuell/politik/das-internet-als-propagandavehikel-obskurer-theorien-13364530.html (14.06.2015)
14 http://www.zeit.de/2015/19/nationalsozialismus-thueringen-politiker-weimar (23.06.2015)
15 Zitiert nach Lobo, Sascha: »Wie der Diskurs aus dem Ruder läuft«, *Spiegel Online,* 07.01.2015
16 http://www.bild.de/news/standards/religionen/islam-als-integrationshindernis-36990528.bild.html (23.06.2015)
17 Weigert, Martin: »Konformismus im Netz«, Netzwertig.com, 02.01. 2014
18 Zitiert nach Weigert, Martin, ebd.
19 *Süddeutsche Zeitung,* 09.12.2012
20 Lobo, Sascha: »Deutschland, eine Belehrtenrepublik«, *Spiegel Online,* 04.03.2015
21 Diez, Georg nach *Spiegel Online,* 23.12.2014
22 Linden, Markus: »Im Netz der Wutbürger und Verschwörungstheoretiker,«, FAZ, 03.02.2015
23 FAZ 11.07.2014
24 http://www.friedenspreis-des-deutschen-buchhandels.de/819312/ (23.06.2015)

25 http://www.friedenspreis-des-deutschen-buchhandels.de/819312/ (23.06.2015)

26 Ebd.

27 Boie, Johannes: »Freiheit von Facebooks Gnaden«, *Süddeutsche Zeitung*, 01.12.2014

28 Vgl. Gast, Robert: »Wie Facebook Wahlen beeinflusst«, *Sueddeutsche.de*, 04.11.2014

Neun

1 Laut einer Umfrage des Deutschen Lehrerverbands, FAZ, 04.04.2015

2 Markus Günther, FAZ, 25.05.2014

3 Ebd.

4 »How Google is changing your Brain«, *Scientific American*, Dezember 2013, S. 60f.: »Google gives people the sense that the Internet has become part of their own cognitive tool set.«

Zehn

1 http://www.faz.net/aktuell/wirtschaft/unternehmen/deutsche-vorstandchefs-verdienen-immer-mehr-13491510.html (23.06.2015)

2 Kepplinger, Hans Matthias: a.a.O., S. 212

3 Zitiert nach *Süddeutsche Zeitung*, 05.05.2015

4 SZ, 05.01.2015

5 Wie am 01.05.2014 in der ARD

6 Vargas Llosa, a.a.O., S. 29

7 Interview in der SZ, 30.12.2013

8 Vargas Llosa, a.a.O., S. 66

9 ZDF, 11.02.2015

Elf

1 Grünewald, Stephan: a.a.O., S. 171

2 Allensbach IfD-Umfrage 2013

3 FAZ, Gastartikel von Thomas Bellut, 03.07.2015

4 »The U.S. media, especially television, act like a disastreous force multiplier in that regard. They monomaniacally seize whatever is the ›next‹ topic or angle with which to titillate the fearsome American masses. From the media's perspective, this effort is daubtly legitimized: First, as part of the desperate rating game. And second, as

an effort to give the viewers ›what they want‹«. http://www.theglo-balist.com/the-five-deadly-sins-of-u-s-foreign-policy/(27.06.2015)

5 *Rolling Stone*, 01.11.2011

6 Reinhard Müller in FAZ, 26.03.2014

7 (Brief vom 15.10.2013)

8 Vgl. Schulze, Gerhard: *Die Erlebnisgesellschaft*, Frankfurt/M. 1992

9 http://zwangsbeitrag.info/wp-content/uploads/2015/05/Gutach-ten-Rundfunkbeitrag1.pdf (14.06.2015) Autoren: Justus Haucap, Christiane Kehder und Ina Loebert.

10 Krieg, Josef, und Rhomberg, Markus: »Bewegt euch!«, *Süddeut-sche Zeitung*, 13.02.2015